Richard Fick

Die soziale Gliederung im nordöstlichen Indien zu Buddha's Zeit

Mit besonderer Berücksichtigung der Kastenfrage

Richard Fick

Die soziale Gliederung im nordöstlichen Indien zu Buddha's Zeit
Mit besonderer Berücksichtigung der Kastenfrage

ISBN/EAN: 9783743659117

Hergestellt in Europa, USA, Kanada, Australien, Japan

Cover: Foto ©ninafisch / pixelio.de

Weitere Bücher finden Sie auf **www.hansebooks.com**

DIE SOCIALE GLIEDERUNG

IM

NORDÖSTLICHEN INDIEN

ZU BUDDHA'S ZEIT.

MIT BESONDERER BERÜCKSICHTIGUNG DER KASTENFRAGE.

VORNEHMLICH AUF GRUND DER JÂTAKA DARGESTELLT

VON

DR. RICHARD FICK.

KIEL.
C. F. HAESELER
VERLAG FÜR ORIENTALISCHE LITERATUR
1897.

FRAU THEA DIEDERICHSEN

IN FREUNDSCHAFT UND DANKBARKEIT

ZUGEEIGNET.

Vorwort.

Der Titel bedarf einiger erläuternder und rechtfertigender Bemerkungen. Die Quelle, auf Grund deren die nachfolgende Untersuchung entstanden ist, sind die im Pali-Canon der südlichen Buddhisten enthaltenen sogenannten Jâtaka oder Vorgeburtslegenden, das sind Erzählungen, die sich an die 550 Existenzen, welche Buddha als Bodhisatta in den verschiedensten Gestalten, vom Thier bis zum höchsten Gott, vor seiner letzten Existenz durchlebt haben soll, anknüpfen. Der eigentliche und älteste Kern der Jâtaka-Sammlung besteht in den Versen (*gâthâ*), die die wesentlichen Vorgänge der Legende *in nuce* enthalten, und deren Anzahl die Anordnung der Jâtaka bestimmt. Diese Verse bilden zusammen mit dem Prosacommentar, der die Legende in ausführlicherer Form wiedergiebt, das sogenannte *atîtavatthu*, die „Erzählung der Vergangenheit“, die ein Ereigniss aus einer der früheren Existenzen Buddha's zum Gegenstand hat. Jeder dieser Erzählungen geht als Einleitung das *paccuppannavatthu* oder die „Geschichte der Gegenwart“ voraus, welche uns die Begebenheit aus dem Leben Buddha's berichtet, die ihm den Anlass gab die Geschichte der Vergangenheit zur Illustrierung des gegenwärtigen Vorgangs zu erzählen. Schliesslich folgt dann das *samodhâna*, die „Verknüpfung“, worin Buddha, der sich nicht bloss seiner eigenen früheren Existenz, sondern auch derjenigen seiner Umgebung erinnert, die Personen des *atîtavatthu* mit denen des *paccuppannavatthu* identificiert.

Die Jâtaka sind ihrem Stoff nach sehr mannigfaltiger Natur: zum Theil sind es Märchen, Parabeln oder Thierfabeln, zum Theil

Scenen aus dem indischen Volksleben heiteren oder erbaulichen Charakters. Demgemäss ist auch unsere Quelle nicht bloss nach der literaturhistorischen Seite hin Interesse zu erwecken geeignet; von grösster Wichtigkeit ist die Legendensammlung als eine Fundgrube kulturgeschichtlichen Materials. Jede künftige Darstellung altindischen Lebens wird auch die Jâtaka, die man mit Recht als einen Thesaurus der altindischen Staats- und Privatalterthümer bezeichnet hat, mit in den Kreis ihrer Betrachtung ziehen müssen.

Dass ich das Kulturbild, wie es uns die Jâtaka wiederspiegeln, in das nordöstliche Indien verlegt habe, wird, denke ich, kaum auf Widerspruch stossen. Denn wenn auch die meisten der in unserer Quelle enthaltenen Erzählungen ihrem Inhalte nach schon in alter Zeit Gemeingut des indischen Volkes und über ganz Indien verbreitet gewesen sind, so sind sie doch in der Form, wie sie uns in den Jâtaka vorliegen, sicher das Produkt eines ganz bestimmten Theiles von Indien, nämlich des Nordostens, der Heimath des Buddhismus. Hier, in den Königreichen der Kâsi-Kosala und der Magadha, an den Stätten, wo Buddha der Ueberlieferung nach lebte und lehrte, haben die theilweise uralten Märchen das Gewand der buddhistischen Vorgeburtslegenden angethan; hier spielt sich die Handlung der weitaus meisten Jâtaka ab, und wenn einzelne derselben anderswohin, selbst in den fernen Westen verlegt werden, so weist doch das ganze, in allen Jâtaka übereinstimmende Detail darauf hin, dass es sich nur um eine äusserliche Verlegung des Schauplatzes handelt.

Gewagter mag es erscheinen für das Alter der Legenden und der in ihnen geschilderten Civilisationsstufe eine ganz bestimmte Periode, die Zeit Buddha's, in Anspruch zu nehmen. Als Ganzes genommen repräsentiert die Sammlung der Jâtaka in ihrer jetzigen Gestalt sicherlich keine einheitliche Kulturperiode. Manche der Jâtaka sind ohne Zweifel sehr alt und gehören ihrer Entstehung nach der vorbuddhistischen Zeit an. Dass sie im dritten Jahrhundert v. Chr. bekannt waren, und zwar in der Form buddhistischer, zur Erbauung der Laien bestimmter Vorgeburtslegenden bekannt waren, dafür besitzen wir ein untrügliches Zeugniss in den aus dem dritten Jahrhundert v. Chr. datierenden Skulpturen, die sich an den Grabdenkmälern von Sânchi, Amaravati und Bharhut befinden: diese Reliefs stellen Scenen aus den Jâtaka dar, und die Ueberschriften, die zu einzelnen der Darstellungen hinzugefügt sind, stimmen mit den in unserm Texte enthaltenen Titeln überein. Geben uns diese Skulpturen als untere Grenze für das Alter der Jâtaka das dritte Jahrhundert v. Chr. an, so rücken innere Gründe — wie dies ausführlich von Bühler (*Indian Studies*, No. 3, p. 17 ff. in den *Sitzungsberichten der Wiener Akademie. Philos.-hist. Classe.* Bd. 132) nachgewiesen ist — sie in eine noch frühere Zeit hinauf.

Um die ursprüngliche Schicht hat sich nun im Laufe der Jahrhunderte bis zur Niederschrift der Jâtaka in ihrer jetzigen Gestalt viel Alluvium angesammelt. Die einleitenden Erzählungen sind, obwohl sie in die Zeit Buddha's verlegt werden und zum Theil in den älteren Parthien des Pali-Canons wiederkehren, offenbar durchweg nachchristlichen Datums: die in den *paccuppannavatthu* geschilderten Verhältnisse, das bis ins Einzelne durch genaue Satzungen geregelte klösterliche Leben, das Verhältniss der Laien zur Gemeinde und anderes mehr, heben sich deutlich von der Kulturperiode der *atîtavatthu* ab und weisen jene in eine Zeit, wo der Buddhismus eine Macht geworden ist, der sich alles andere unterordnet. Sollte das von mir zu entwerfende Kulturbild einigermaassen einheitlich werden, so mussten die jüngeren Bestandtheile der Jâtaka-Sammlung unberücksichtigt bleiben; wo sie mit herangezogen sind, habe ich ihre Eigenschaft als *paccuppannavatthu* stets besonders hervorgehoben. Nun ist allerdings auch in den alten Kern zum Theil specifisch Buddhistisches eingedrungen, und manches für den Gang der Erzählung nebensächliche Detail mag erst später hinzugefügt sein. Im Grossen und Ganzen aber können wir doch annehmen, dass unsere Legenden, da die mündliche Ueberlieferung solcher Märchen der Regel nach sehr treu an dem Wortlaut festzuhalten pflegt, gegenüber ihrer ursprünglichen Fassung nur wenig verändert sind, vielmehr die Form beibehalten haben, in der sie zuerst unter den Jüngern Buddha's kursierten und sich von Mund zu Mund fortpflanzten.

Aus dem überreichen kulturgeschichtlichen Material, das die Jâtaka enthalten, habe ich in der vorliegenden Arbeit zunächst das zusammengestellt, was auf die sociale Gliederung und speciell auf die Kastenverhältnisse Bezug hatte, wobei freilich die Untersuchung gelegentlich auch andere Fragen streifen musste. Eine eingehende Darstellung der gesammten politischen und wirthschaftlichen Verhältnisse, wie sie etwa zu Buddha's Zeit im Nordosten Indiens geherrscht haben mögen, hoffe ich später auf breiterer Grundlage, mit Heranziehung des gesammten Pali-Canons, geben zu können, glaubte aber an diese Aufgabe nicht eher herantreten zu sollen, als bis ich mir über eine Frage Klarheit verschafft hatte, ohne deren richtige Beantwortung ein völliges Verständniss des altindischen Lebens undenkbar ist.

Die Verantwortung für die Arbeit trage ich ganz allein, doch fühle ich mich Herrn Prof. Oldenberg für mannigfache Anregung und liebenswürdige Unterstützung zu lebhaftem Danke verpflichtet. Dank schulde ich auch Herrn Prof. Jacobi, der die Freundlichkeit hatte die Druckbogen einer Durchsicht zu unterziehen, sowie meinem Freunde und früheren Kollegen, Herrn Dr. Wischmann, der mich ebenfalls bei der Correctur unterstützt hat.

Die Citate aus den Jâtaka beziehen sich auf die Fausböll'sche Ausgabe, von der bis jetzt fünf Bände (London 1877—91) veröffentlicht sind; den im Erscheinen begriffenen sechsten Band habe ich nicht mehr verwerthen können.

Bezüglich der Aussprache der Pali- und Sanskritwörter ist noch zu bemerken, dass *c* wie unser „tsch" und *j* wie *j* in englisch *journey* lauten; *s* und *sh* sind wie „sch", *s* ist wie scharfes „ss", und *e* und *o* sind stets lang auszusprechen.

Kiel, Ende September 1896.

Berichtigungen und Zusätze.

S. 19 Z. 13. v. o. lies *eraṇḍa* statt *eraṇda.*
„ 26 „ 1 u. 20 v. u. lies *udiccabrāhmaṇa* statt *uddiccabrāhmaṇa.*
„ 32 „ 6 v. o. lies d e s statt d e r.
„ 34 „ 12 v. u. lies *brāhmaṇakumārikaṃ* statt *brāmaṇakumārikaṃ.*
„ 41 „ 20 v. u. lies Ζῶντας statt Ζώντας.
„ 86 „ 14 v. u. Cullasutasoma statt Culasutasoma.
„ 94 „ 16 v. u. füge hinter 342 hinzu: Aehnlich III. 337.
„ 101 „ 13 v. u. „ „ II. hinzu: 265,.
„ 110 ist in der Anmerkung zu streichen: der Zauberspruch — 243;
„ 118 Z. 2 v. u. füge hinter 293 hinzu: , 342.
„ 124 Z. 12 v. o. lies *brāhmaṇadhamma* statt *brāmaṇadhamma.*
„ 131 Z. 18 v. u. lies *udicca-* statt *uddicca-.*
„ 136 Z. 5 v. u. und S. 137 Z. 14 v. u. lies *avadhyatā* statt *abadhyatā.*

Inhalt.

1. Kapitel. Einleitung.

Einseitigkeit der brahmanischen Literatur. — Die brahmanische Kastentheorie. — Superiorität der Brahmanenkaste im Westen Indiens. — Gegensatz zwischen der westlichen und der östlichen Kultur. — Tendenz der Pali-Texte . . . . S. 1—11.

2. Kapitel. Die Kasten im Allgemeinen.

Die brahmanische Kastentheorie im Pali-Canon. — Theoretische Erörterungen über die Werthlosigkeit der Kaste. — Existenz der Kaste zu Buddha's Zeit. — Definition der modernen Kaste. — Die Kaste der brahmanischen Theorie. — Die wesentlichen Merkmale der Kaste. — Die Kaste in den Jātaka. — Atmosphärische Verunreinigung. — Verunreinigung durch den Anblick eines Niedrigen. — Unreine Speise. — Heirath innerhalb der Kaste . . . . S. 11—39.

3. Kapitel. Die heimathlosen Asketen.

Uebertritt zum hauslosen Stande ein universeller Zug der östlichen Kultur. — Die *samaṇa* rekrutieren sich aus allen Klassen. — Beispiele für den Uebertritt der *khattiya*, der *brāhmaṇa*, von Angehörigen bürgerlicher und niedriger Kasten. — Ursache des Asketenthums . . . . S. 39—51.

4. Kapitel. Die herrschende Klasse.

Wer waren die *khattiya*? — Nicht Kriegerkaste, sondern herrschende Klasse. — Ausgeprägtes Standesbewusstsein und Werthlegen auf Reinheit des Blutes. — Superiorität der *khattiya* gegenüber den Brahmanen. — Religiöses Studium der *khattiya* S. 51—63.

5. Kapitel. Das Staatsoberhaupt.

Der Hauptrepräsentant der *khattiya* ist der König. — Allgemeines Bild. — Die Pflichten des Königs (im Kriege: Führung des Heeres, im Frieden: Rechtspflege, Ausübung der Strafgewalt). — Seine Einkünfte. — Nachfolge und Weihe. — Der Vicekönig. — Beschränkung der Königsgewalt. — Oligarchische Verfassungen . . . . S. 63—90.

6. Kapitel. Die königlichen Beamten.

Die Minister im Allgemeinen. — Ihre Kaste. — Der Berather des Königs in weltlichen und geistlichen Dingen. — Der Heerführer. — Der Justizminister. — Der Landmesser. — Der Getreidemesser. — Der Wagenlenker. — Der Verwalter des königlichen Schatzes und der Aufseher der Waarenhäuser. — Der Thürhüter. — Der Stadtwächter. — Der Scharfrichter. — Die Dorfvorsteher . . . . S. 91—107.

7. Kapitel. Der Hauspriester des Königs.

Geschichtliche Entwickelung der Stellung des *purohita*. — Sein persönliches Verhältniss zum König. — Lehrer des Königs. — Sein Antheil an der Rechtsprechung. — Seine weltliche Machtstellung. — Der *purohita* als Opferer und Zauberer. — Die *purohita* der Provinz . . . . S 107—117.

8. Kapitel. Die Brahmanen.

Die Brahmanen sind eine Kaste im Sinne ihrer eigenen Theorie. — Allgemeines Bild der Brahmanen nach den Jātaka. — Die eigentlichen Brahmanen. — Die vier *āsrama*. — Pflichten und Vorrechte der Brahmanen. — Die weltlichen Brahmanen. — Brahmanen im Dienste des Königs. — Ihre Funktionen: Opfer, Wahrsagerei, Zauberei. — Bürgerliche Berufe ausübende Brahmanen: Brahmanische Ackerbauer, Kaufleute, Jäger und Tischler
S. 117—162.

9. Kapitel. Die vornehmen bürgerlichen Familien.

Die Kaste der *Vessa* ohne reale Bedeutung. — Der Stand der *gahapati*. — Die *kuṭumbika*. — Standesbewusstsein der *gahapati*. — Der *seṭṭhi*. — Der *seṭṭhi* als Vertreter der Kaufmannschaft am königlichen Hof. — Der *seṭṭhi* als Grosskaufmann S. 162—172.

10. Kapitel. Die Gilden der Kaufleute und Handwerker.

Stadium der wirthschaftlichen Entwickelung in den Jātaka. — Zusammenschluss der Kaufleute zu genossenschaftlichen Vereinigungen. — Aeltester an der Spitze der Kaufmannsgilden. — Erblichkeit der einzelnen Handelszweige. — Organisation des Handwerkerstandes. — Lokale Abgeschlossenheit der verschiedenen Gewerke. — Aelteste der Innungen. — Erblichkeit der Berufszweige . . . . S. 172—183.

11. Kapitel. Kastenlose Berufe.

Handwerker im Dienste des Königs. — Der Hofbarbier. — Der Koch des Königs. — Der königliche Taxator. — Künstler am Hofe. — Umherziehende Gaukler. — Landstreicher. — Die ländlichen Berufe der Hirten, Fischer und Jäger. — Die Lohnarbeiter. — Die Sklaven . . . . S. 184—201.

12. Kapitel. Die verachteten Kasten.

Eine Kaste der *Sudda* hat nie existiert. — Verachtete ethnische Kasten. — Die *Caṇḍāla.* — Die *Pukkusa.* — Die *Nesāda.* — Verachtete professionelle Kasten. — Die *Veṇa.* — Die *Rathakāra.* — Die Korbmacher, Flötenmacher, Lederarbeiter, Töpfer, Weber, Barbiere . . . . S. 201—212.

Schluss . . . . S. 212—216.

Namen- und Sachregister . . . . S. 217—226.

Pali- und Sanskrit-Index . . . . S. 227—233

1. Kapitel.

Einleitung.

. . . ce n'est pas la théorie qui peut rendre compte des faits: ce sont les faits qui aident à voir la théorie sous son vrai jour, à la ramener dans ses justes limites.
Senart, Les Castes dans l'Inde.

Die Zeiten sind vorüber, in denen man das alte Indien in dem Lichte zu sehen pflegte, worin es uns erscheint, wenn wir unsern Untersuchungen ausschliesslich die brahmanische Literatur zu Grunde legen. Das Bild, das wir uns bei alleiniger Benutzung brahmanischer Quellen von altindischer Kultur und altindischem Leben zu entwerfen im Stande sind, ist nothwendigerweise einseitig, weil diese Quellen von einseitigem Standpunkt aus geschrieben sind. Für ihre in priesterlichen Anschauungen befangenen Verfasser existierte die sie umgebende Welt, die materielle sowohl wie die geistige, zunächst nur insoweit sie in Beziehung stand zu dem mit seinen Litaneien und seinen Gebräuchen, in deren Ausübung und Deutung sie ihr Leben hinbrachten, ihr ganzes Denken und Trachten erfüllenden Opferwesen, und wo, wie in den Lehrtexten des Rechts, von dieser speciellen Beziehung abgesehen und das gesammte Gebiet von Recht und Sitte im privaten und öffentlichen Leben darzustellen unternommen wird, geschieht es doch nur unter dem Gesichtspunkt des theoretisierenden Brahmanenthums[1]); ja selbst in der epischen Literatur, wo man doch am ehesten erwarten könnte einen Einblick in die Wirklichkeit zu bekommen, wird er verhindert oder doch erschwert durch das alles überwuchernde Gestrüpp der Theorien

[1]) Oldenberg, *Religion des Veda*, S. 25.

und Systeme. Kein Wunder, dass uns diese Welt, wie die Brahmanen sie sich in ihren Köpfen zurecht legten, so durchaus fremd und absonderlich anmuthet; kein Wunder, dass sie in vielen Punkten so wenig zu dem stimmt, was wir von anderer Seite her über das alte Indien wissen. Wir werden aber heutzutage nicht mehr eine nichtbrahmanische Quelle, wie die Angaben des griechischen Gesandten Megasthenes, bloss darum für unzuverlässig erklären, weil sie sich in manchen Stücken nicht mit der brahmanischen Theorie in Einklang bringen lässt [1]; wir werden uns im Gegentheil bemühen alles verfügbare Material, sei es buddhistischen, sei es jainistischen, sei es griechischen Ursprungs, heranzuziehen und daraus Thatsachen zu gewinnen suchen, die uns die priesterlichen Theorien in ihrem wahren Lichte erscheinen lassen; ja wir werden uns selbst nicht scheuen die Verhältnisse des heutigen Indiens, die bei der Stabilität der meisten orientalischen Kulturen so vieles aus alter Zeit bewahrt haben, gelegentlich zum Vergleich und zur Erklärung früherer Perioden zu benutzen.

Nirgends zeigt sich die Einseitigkeit brahmanischer Darstellung deutlicher als in der Art und Weise, wie in der priesterlichen Literatur die indische Gesellschaft gegliedert wird. Unbekümmert um thatsächliche Verhältnisse baute sich der Brahmane eine Theorie auf, die ihm geeignet schien die beanspruchte Herrschaft des Priesterstandes als auf ewiger, göttlicher Ordnung beruhend zu beweisen. Als Grundlage für den Aufbau ihrer Kastentheorie dienten den Brahmanen zunächst gewisse Klassenunterschiede, die, wie sie ähnlich überall, in ganz analoger Weise bei den Iraniern, bestanden haben, so auch in Indien zur Zeit der ältesten vedischen Kulturperiode existiert hatten und in den Veden überliefert waren. Hier fanden sie als eine für sie massgebliche und

---

[1]) So schreibt Max Duncker, *Geschichte des Alterthums*, 4. Aufl. Bd. 3, S. 319: „Wenn die Griechen statt der vier Kasten sieben angeben, wenn sie die Beamten, die Spione, die Handwerker, endlich die Jäger und Hirten als besondere Stämme neben Priestern, Kriegern und Ackerbauern bezeichnen, so hat dieser Irrthum darin seinen Grund, dass sie überhaupt darauf hingewiesen waren, Kastenunterschiede zu sehen". — Vgl. ferner Lassen, *Indische Alterthumskunde*, 2. Aufl. Bd. 2, S. 715: „Warum er (Megasthenes) statt der vier sieben angenommen hatte, ist unklar".

nicht zu umgehende Richtschnur den Gegensatz vor zwischen der herrschenden Klasse, der Priesterklasse und den Leuten des Volks und die noch schärfere Trennung der gesammten arischen Bevölkerung von den ihnen feindlich gegenüberstehenden Völkerschaften, den *dasyu*, die sich durch ihre dunklere Hautfarbe von den helleren Besiegern abhoben und, soweit sie unterjocht waren, zu Sklavendiensten verwendet wurden. Mit diesen Unterschieden des Berufs und der Race verbanden die Verfasser der Gesetzbücher gewisse auf die religiösen Riten, die Ehe und die Nahrung bezügliche Satzungen, wie sie vermuthlich in den vielen Familiengemeinschaften ihres Volks und besonders ihres eigenen Standes seit alter Zeit bestanden hatten, und entwickelten so den Begriff der „Kaste“, dessen Bezeichnung sie von dem am meisten in die Augen springenden Merkmal der vierten Kaste, der Farbe (*varṇa*), hernahmen[1]).

Die brahmanische Theorie theilt die indische Gesellschaft in vier Kasten und weist einer jeden ganz bestimmte Berufe und Beschäftigungen zu. An der Spitze stehen die *Brâhmaṇa*; sie repräsentieren den Priester- und Gelehrtenstand. Ihnen fällt als Aufgabe zu das Lehren, das Studieren des Veda, für sich und andere zu opfern, Almosen zu geben und anzunehmen. Die *Kshatriya* oder „Krieger“ haben die Pflicht das Volk zu be-

[1]) Es liegt ausserhalb des Rahmens meiner Aufgabe, die es nur mit dem Thatbestand einer bestimmten Periode zu thun hat, auf die Frage von dem Ursprung der Kasten und insbesondere von dem Einfluss, den die Institution der Familie auf die Kastenbildung geübt hat, des Näheren einzugehen. Ich verweise auf die Artikel von Senart, *Les Castes dans l'Inde*, in der *Revue des deux mondes* (T. 121, 122, 125), die ich für das Geistreichste und Scharfsinnigste halte, was über die indischen Kasten überall geschrieben ist. Im Einzelnen freilich bedürfen manche seiner Behauptungen noch sehr des Beweises, ehe sie als wissenschaftliche Fakta gelten können, und namentlich der als Angelpunkt seiner Theorie zu bezeichnende Satz, dass „die Kaste die normale Weiterbildung der alten arischen Familienverfassung ist“, dürfte gegen den Einwurf, dass sich Spuren einer solchen Entwickelung der Familie zur Kaste im Veda nicht finden, durch die Worte: „die Entwickelung hat sich zu langsam vollziehen müssen, sie beruht auf zu primitiven, zu instinktiven Lebenselementen, als dass wir uns von einer Literatur, wie es die der Hymnen ist, über diese Elemente viele brauchbare Zeugnisse versprechen könnten“ schwerlich hinreichend gesichert erscheinen.

schützen, Almosen zu geben, zu opfern und den Veda zu studieren; den *Vaisya* werden Viehzucht, Handel und Ackerbau als Beschäftigungen zugewiesen, daneben aber das Spenden von Almosen, das Opfern und das Studium zur Pflicht gemacht; die *Śûdra* endlich haben nur den einen Beruf, nämlich den andern drei Kasten zu dienen. (Mânavadharmaśâstra I. 87—91.) Die Verfasser der Gesetzbücher konnten sich unmöglich die Incongruenz dieser ihrer Theorie mit den sie umgebenden Thatsachen verhehlen. Am ehesten liessen sich vielleicht die beiden obersten Kasten, die Priester- und die Kriegerkaste, mit der Wirklichkeit in Übereinstimmung bringen; aber die grosse Masse des Volkes, die sich bei fortschreitender Civilisation den verschiedenartigsten Berufen zugewandt hatte, die zahllosen eingeborenen Stämme zu festen Einheiten zusammen zu fassen, konnte nur geschehen, indem sie den Thatsachen Gewalt anthaten. Aber wie die Existenz zahlloser der Theorie widersprechender Fakta erklären? Neue Kasten einzufügen ging nicht, ohne die altheilige Tradition zu verletzen: „der Brahmane, der *Kshatriya*, der *Vaisya*, diese drei Kasten haben zwei Geburten, die vierte hat nur eine Geburt: nicht aber giebt es eine fünfte (Kaste)", so heisst es bei Manu (X. 4).

Man half sich, indem man mit der schon vorhandenen Theorie eine neue verband, nämlich die Theorie der „Mischkasten". Davon ausgehend, dass nur die Kinder, welche mit ehelichen, der Kaste nach gleichstehenden und als Jungfrauen geheiratheten Frauen erzeugt wären, als zur Kaste des Vaters gehörig zu betrachten seien, wies man die aus der Vereinigung zweier verschiedenen Kasten angehörenden Ehegatten hervorgegangenen Kinder besonderen Mischkasten zu, deren Ansehen man bemass nach dem Grade der Entfernung, in der die Eltern ihrer Kaste nach zu einander standen: und zwar so, dass je höher die Kaste der Mutter und je niedriger die Kaste des Vaters war, um so niedriger die Stufe in der Folge der Kasten war, welche man dem aus einer solchen Mischehe Hervorgegangenen zuerkannte. So nannte man den mit einer *Vaisya*-Tochter gezeugten Sohn eines Brahmanen einen *Ambashṭha*, wenn er von einer *Śûdra*-Tochter geboren war, einen *Nishâda*; den Sprössling einer Ehe zwischen einem *Kshatriya* und der Tochter eines

Śûdra nannte man *Ugra*; die aus Ehen, bei denen das umgekehrte Verhältniss vorlag, nämlich höhere Kaste der Mutter und niedere des Vaters, entsprossenen Kinder hiessen, in der absteigenden Reihenfolge ihrer socialen Geltung aufgezählt, *Sûta*, *Mâgadha*, *Vaideha*, *Âyogava*, *Kshattri* und *Caṇḍâla*. Alle diese Mischkasten werden als niedrig geboren (*apasada*) bezeichnet, am niedrigsten und verachtetsten gilt, der Theorie entsprechend, der *Caṇḍâla*, weil hervorgegangen aus der Vereinigung einer Brahmanentochter mit einem *Śûdra*. Durch fernere Combinationen, durch Verbindungen zwischen den vier anerkannten Kasten und den Mischkasten, und durch Ehen dieser untereinander, lässt man eine weitere Anzahl von Mischkasten entstehen, unter anderen — ich führe nur die später für uns in Frage kommenden Namen an — die aus der Vereinigung eines *Nishâda* mit einem *Śûdra*-Weibe hervorgegangene Kaste der *Pukkasa* und die der *Veṇa*, worunter Nachkommen eines *Vaidehaka* und einer *Ambashṭha*-Frau verstanden werden. Damit ist aber die Zahl der Mischkasten keineswegs erschöpft; hinzu kommen zunächst die sogenannten *Vrâtya*, das sind aus rechtmässiger Ehe entsprossene Angehörige der drei oberen Kasten, die aber in Folge Versäumung der religiösen Obliegenheiten, d. h. der rechtzeitigen Aufnahme in die Kaste, die Zugehörigkeit zu derselben eingebüsst haben. Ihre Nachkommen theilen sich nun, je nachdem sie von Brahmanen, *Kshatriya* oder *Vaiśya* entstammen, wiederum in verschiedene Kasten, von denen wir den *Malla*, den *Licchavi* und den *Naṭa*, die alle drei von *Vrâtya* der *Kshatriya*-Kaste hergeleitet werden, im Laufe unserer Untersuchung noch begegnen werden. Zahllose verachtete Mischkasten entstehen ferner aus der Verbindung solcher, die wegen irgend eines Vergehens — Ehebruch, Heirath mit einer Blutsverwandten, Aufgeben des vorgeschriebenen Berufes — aus der arischen Gemeinschaft ausgestossen sind: so die Kaste der *Kaivarta* aus der Ehe eines *Nishâda* mit einer *Âyogava*-Frau. Allen diesen Mischkasten sind so gut wie den vier officiellen Kasten ihre ganz bestimmten Verrichtungen vorgeschrieben, beispielsweise den *Sûta* das Geschäft eines Wagenlenkers, den *Ambashṭha* die Heilkunst, den *Mâgadha* der Handel, den *Nishâda* das Töten von Fischen, den *Pukkasa* das Fangen und Töten von höhlenbewohnenden

Thieren, den *Caṇḍâla* das Fortschaffen von Leichnamen und die Hinrichtung von Verbrechern.

Soweit die Theorie der Brahmanen (nach Manu X. 5 ff.). Es ist auf den ersten Blick klar, dass wir in ihr unmöglich ein getreues Abbild der thatsächlichen Verhältnisse vor uns haben können; auch lässt sich unschwer nachweisen, was zur Entwickelung eines derartigen Systems geführt hat. Die Namen der einzelnen Mischkasten lassen, durchsichtig genug, das Material erkennen, woraus das System aufgebaut ist: durchweg sind es geographische oder ethnische Bezeichnungen, Namen von Ländern oder Völkerschaften, wie *Mâgadha*, *Nishâda*, *Vaideha*, *Ambashṭha*, *Malla*, *Licchavi* und *Caṇḍâla*, daneben zum geringeren Theile professionelle Kategorien, wie *Sûta*, Wagenlenker, *Veṇa*, Rohrarbeiter, *Naṭa*, Tänzer, *Kaivarta*, Fischer. Die in sich abgeschlossene Existenz dieser und ähnlicher, durch die Niedrigkeit ihrer Race oder ihres Berufes von der arischen Gemeinschaft abgesonderten Gruppen war zu sehr in die Augen springend, als dass man sie einfach hätte ignorieren oder in einer der vier Kasten hätte unterbringen können. Man erweiterte die Theorie und fügte, den Stämmen oder Berufsgruppen eine völlig willkürliche Genesis zuschiebend, den vier ursprünglichen und anerkannten Kasten die Mischkasten hinzu.

Dass man die Unzulänglichkeit der eigenen Theorie, die Nothwendigkeit der Wirklichkeit gewisse Concessionen zu machen fühlte, zeigen die zahlreichen für bestimmte Fälle gestatteten Ausnahmen von der Regel. Das Gesetz, wonach jede Kaste auf ihre genau abgegrenzte Berufsthätigkeit angewiesen war, konnte in dieser seiner Ausschliesslichkeit nicht aufrecht erhalten werden; man erlaubte zunächst den oberen Kasten die Lebensweise der im System folgenden Kaste zu führen, blieb aber dabei nicht stehen, sondern liess, offenbar unter dem Zwange der Thatsachen, Beschäftigungen, die ursprünglich als den niederen Kasten eigenthümlich galten, auch für die oberen zu. So darf ein Brahmane, wenn er sich weder durch die seiner eigenen Kaste, noch durch die der Kriegerkaste zukommenden Beschäftigungen unterhalten kann, das Leben eines *Vaisya* führen und sich durch Ackerbau und Viehzucht ernähren (Manu X. 82). In der Praxis ging man dann noch weiter, und wir dürfen annehmen, dass unter den Brahmanen auch der alten Zeit die Art und Weise des Unterhalts nicht minder mannigfaltig gewesen ist, wie heutzutage[1].

Haben wir demnach in der brahmanischen Theorie nichts weniger als ein getreues Spiegelbild der socialen Zustände zu erkennen, so dürfen wir andererseits nicht aus dem Auge lassen, dass diese Theorie, nachdem sie einmal ohne viel Rücksicht auf die Thatsachen geschaffen war, gewaltig auf die Thatsachen zurückgewirkt hat. Je mehr sich im Laufe der Jahrhunderte die brahmanische Kultur befestigte, um so mehr gelang es der Priesterkaste durch ihren religiösen und socialen Einfluss der indischen Gesellschaft die von ihr gewollte Physiognomie aufzuprägen. Die allmählich, im Anfang sicher nicht ohne Kämpfe, zur Anerkennung gebrachte Superiorität der Brahmanenkaste wirkte in hohem Grade auf die weitere Entwickelung der socialen Zustände ein; sie war im Wesentlichen die Ursache, dass sich die verschiedenen durch Stammes- oder Berufsgemein-

---

[1] Aus der Liste der Brahmanen, die nach dem Gesetz nicht zur Theilnahme an den Manenopfern eingeladen werden dürfen (Manu III. 151 ff.) können wir uns einen Begriff von der Mannigfaltigkeit der von ihnen trotz dem Verbote thatsächlich ausgeübten Berufe machen: wir treffen da auf Spieler (*kitava*), Ärzte (*cikitsaka*), Fleischer (*māṃsavikrayin*), Krämer (*vipaṇena jivan*), bezahlte Boten (*preshyo grāmasya rājñaśca*), Wucherer (*vārddhushi*), Hirten (*paśupāla*), Schauspieler (*kuśilava*), Sänger (*bandin*), Ölmüller (*tailika*), Verkäufer von Spezereien (*rasavikrayin*), Anfertiger von Bogen und Pfeilen (*dhanuḥśarāṇām kartṛ*), Elephanten-, Ochsen-, Pferde- und Kamelbändiger (*hastigośvoshṭradamaka*), Sterndeuter (*nakshatrair yo jivati*), Vogelzüchter (*pakshiṇāṃ poshaka*), Lehrer des Waffenhandwerks (*yuddhācārya*), Baumeister (*gṛihasaṃveśaka*), Hundezüchter (*śvakriḍin*), Falkner (*śyenajivin*), Ackerbauer (*kṛishijivin*), sogar Leichenträger (*pretaniryātaka*). — Heutzutage kann man, wie bei Nesfield, *Brief View of the Caste System of the North-Western Provinces and Oudh*, Allahabad 1885, p. 74, ausgeführt wird, Brahmanen in jedwedem Berufszweige, der gegen Bezahlung ausgeübt wird, antreffen, mit Ausnahme der Berufe, die eine religiöse Befleckung und folgeweise Verlust der Kaste mit sich bringen, wie der eines Kehrers oder eines Wäschers. Wir finden sie beschäftigt als Wasserträger, Köche, Fuhrleute, Nachtwächter, Feldhüter, Boten, Polizisten, öffentlich auftretende Sänger, Tänzer, Ringkämpfer u. s. w.

schaft gebildeten Gruppen der indischen Gesellschaft in ihrer Organisation dem Modell der Brahmanenkaste näherten und so zu dem wurden, wozu sie die Theorie schon vorher gemacht hatte, zu Kasten.

Diese Superiorität der Brahmanenkaste erstreckte sich indessen keineswegs über das ganze von der arischen Kultur eroberte Gebiet des alten Indiens. Die eigentlichen Centren des Brahmanenthums, die Gebiete, welche bei Manu als das Land der Brahmarshi, der brahmanischen Weisen, bezeichnet werden, umfassen die Völkerschaften der Kuru, Matsya, Pañcâla und Śûrasena. Die ungefähre Grenze dieses auch als Madhyadeśa, mittleres Land, bezeichneten Theiles von Nordindien bildet nach Osten hin eine vom Himâlaya durch Prayâga, das heutige Allahâbâd, nach dem Hochlande Amarakaṇṭaka gedachte Linie [1]. Die Gebiete östlich von dieser Linie, die heutigen Länder Oude und Bihar, wo wir zu Buddha's Zeit die Völkerschaften der Kâśi, Kosala, Videha und Magadha ansässig finden, sind von dem Brahmarshideśa ausgeschlossen. Es kann nach den Zeugnissen der Brâhmaṇa-Texte und der Gesetzbücher keinem Zweifel unterliegen, dass diese Völkerschaften, insbesondere die Magadha und Videha, erst spät mit der vedischen Kultur in Berührung gekommen und niemals von ihr in der Weise beeinflusst worden sind, wie die Völker des Westens. Wir dürfen nicht vergessen, dass sich die arische Einwanderung in Indien allmählich und ungleichmässig vollzogen hat; die arischen Stämme, welche am weitesten nach Osten vordringend zuerst die Gangesländer unterwarfen, mögen sich von dem Gros der Arier zu einer Zeit losgelöst haben, als es eine Kultur, die wir als „vedisch" zu bezeichnen pflegen, noch gar nicht gab. Auch ist es zweifelhaft, ob es gerade diesen Vortruppen der arischen Civilisation gelungen ist die eingeborenen Volksstämme, die, wenn sie auch den Ariern gegenüber auf einer verhältnissmässig niedrigen Kulturstufe standen, jedenfalls doch numerisch ihren Besiegern weit überlegen waren, völlig zu absorbieren. Eben der Umstand, dass bei Manu die Namen einiger dieser östlichen Stämme, nämlich der Magadha und Videha, zur Bezeichnung der nicht zur arischen

---

[1]) Lassen, *Indische Alterthumskunde*, 2. Aufl. Bd. 1, S. 152.

Gemeinschaft gehörigen Mischkasten verwendet werden, lässt darauf schliessen, dass sie von Seiten derer, die sich als die eigentlichen Repräsentanten der arischen Kultur fühlten, nicht als gleichberechtigt angesehen wurden[1]. Ist es doch keineswegs ausgeschlossen, dass wir in einzelnen der in den Pali-Texten so oft wiederkehrenden Fürstengeschlechter des Ostens, wie den Licchavi von Vesâlî und den Malla, den Herren von Kusinârâ und Pâvâ, die beide von Manu (X. 22) unter die Nachkommen eines *Vrâtya* der *Kshatriya*-Kaste gerechnet werden, die unarischen Beherrscher autochthoner Stämme zu sehen haben.

Ist diese Annahme eines ethnischen und kulturellen Gegensatzes zwischen dem specifisch brahmanischen Westen und dem weniger brahmanisierten Osten, der Heimath des Buddhismus, richtig, so können wir schon *a priori* vermuthen, dass auch die socialen Verhältnisse, wie wir sie hier antreffen, sich von denen des Westens unterscheiden; denn die gesellschaftliche Gliederung eines Volkes ist im Wesentlichen von den genannten Faktoren abhängig und ist es in Indien vielleicht mehr gewesen als anderswo: ethnische Verschiedenheiten und religiöse Anschauungen haben in erster Linie bestimmend auf die sociale Physiognomie des indischen Volkes eingewirkt. Hinzu kommt ein Moment, das auch für Indien nicht ausser Acht gelassen werden darf und gerade hier zur Erklärung des erwähnten Gegensatzes mit herangezogen zu werden verdient, nämlich die Einflüsse des Klimas und des Bodens; klimatische und geographische Verschiedenheiten haben auch in Indien, das, so oft als eine „Welt für sich" bezeichnet, eben als eine Welt die grössten Gegensätze umschliesst, bei der Gestaltung der socialen Verhältnisse mitgespielt.

Doch verlassen wir das Gebiet aprioristischer Vermuthungen und begeben uns auf den sicheren Boden, der die Grundlage für die vorliegende Untersuchung abgeben soll. Den Pali-Texten und insonderheit den Jâtaka wollen wir das Material zur Reconstruierung eines Bildes entnehmen, wie es die indische Gesellschaft zu Buddha's Zeit und in den Gegenden seines Wirkens

---

[1] Vgl. den Excurs „Über das geographische Verhältniss der vedischen und der buddhistischen Kultur" in Oldenberg's *Buddha*, Berlin 1881, S. 399 ff.

dargeboten haben mag. Dabei müssen wir uns allerdings gegenwärtig halten, dass, wenn dieses Bild wesentlich von dem abweicht, das uns die brahmanischen Quellen reflektieren, diese Abweichungen nicht nothwendigerweise lokalen Gegensätzen, sondern zum Theil der Natur der Texte entspringen. Ebenso wenig wie die Brâhmaṇa-Texte, die Gesetzbücher und auch die brahmanischen Epen die indische Kultur so wiederspiegeln, wie sie in Wirklichkeit war, sondern nur so, wie sie in den Köpfen ihrer brahmanischen Verfasser aussah, ebenso darf man auch bei Zugrundelegung der buddhistischen Texte das subjektive Element nicht unberücksichtigt lassen. Die Verfasser des Pali-Canons sind buddhistische Mönche und stehen als solche, wenn auch nicht feindlich, so doch mindestens ablehnend der brahmanischen Kultur gegenüber. Das Opfer, das Studium der Veden, die brahmanische Kaste, kurz alles das, was den Brahmanen ihre besondere Stellung verschaffte, wird von jenen als werthlos betrachtet und bekämpft. Viele von den Anhängern Buddha's gehörten vor ihrem Eintritt in das hauslose Leben (*pabbajjâ*) wie Buddha selbst zu den *Kshatriya* und nahmen die Vorliebe für ihre ehemalige Kaste ins Mönchsthum hinüber; mancher war ein reicher, angesehener Bürger, ehe er dem weltlichen Leben entsagte und sah in Folge dessen seinen eigenen früheren Stand mit günstigeren Augen an als ein Brahmane; und wer von diesen selbst zum Buddhismus übergetreten war, mochte am ehesten geneigt sein eine scharfe und oft ungerechte Kritik am Brahmanenthum zu üben. Aber die buddhistischen Mönche, unter denen sich die Tradition fortpflanzte und denen wir ihre Fixierung verdanken, stehen dem weltlichen Leben, das sie verlassen und mit dem hauslosen Stande vertauscht haben, objektiver gegenüber als die Brahmanen, die sich stets ihres Brahmanenthums, das sie über die sie umgebende Gesellschaft erhebt, bewusst bleiben.

Zudem sieht die Tendenz der buddhistischen Erzählungen nach Punkten hin, die ganz anderswo liegen, nämlich wesentlich auf dem Gebiete der Moral: die grosse Menge konkreter Daten über das Volksleben, die sich in den realistischen Schilderungen der Jâtaka finden, ist dafür gleichgültig; sie ist rein zufällig, und eben diese Zufälligkeit, die Beiläufigkeit, in der diese Dinge erwähnt werden, hat sie vor Entstellung geschützt.

Aus diesen Gründen dürfen wir — so scheint mir wenigstens — das Bild der indischen Gesellschaft, wie wir es uns nach den Pali-Texten und in erster Linie nach den Jâtaka entwerfen können, für lebenswahrer und mehr der Wirklichkeit entsprechend halten, als das, welches uns die Brahmanen in ihrer einseitigen Hervorhebung der eigenen Kaste überliefert haben, und dürfen hoffen aus unserer Quelle einiges Material zu gewinnen, das geeignet ist auf unsere Frage nach den Kastenverhältnissen im Osten Indiens Licht zu werfen.

---

2. Kapitel.

Die Kasten im Allgemeinen.

Suchen wir nun zunächst auf Grund der Stellen, welche auf die Kasten im Allgemeinen Bezug nehmen, eine Vorstellung von ihrer Bedeutung, von ihrem gegenseitigen Verhältniss zu gewinnen, so tritt uns auf den ersten Blick ein Umstand entgegen, der zu dem in den einleitenden Worten Ausgeführten im Widerspruch zu stehen scheint: Wir finden auch hier im Pali-Canon die brahmanische Kastentheorie wieder. Die Eintheilung der indischen Gesellschaft in vier Kasten ist der buddhistischen Literatur keineswegs unbekannt.

„Gerade so, ihr Mönche“ — mit diesen Worten belehrt Buddha im Cullavagga des Vinaya-Piṭaka (IX. 1, 4) seine Anhänger über das Verhältniss der Kasten zur Gemeinde — „wie die grossen Ströme, als da sind die Gaṅgâ, die Yamunâ, die Aciravatî, die Sarabhû und die Mahî, wenn sie sich in den grossen Ocean ergossen haben, ihren Namen und ihr Herkommen aufgeben und von da ab als der grosse Ocean gelten, gerade so, ihr Mönche, diese vier Kasten, die *Khattiya* (= Skr. *Kshatriya*), *Brâhmaṇa*, *Vessa* (= Skr. *Vaiśya*) und *Sudda* (= Skr. *Śûdra*): wenn sie der Lehre und den Satzungen des Vollendeten gemäss aus der Heimath in die Heimathlosigkeit gehen, verlieren sie ihren Namen und ihr Herkommen und führen von da ab nur den Namen der dem Sakyasohn anhangenden *samaṇa*.“

Im Kaṇṇakatthâla Sutta (No. 90 des Majjhima Nikâya) werden Buddha die Worte in den Mund gelegt:

„Dies sind die vier Kasten, o grosser König: *Khattiya*, *Brâhmaṇa*, *Vessa* und *Sudda*. Von diesen vier Kasten, o grosser König, haben zwei den Vorrang, die *Khattiya* und die Brahmanen, nämlich in Bezug auf den Gruss, das Sicherheben vom Sitze, das Ausstrecken der zusammengelegten Hände und die zu erweisenden Dienste.“

Das Assalâyana Sutta [1], das sich die Aufgabe stellt die Werthlosigkeit der Kaste nachzuweisen, spricht ebenfalls von vier Kasten: „Einst weilte“ — so heisst es im Anfang — „der Erhabene bei Sâvatthi, im Jetavana, dem Park des Anâthapiṇḍika. Zu der Zeit lebten fünfhundert aus verschiedenen Gegenden stammende Brahmanen in Sâvatthi zu irgend einem religiösen Zweck; unter ihnen ging das Gerede: dieser Einsiedler (*samaṇa*) Gotama verkündet die Reinheit der vier Kasten. Wer ist im Stande dem *samaṇa* Gotama in dieser Frage zu entgegnen?“ Im weiteren Verlauf des Sutta wird dann freilich diese Viertheilung nicht immer innegehalten: der Verfasser wird gelegentlich — gleichsam unbewusst und vielleicht gegen seinen Willen — durch das Bild der Wirklichkeit beeinflusst dazu gedrängt, neben den *Khattiya* und *Brâhmaṇa* die *Râjañña* [2]) und als niedere Kasten die *Caṇḍâla*, *Nesâda*, *Veṇa*, *Rathakâra* und *Pukkusa* zu erwähnen; aber die Existenz der vier Kasten ist doch überall die stillschweigende Voraussetzung, die auch durch das Zugeständniss, zu dem Gotama am Ende seines Disputs den Brahmanen Assalâyana nöthigt, dass nämlich die Kaste werthlos und der Anspruch der Brahmanen die beste Kaste zu sein hinfällig sei, keineswegs aufgehoben wird.

Denselben Gegenstand behandelt auch das Madhura Sutta [3]) (No. 84 des Majjhima Nikâya), zum Theil mit denselben Worten. Der König Madhura Avantiputta begiebt sich zum *samaṇa* Kaccâna und legt ihm die Frage vor: „Die Brahmanen, Kaccâna, behaupten: die Brahmanen sind die beste Kaste, jede andere Kaste ist niedrig; die Brahmanen sind die weisse Kaste, jede andere Kaste ist schwarz; die Brahmanen sind rein, nicht die Nicht-Brahmanen; die Brahmanen sind die leiblichen Söhne des

[1]) ed. and transl. by Richard Pischel. Chemnitz 1880.

[2]) Vgl. hierüber die Bemerkung im sechsten Kapitel.

[3]) Hrsg. und übersetzt von Robert Chalmers im *Journal of the Royal Asiatic Society*, 1894. p. 394 ff.

Brahma, sie sind aus seinem Munde geboren, Brahma-geboren, Brahma-geschaffen, Erben Brahma's. Was sagst du hierzu, Kaccâna?“ Und Kaccâna antwortet ihm, dass die Kaste weder materiellen Erfolg im Leben sichere noch auch in Bezug auf die bevorstehende Strafe oder das bevorstehende Glück nach dem Tode irgend einen Unterschied mache; dass sie Übelthäter nicht vor dem Gesetz schütze und vor allem für die Werthschätzung der heimathlosen Asketen gleichgültig sei. Aber auch hier geht die Beweisführung stets von den vier Kasten aus, und das Resultat ist nicht etwa, dass diese vier Kasten nicht existieren, sondern nur, dass sie alle gleich sind.

Der Gedanke, dass ein Brahmane nicht durch seine Geburt eine Sonderstellung einnehme, sondern dass Frömmigkeit allein den wahren Brahmanen ausmache, kehrt auch in den Jâtaka wieder; verschiedentlich wird das Thema von der Werthlosigkeit der Kaste variiert und dem Erzähler Gelegenheit gegeben zu ausführlichen Erörterungen über die Kasten. Am eingehendsten beschäftigt sich mit der Kastenfrage das Uddâlaka Jâtaka (IV. 298 ff.):

„Vor langer Zeit, als Brahmadatta in Benares regierte, war der Bodhisatta[1]) sein Hauspriester (*purohita*), durch Gelehrsamkeit und Verstand gleich ausgezeichnet. Dieser sah eines Tages bei einer Lustbarkeit im Park eine überaus schöne Hetäre und verliebte sich in sie. Sie wurde schwanger von ihm, und da sie ihren Zustand erkannte, sagte sie zu ihm: „O Herr, ich habe eine Leibesfrucht empfangen; bei der Geburt will ich dem Kinde den Namen seines Grossvaters geben.“ Er dachte bei sich: „Einem Kinde, das im Mutterleib einer Dirne wiedergeboren wird, kann man doch unmöglich einen Familiennamen geben“ und entgegnete ihr: „Meine Liebe, dieser Baum hier heisst Uddâla[2]), weil du dein Kind hier empfangen hast, magst du es Uddâlaka nennen“. Dann gab er ihr einen Siegelring und setzte hinzu: „Wenn es eine Tochter wird, ernähre sie hiermit, wenn es ein Sohn wird, so kannst du ihn mir, nachdem er herangewachsen ist, zeigen“. Sie gebar nach Verlauf einiger Zeit einen

[1]) = Skr. *Bodhisattva*, d. i. Buddha in einer seiner früheren Existenzen.

[2]) Cordia Myxa oder latifolia.

Sohn und nannte ihn Uddâlaka. Als dieser herangewachsen war, fragte er seine Mutter: „Liebe Mutter, wer ist mein Vater?“ „Der *purohita*, mein Sohn!“ „Wenn das der Fall ist, so will ich die Veden erlernen“. Mit diesem Entschluss begab er sich, von seiner Mutter mit dem Ring und dem Honorar für den Lehrer beschenkt, nach Takkasilâ und studierte hier bei einem weltberühmten Lehrer. Beim Anblick einer Schaar von Asketen kam ihm der Gedanke: „Diese werden im Besitz der höchsten Wissenschaft sein, ich will sie von ihnen lernen“; voll Wissbegierde trat er in den heimathlosen Stand ein, erwies den Asketen alle Dienste und bat, sie möchten ihn ihre Weisheit lehren. Sie unterwiesen ihn nach dem Maasse ihres Wissens, aber es war unter den fünfhundert Asketen nicht ein einziger, der ihn an Verstand übertraf, er war der weiseste unter ihnen. Darum kamen sie überein und machten ihn zu ihrem Oberhaupt. Er aber sagte zu ihnen: „Brüder, ihr weilt beständig im Walde und esset die Wurzeln und Früchte des Waldes; warum betretet ihr nicht den Pfad der Menschen?“ „Bruder, die Menschen wollen, nachdem sie uns beschenkt haben, als Entgelt dafür die Lehre (*dhamma*) von uns hören, sie stellen Fragen; aus Furcht davor gehen wir nicht dorthin.“ „Brüder, wenn auch ein Weltbeherrscher kommen sollte, da ihr mich habt, lasst das Antworten meine Sorge sein, fürchtet euch nicht.“ Nach diesen Worten begab er sich mit ihnen auf den Almosenweg und erreichte allmählich Benares; hier nahm er im Park des Königs Wohnung und ging am folgenden Tage mit allen zusammen in dem vor dem Thor belegenen Dorfe betteln. Die Leute gaben ihnen grosse Spenden; am nächsten Tage betraten die Asketen die Stadt, wo ihnen ebenfalls grosse Spenden zu Theil wurden. Der Asket Uddâlaka spricht den Dank aus, ertheilt den Segen und beantwortet Fragen. Die Leute waren sehr erbaut davon, gaben den Asketen in grosser Menge, wessen sie bedurften. In der ganzen Stadt verbreitete sich das Gerücht, ein weiser Lehrer und frommer Asket sei gekommen; auch dem Könige erzählte man davon. Dieser fragte nach seinem Aufenthalt, und da er gehört hatte, er befände sich mit den übrigen Asketen im Park, sagte er: „Gut, ich will heute hingehen und sie sehen.“ Jemand verkündete dem Uddâlaka, der König käme sie zu sehen. Er rief die Schaar der Weisen zusammen und sagte zu ihnen: „Liebe Brüder, wenn man Fürsten auch nur einen Tag gewonnen hat, so genügt das für das ganze Leben.“ „Was aber sollen wir thun, o Lehrer?“ Er gab ihnen folgenden Rath: „Einige von euch sollen sich wie Fledermäuse benehmen[1]), einige sollen mit gekreuzten Beinen sitzend sich kasteien, einige sollen auf Dornenlagern liegen, einige sollen die in den fünf Feuern bestehende Askese üben[2]), andere sollen ins Wasser hinabsteigen, noch andere sollen an verschiedenen Orten Sprüche recitieren.“ Sie thaten demgemäss. Er selbst aber setzte sich mit acht oder zehn gelehrten Männern, von Schülern umgeben, auf einem bereiteten Lager nieder und legte ein schönes Buch auf ein liebliches Pult. In dem Augenblick kam der König mit dem *purohita* von einem grossen Gefolge umgeben in den Park, und da er die falschen Asketen ihre Busse ausüben sah, dachte er bei sich: „Sie sind befreit von aller Furcht vor Unglück“, ging zum Uddâlaka, setzte sich, nachdem er ihn begrüsst hatte, ehrerbietig zur Seite und begann erfreuten Sinnes mit dem *purohita* folgendes Gespräch:

> „Diese hier, welche rauhe Felle tragend, mit dem Haarschopf versehen, mit schmutzigen Zähnen, garstigen Antlitzes Verse murmeln, sind sie wohl, da sie dies (d. h. die Bussübungen) als die Aufgabe des Menschen kennen, frei von Unglück?“

Als der *purohita* dieses hörte, dachte er bei sich: „Dieser König ist am unrechten Ort günstig gestimmt; ich darf nicht schweigen“, und recitierte den zweiten Vers.

> „Wenn, o König, ein Gelehrter böse Thaten thut, nicht fromm lebt, so kann er, wenn er auch tausend Veden kennte, ohne den rechten Weg gefunden zu haben, deswegen (d. h. wegen seiner Kenntniss der Veden) nicht vom Unglück befreit werden.“

[1]) *vaggulivatam caranti*. Was unter diesem Ausdruck zu verstehen ist, vermag ich nicht genau anzugeben; es scheint eine bestimmte Art von Positur gemeint zu sein, wodurch die betreffenden Heiligen ein Gelübde vollzogen, ähnlich wie der bei Oldenberg, *Buddha*, S. 69 erwähnte „Hahnenheilige“, der seine Speise wie ein Hahn von der Erde aufpickte und überhaupt in allen Dingen es den Hähnen nach Möglichkeit gleichthat.

[2]) *pañcatapaṃ* „die fünf *tapas*“, das sind vier nach den vier Weltgegenden angezündete Feuer und die von oben brennende Sonne.

Als Uddâlaka diese Worte hörte, überlegte er: „Der König war auf alle Fälle mit der Schaar dieser Heiligen sehr zufrieden, dieser Brahmane jedoch schlägt den durchgehenden Ochsen auf die Schnauze; es fällt Unrath auf das bereitete Mahl. Ich will mit ihm sprechen“. Er recitierte zum *purohita* gewendet die dritte Strophe:

„Auch wenn einer tausend Veden kennte, kann er deshalb nicht vom Unglück befreit werden, so lange er nicht den rechten Weg gefunden hat; meine Meinung ist: die Veden sind nutzlos, ein Wandel voll Selbstbeherrschung ist das Wahre.“

Darauf entgegnete der *purohita:*

„Nicht sind die Veden schlechterdings nutzlos, ein Wandel voll Selbstbeherrschung ist allerdings das Wahre; denn Ruhm erlangt, wer die Veden studiert hat, zur Ruhe kommt hingegen nur, wer sich in seinem Wandel selbst beherrscht.“

Als Uddâlaka dies gehört hatte, dachte er bei sich: „Mit diesem hier darf ich jedenfalls nicht auf feindlichem Fusse stehen, wenn ich ihm sage, dass ich sein Sohn bin, kann er nicht umhin mir Liebe zu erzeigen; ich will mich ihm als seinen Sohn zu erkennen geben.“ Er recitierte die fünfte Strophe:

„Eltern und sonstige Verwandte soll man ernähren, von wem einer erzeugt ist, mit dem ist er identisch; ich bin Uddâlaka, aus deinem Brahmanengeschlechte entsprossen.“

Jener fragte: „Bist du sicherlich Uddâlaka?“ und da dieser es bejahte, sagte er: „Ich habe deiner Mutter ein Erkennungszeichen gegeben, wo ist es?“ Mit den Worten: „Dies hier, o Brahmane“, überreichte ihm Uddâlaka den Ring. Der Brahmane erkannte den Ring und sagte: „Sicherlich bist du ein Brahmane [1]), kennst du aber auch die Pflichten eines Brahmanen?“ Indem er ihn nach den Pflichten eines Brahmanen fragte, sagte er den sechsten Vers her:

„Sage mir, wer ist ein Brahmane, wie wird er ein Vollendeter, wie entsteht die Auslöschung [2]), was ist unter einem Gerechten zu verstehen?“

---

1) Vgl. das unten S. 35 Gesagte. Eine andere Lesart lässt *brâhmaṇa* fort; vielleicht war dem Schreiber die ausdrückliche Anerkennung des Bastards als Brahmanen anstössig. An der Thatsache, dass der *purohita* seinen unehelichen Sohn als zu seiner Kaste gehörig rechnet, ändert diese Fortlassung nichts.

2) *parinibbâna* = Skr. *parinirvâṇa*, die Erreichung des *Nirvâṇa*, die Erlöschung, Vernichtung des Selbst.

Darauf erklärte ihm Uddâlaka im siebenten Verse:

„Von sich stossend (alle weltlichen Gedanken)[1], das Feuer mit sich nehmend, Wasser sprengend, opfernd errichtet der Brahmane den Opferpfahl. So handelnd gelangt der Brahmane zur Seelenruhe, darum nannte man ihn einen Frommen."

Ihm entgegnete der *purohita*, indem er seine Auffassung von den Pflichten eines Brahmanen tadelte:

„Nicht ist der Brahmane rein durch Besprengung, auch ist er (dadurch) kein Vollendeter, nicht entsteht (dadurch) Ruhe noch Tugendhaftigkeit, nicht erreicht der das Nirvâṇa."

Begierig zu wissen, wie jemand ein Brahmane wäre, wenn nicht auf die von ihm beschriebene Weise, fragte Uddâlaka, den neunten Vers recitierend:

„Wie ist er ein Brahmane, wie wird er ein Vollendeter, wie erreicht er das Nirvâṇa, was versteht man unter einem Gerechten?"

Ihn belehrte der *purohita* mit den Worten:

„Ohne Feld, ohne Verwandte, unbekümmert um die Sinneswelt, frei von Wünschen, losgelöst von schlechten Gelüsten, gleichgültig gegen die Existenz, so handelnd erreicht der Brahmane die Seelenruhe, darum nannte man ihn einen Frommen."

Darauf sagte Uddâlaka die Strophe:

„*Khattiya, Brâhmaṇa, Vessa, Sudda, Caṇḍâla* und *Pukkusa*, alle können tugendhaft, selbstbeherrschend sein und ins Nirvâṇa eingehen; giebt es unter diesen allen, wenn sie die Seelenruhe erlangt haben, einen besseren oder schlechteren?"

Ihm entgegnete der *purohita*, um ihm zu zeigen, dass von dem Augenblick an, wo die Arhatschaft[2] erreicht ist, Niedrigkeit und Vornehmheit nicht existieren:

„*Khattiya, Brâhmaṇa, Vessa, Sudda, Caṇḍâla* und *Pukkusa*, sie alle können tugendhaft und selbstbeherrschend sein und ins Nirvâṇa eingehen; unter ihnen allen giebt es, wenn sie die Seelenruhe erlangt haben, keinen besseren oder schlechteren."

---

[1]) *nirañkatvâ* doch wohl = Skr. *nirâkṛtvâ* „von sich stossend", und nicht wie der Commentator erklärt „ununterbrochen" (*nirantaraṃ katvâ*). Vgl. II. 84 u. V. 252: *dhammaṃ nirañkatvâ*.

[2]) *arahatta*, Stand eines Arhat, eines Heiligen, die höchste der vier Stufen des Erlösungsweges, die vollkommene Heiligkeit. Vgl. Oldenberg, *Buddha*, S. 326 Anm.

Uddâlaka aber tadelte ihn, indem er sagte:

„*Khattiya, Brâhmaṇa, Vessa, Sudda, Caṇḍâla* und *Pukkusa*, sie alle können tugendhaft und selbstbeherrschend sein und ins Nirvâṇa eingehen, unter ihnen allen giebt es, nachdem sie die Seelenruhe erlangt haben, keinen besseren oder schlechteren: (Wenn das so ist,) dann ist das Brahmanenthum, das du betreibst, und deine Zugehörigkeit zu einer Schriftgelehrtenfamilie werthlos."

Ihn aber belehrte der *purohita* durch ein Gleichniss, indem er die beiden Strophen recitierte:

„Ein Zelt ist bedeckt von verschiedenfarbigen Tüchern, nicht aber folgte dem Schatten der Tücher die Farbe.

So ist es auch unter den Menschen, immer gelangen Menschen zur Reinheit; nicht fragen Tugendhafte, wenn sie die Frömmigkeit jener erkannt haben, nach ihrer Geburt."

Da Uddâlaka den Gegenstand nicht wieder aufnehmen konnte, setzte er sich, ohne zu antworten, nieder. Der Brahmane aber sagte zum König: „Alle diese, o grosser König, sind betrügerische Leute, ganz Indien werden sie durch ihre Heuchelei zu Grunde richten. Den Uddâlaka lasst sein Asketenthum aufgeben und macht ihn zu meinem Nachfolger; die übrigen lasst ebenfalls wieder in ihren früheren Stand zurücktreten, gebt ihnen Schild und Waffen und macht sie zu Euren Dienern." Der König war mit dem Rathe seines Lehrers zufrieden, und so traten jene in den Dienst des Königs."

Der Grundgedanke kehrt in etwas anderer Form im Sîlavîmaṃsa Jâtaka (III. 194 f.) wieder. Der *purohita* des Königs von Benares will diesen auf die Probe stellen, um zu erfahren, ob er ihn wegen seiner Tugendhaftigkeit hochschätze oder wegen seiner Gelehrsamkeit. Er begeht einen Diebstahl, wird dem Könige angezeigt und erkennt, dass dieser nur auf seine Tugend Werth legt. In dieser Erkenntniss beschliesst er dem weltlichen Leben zu entsagen und nimmt vom Könige Abschied mit den Worten:

„Ob Tugend besser oder Gelehrsamkeit, war mir zweifelhaft; dass Tugend besser ist als Gelehrsamkeit, daran zweifle ich nicht mehr.

Eitel sind Geburt und Kaste, Tugend fürwahr ist das höchste; wer keine Tugend besitzt, für den hat auch Gelehrsamkeit keinen Werth.

Ein nach Unrecht strebender *Khattiya* und ein unrecht

handelnder *Vessa*, sie kommen, nachdem sie beide Welten verlassen haben, ins Unglück.

Khattiya, *Brâhmaṇa*, *Vessa*, *Sudda*, *Caṇḍâla* und *Pukkusa* werden, wenn sie hier rechtschaffen gelebt haben, in der Götterwelt alle gleich.

Nichts nützen die Veden, nichts Geburt noch auch Verwandte für die zukünftige Welt, nur die eigene reine Tugend dient zum Glück im Jenseits."

Dieselbe Aufzählung der Kasten und dieselbe Anschauung ihrer Gleichberechtigung vom sittlichen Standpunkt begegnet uns im Amba Jâtaka (IV. 205), wo es heisst:

„Wie ein Mann, der Saft im Walde sucht, den Baum für den besten hält, von dem er ihn findet, sei es nun der *eraṇḍa*-Baum [1], oder der *pucimanda*-Baum [2], oder der *pâlibhadda*-Baum [3],

So ist auch unter den *Khattiya*, *Brâhmaṇa*, *Vessa*, *Sudda*, *Caṇḍâla* und *Pukkusa* derjenige der beste, von dem man erfahren kann, was recht ist."

So finden wir überall im Pali-Canon und auch in den Jâtaka [4], obschon die Werthlosigkeit der Kaste betont wird, doch die brahmanische Kastentheorie und die Theilung der Gesellschaft in die vier Kasten der *Khattiya*, *Brâhmaṇa*, *Vessa* und *Sudda* als etwas Selbstverständliches hingestellt und nirgends in Zweifel gezogen. Doch sehen wir uns diese Stellen einmal genauer an: Es sind gleichsam akademische Erörterungen über den Werth der Kaste, die alle nur dem Zweck dienen — nicht etwa uns ein Bild der indischen Gesellschaft zu entwerfen —, sondern dem Anspruch der Brahmanen durch ihre Kaste im alleinigen Besitz der Wahrheit, der Kenntniss des Weges zur

[1]) Die Ricinusstaude.

[2]) = Skr. *picumanda*, Azadirachta Indica.

[3]) = Skr. *pâlibhadra*, Butea Frondosa.

[4]) Dass an den angeführten Stellen der Jâtaka nicht vier, sondern sechs Kasten, nämlich ausser den officiellen Kasten der brahmanischen Theorie noch die in den Gesetzbüchern unter die „Mischkasten" gerechneten *Caṇḍâla* und *Pukkusa* aufgezählt werden, mag seinen Grund darin haben, dass man in den Kreisen, denen die Verse entstammen, die Irrealität der *Vessa*- und *Sudda*-Kaste fühlte und darum die beiden verachteten Kasten, deren reale Existenz man täglich vor Augen hatte, hinzufügte. Unsere Behauptung, dass die brahmanische Kastentheorie auch in den Jâtaka vorkommt, wird dadurch nicht modificiert.

Erlösung zu sein, entgegenzutreten. Meines Erachtens liegt in diesen theoretischen Spekulationen nicht mehr Wirklichkeit als in der Theorie der Brahmanen selbst; sie sind nichts weiter als ein Reflex aus der priesterlichen Literatur und zeigen uns, dass die brahmanische Theorie auch den buddhistischen Mönchen nicht bloss bekannt, sondern so sehr in ihr Bewusstsein übergegangen war, dass sie sich, obgleich sie vermuthlich von ihrer Incongruenz mit der realen Welt ebenso sehr überzeugt waren wie von der Werthlosigkeit der Kaste überhaupt, doch nicht von ihr freimachen konnten. Zudem lag den buddhistischen Verfassern nicht das Mindeste daran die Kastentheorie als solche zu bekämpfen und dadurch etwa eine bessere Gestaltung der socialen Verhältnisse herbeizuführen; worauf es ihnen ankam, war einzig und allein darzuthun, dass die Kaste für das Streben nach Erlösung gleichgültig und werthlos sei.

Nur soviel scheint mir mit Sicherheit auch aus diesen theoretischen Erörterungen hervorzugehen, dass die Kasten zu Buddha's Zeit und in den östlichen Ländern ein wichtiger Faktor im socialen Leben gewesen sind. Von einem Einfluss, den etwa Buddha's Lehre von der Werthlosigkeit der Kaste auf die thatsächlichen Zustände der Gesellschaft gehabt hätte, von einer Milderung der Klassengegensätze durch den Buddhismus kann meines Erachtens nicht die Rede sein. Die uns überall in den buddhistischen Schriften entgegentretende Auffassung von der Nichtigkeit der Kastenunterschiede legt allerdings den Gedanken nahe, in dieser Besonderheit der buddhistischen Lehre eine reformatorische That Buddha's zu sehen und diesen als den Aufheber starrer, durch orthodoxe Satzungen aufgerichteter Schranken zu feiern. Das ist jedenfalls nicht richtig[1]). Die Kasten bestanden

---

[1]) Vgl. hierüber schon Koeppen (*Die Religion des Buddha*, Berlin 1857, Bd. 1, S. 127 ff.), gegen den von Hopkins (*The Religions of India*, Boston and London 1895, p. 586 note) der ungerechtfertigte Vorwurf erhoben wird, er sähe in Buddha einen Emancipator, einen politischen Neuerer. Vgl. ferner Oldenberg, *Buddha*, S. 155 ff. — Wenn selbst noch in der 2. Auflage von Ratzel's *Völkerkunde*, Leipzig und Wien 1895, S. 599 von dem Buddhismus gesagt wird, dass er die „Kasten aufhob“ und nicht „imstande gewesen ist, ihr Wiederaufleben zu verhindern“, so wird man es hoffentlich nicht als ein Einrennen von offenen Thüren bezeichnen, wenn ich hier nochmals gegen diese Auffassung polemisiere.

so gut wie vorher auch nach Ausbreitung der buddhistischen Lehren, die Gliederung der Gesellschaft in Indien hat sich durch Buddha's Auftreten nicht im mindesten geändert. Wir sehen, dass auf die Institution der Kaste fortwährend Bezug genommen wird, und zwar nicht bloss in den älteren Partien des Pali-Canons. Auch die jüngeren Bestandtheile, so der Commentar zu den Jâtaka, bieten Belege dafür, dass man die Kastenunterschiede als eine reale Macht fühlte, selbst als der Buddhismus längst festen Fuss gefasst und Buddha's Lehre von der Gleichgültigkeit der Kaste für das Erlösungsstreben allgemein Eingang gefunden hatte.

Finden wir doch selbst bei buddhistischen Mönchen die Vorstellung vom Unterschiede der Kasten, vom Werth der hohen Geburt keineswegs erloschen. Charakteristisch hierfür ist die Einleitung (*paccuppannavatthu*) zum Tittira Jâtaka (I. 217 f.), wo erzählt wird, dass die Schüler der Sechse[1]) (*chabbaggikâ*) alle Quartiere für ihre Lehrer und sich mit Beschlag belegen, so dass die später kommenden Aeltesten kein Unterkommen finden. Als nun nachher Buddha die Sache erfährt, ruft er die Versammlung der Mönche zusammen und wirft die Frage auf, wer wohl das beste Quartier, das beste Wasser, das beste Essen verdiene. Er erhält als Antwort von einigen: „Der, welcher ein *khattiya* war, ehe er die Weihe nahm" (*khattiyakulâ pabbajito*), von anderen: „Der, welcher vorher ein Brahmane oder ein *gahapati* war" (*brâhmaṇakulâ gahapatikulâ pabbajito*). Hier werden die drei dem Inder als die vornehmsten geltenden Kasten der Reihe nach aufgezählt, und wenn auch Buddha selbst, als er die Frage entscheidet, einen Vorzug, der sich auf vornehme Geburt gründe, nicht anerkennt, so zeigt die Erzählung doch, dass im Bewusstsein der grossen Menge die Kastenunterschiede nach wie vor Geltung hatten. Auf diesen im Volk drin steckenden Respekt vor den höheren Kasten ist auch das in der Einleitung zum Jambukhâdaka Jâtaka (II. 438) erwähnte Manöver des Devadatta[2]) und Kokila berechnet, wodurch

[1]) Die sechs Mönche, die im Vinaya Piṭaka die Rolle der Bösewichter spielen und Buddha's Vorschriften auf alle Weise zu umgehen wissen. Vgl. Oldenberg, *Buddha*, S. 342 f.

[2]) Buddha's Vetter und Rival. Siehe ebenda S. 162 ff.

sie ihrem gesunkenen Ansehen wieder aufhelfen wollen. Die beiden gehen nämlich bei den Laien von Haus zu Haus, singen gegenseitig ihr Lob und rühmen voneinander, der eine, dass Devadatta seine Abkunft vom Mahâsammata[1]) herleite und in ununterbrochener Ahnenreihe sein fürstliches Geschlecht auf das Königshaus des Okkâka[2]) zurückführe, der andere, dass Kokila einer nordwestlichen Brahmanenfamilie angehört habe, ehe er die Weihe genommen hätte (*udiccabrâhmaṇakulâ nikkhamitvâ pabbajito*).

Doch fällt die Frage, ob der Buddhismus an den Kastenverhältnissen etwas geändert habe oder nicht, für uns nicht wesentlich ins Gewicht, da wir, von der Voraussetzung ausgehend[3]), dass uns die Jâtaka in ihren älteren Bestandtheilen die socialen Zustände Indiens im Grossen und Ganzen so erkennen lassen, wie sie etwa zur Zeit von Buddha's Auftreten waren, nur diese zum Gegenstand unserer Betrachtung gemacht haben. Jedenfalls aber steht das eine schon auf Grund der oben angeführten Stellen rein theoretischen Charakters fest, dass der Begriff der Kaste, der *jâti*[4]), zu Buddha's Zeit etwas sehr geläufiges war. Damit ist freilich nicht viel gewonnen, wenn wir bedenken, wie weit die Ansichten über das Wesen der Kaste auseinandergehen, wie sehr die Vorstellungen der verschiedenen Autoren hin und her schwanken, wo es gilt den Begriff der Kaste für die einzelnen Perioden der indischen Kulturgeschichte zu fixieren. Unsere Aufgabe wird es sein festzustellen, was unter der Kaste jener

---

[1]) Der traditionelle Name des ersten Königs.

[2]) = Skr. *Ikshvâku*, N. pr. eines mythischen Königs.

[3]) Vgl. das Vorwort.

[4]) Das Wort *jâti*, eig. „Geburt", ist auch im Skr. die ursprüngliche Bezeichnung des Begriffs „Kaste". Neben *jâti* kommen in den Pali-Texten in der Bedeutung „Kaste", wenn auch seltener, die Wörter *vaṇṇa* (= Skr. *varṇa*) und *kula* vor. Vgl. Vinaya-Piṭaka, ed. Oldenberg, Vol. 2, p. 239: *cattâro 'me vaṇṇâ khattiyâ brâhmaṇâ vessâ suddâ.* Vol. 3, p. 184 f.: *cattâri kulâni khattiyakulaṃ brâhmaṇakulaṃ vessakulaṃ suddakulaṃ.* Die Verwendung von *kula*, das in der Regel „Familie" bedeutet, im Sinne von „Kaste" zeigt, wie sehr die beiden Begriffe für das Bewusstsein der Inder ineinander übergingen und wie eng sie in der That miteinander verwandt sind.

Zeit zu verstehen ist, und die Frage zu entscheiden: „In wie weit ist der Begriff der Kaste, wie er uns von der brahmanischen Theorie her geläufig ist, oder wie wir ihn gewohnt sind zu gebrauchen, wenn wir von den modernen Verhältnissen Indiens sprechen, auf die *jâti* der Pali-Texte anwendbar?“

Wir müssen zwischen diesen beiden Begriffen, zwischen der modernen Kaste und dem, was die brahmanischen Gesetzbücher unter einer Kaste verstehen, unterscheiden; sie decken sich ihrem Inhalt nach keineswegs, und es wäre verkehrt sie miteinander zu identificieren. Auch können wir nicht hoffen, etwa durch Combinierung beider eine allgemein gültige Definition zu erlangen: eine solche auf alle Entwicklungsstufen der indischen Kultur passende Begriffsbestimmung lässt sich überhaupt nicht geben; wir können nur versuchen durch einen Vergleich der verschiedenen Etappen, welche die Kaste im Verlauf von Jahrhunderten durchgemacht hat, einzelne gleichbleibende und darum muthmasslich wesentliche Momente herauszufinden, um von ihnen aus zu einer ungefähren Vorstellung von der allgemeinen Bedeutung der Kaste in der älteren buddhistischen Zeit zu gelangen. Auf der andern Seite dürfen wir auch nicht auf die Heranziehung der modernen Kaste verzichten und allein von der literarischen Ueberlieferung ausgehen; denn gerade jene giebt uns, wo uns die brahmanische Theorie im Stich lässt, manche werthvolle Parallele an die Hand, und manche Erscheinung des socialen Lebens der älteren Zeit wird uns erst verständlich im Lichte der Gegenwart.

Unter einer Kaste des modernen Indiens verstehen wir, um mich im Wesentlichen der von Senart[1]) gegebenen Definition anzuschliessen: eine in sich geschlossene Körperschaft, die mit einer gewissen traditionellen und unabhängigen Organisation, einem Haupt, einem Rath ausgestattet ist, deren Mitgliedschaft erblich ist, also nicht durch Zufall oder freie Wahl, sondern durch die Geburt bestimmt wird; die sich bei Gelegenheit, wie zur Feier gewisser Feste, zu mehr oder weniger vollzähligen Versammlungen vereinigt, die in der Regel zusammengehalten wird durch einen gemeinsamen, erblichen Beruf, die gemeinsame, im Besondern

---

[1]) *Revue des deux mondes*, T. 121, p. 605.

auf die Heirath, die Nahrung, verschiedene Fälle der Unreinheit bezügliche Gebräuche ausübt; die schliesslich mit einer Jurisdiktion ausgerüstet ist, welche vor allem durch die Strafe der Ausschliessung die Autorität der Körperschaft wirksam fühlbar machen kann. Das wesentliche Moment, wodurch sich die Kaste auch heute noch als eine Einrichtung *sui generis* charakterisiert und von anderen, ähnlichen socialen Gruppen unterscheidet, ist in den Gebräuchen zu suchen, die das *connubium*, die Tischgemeinschaft und die Berührung verunreinigender Personen betreffen und deren selbst geringfügige Verletzung die Ausschliessung nach sich zieht; eben diese Satzungen sind es, welche unübersteigbare Schranken zwischen den zahllosen modernen Kasten errichten und dadurch der indischen Gesellschaft ihre ganz eigenthümliche Physiognomie verleihen.

Wir müssen von vorn herein, wenn wir den Begriff der Kaste fixieren wollen, wie er den Verfassern der Gesetzbücher vorschwebte, einige der genannten Attribute, die nur auf die heutige Kaste passen, eliminieren; sie sind offenbar modernen Ursprungs, denn weder in den Gesetzbüchern noch sonstwo finden sich Spuren, die auf ihre Existenz schon in früher Zeit hindeuteten. Die Kaste der brahmanischen Theorie ist, obwohl nicht minder streng isoliert und geschlossen, doch äusserlich nicht so organisiert wie die moderne. Von einem Haupt, einem Rath innerhalb der Kaste bemerken wir so wenig etwas wie von gemeinsamen Festen oder zu anderen Zwecken veranstalteten Versammlungen; was die Kasten der alten Zeit — wohlverstanden der Theorie nach — zu festen Einheiten zusammenfasst und gegeneinander abschliesst, sind neben der Beschränkung einer jeden Kaste auf einen ganz bestimmten Beruf wiederum jene Gebräuche, die auch das moderne Kastenwesen beherrschen. Genaue Vorschriften in Bezug auf die Ehe, die Nahrung und selbst die Berührung regeln die gegenseitigen Beziehungen der Kasten bis ins Kleinste und suchen ihr Ineinanderfliessen zu verhindern. So soll der Brahmane, obschon ihm Frauen aus anderen Kasten gestattet sind, als erste Frau eine Angehörige seiner eigenen Kaste wählen; denn nur eine solche darf für seine leiblichen Bedürfnisse sorgen und ihm in der Ausübung der religiösen

Pflichten zur Seite stehen [1]; sie allein sichert dem Sohne die Zugehörigkeit zur Kaste seines Vaters. Von einem Menschen niedriger Kaste Nahrung anzunehmen ist dem Brahmanen verboten [2]), und als besonders unrein gilt die von einem *Śûdra* übrig gelassene Speise [3]). Schon der Anblick eines verachteten Menschen, vor allem eines *Caṇḍâla*, dessen Berührung selbst verunreinigt [4]), ist hinreichend, um das Mahl eines Brahmanen zu schänden [5]). Alle diese Vorschriften haben die Geltung von Gesetzen, für deren Uebertretung bestimmte, für jede Kaste besondere Sühnen festgesetzt sind, als schwerste Sühne die Ausschliessung aus der Kaste.

Können wir somit in den erwähnten Gebräuchen ein wesentliches, für alle Zeiten gleichbleibendes Merkmal der Kaste erblicken, so werden wir uns — um nunmehr zu den Kastenverhältnissen, wie sie in den Jâtaka geschildert werden, überzugehen — auch hier zunächst nach ihrem Vorhandensein umsehen müssen. Da fällt uns denn sofort als ein markanter, das Volksleben auch der damaligen Zeit charakterisirender Zug die Anschauung in die Augen, der zufolge gewisse ihrer Race oder ihrem Beruf nach niedrigstehende Schichten der Bevölkerung als unrein und ihre Berührung als ein Sühne und Reinigung heischender Verstoss gelten. Die Aengstlichkeit, mit der die Nähe des Angehörigen einer verachteten oder auch nur einer tiefer stehenden Kaste gemieden wurde, die Furcht vor „atmosphärischer Verunreinigung" lässt sich an zahlreichen in den Jâtaka enthaltenen Beispielen veranschaulichen.

---

1) Manu IX. 86:
bhartuḥ śarîraśuśrûshâṃ dharmakâryaṃ ca naityakam
svâ caiva kuryât sarveshâṃ nâsvajâtiḥ kathaṃcana.

2) Manu IV. 210 ff.; Vasishṭha XIV. 1 ff.; Âpastamba I. 16. 22; Gautama XVII. 17; Vishṇu LI. 7 ff.

3) Manu XI. 153; Vasishṭha XIV. 33; Vishṇu LI. 50, 54, 56.

4) Manu V. 85: „Wenn er (der Brahmane) einen *Caṇḍâla*, ein menstruierendes Frauenzimmer, einen aus seiner Kaste Gestossenen, eine Wöchnerin, einen Leichnam oder jemand, der durch die Berührung eines Leichnams unrein ist, berührt hat, so wird er durch ein Bad rein."

5) Manu III. 239: „Ein *Caṇḍâla*, ein Schwein, ein Hahn, ein Hund, ein menstruierendes Frauenzimmer und ein Eunuch sollen nicht zusehen, während Brahmanen essen."

Im Kâliṅgabodhi Jâtaka (IV. 231) entspinnt sich zwischen dem als Asket im Walde lebenden Königssohn und einer ebenfalls in den Wald mit ihren Eltern geflüchteten Prinzessin, die er auf einem Mangobaum sitzen sieht, folgendes Gespräch: „Gute, wer bist du?“ redet er sie an. „Ich bin ein menschliches Wesen, o Herr.“ „Dann steige herab.“ „Das geht nicht an, o Herr, ich bin eine *khattiyâ*.“ „Gute, auch ich bin ein *khattiya*, steige herab.“ „Es geht nicht, o Herr, nicht ist jemand schon durch sein blosses Wort ein *khattiya*, wenn du ein *khattiya* bist, so sage die *khattiya*-Formel.“ [1] Sie recitieren sich gegenseitig die *khattiya*-Formel, und erst dann steigt die Königstochter herab.

Die erste Frage, die der brahmanische Jüngling Satadhamma an einen *Caṇḍâla* richtet, der mit ihm zufällig desselben Weges zieht, betrifft die Kaste. „Welcher Kaste gehörst du an?“ (*kiṃjâtiko si*. II. 82) fragt der Brahmane seinen Reisegefährten. „Ich bin ein *Caṇḍâla*“ entgegnet jener und richtet dieselbe Frage an den Brahmanen. Stolz lautet dessen Antwort: „Ich bin ein Brahmane aus dem Nordwesten“ (*ahaṃ uddiccabrâhmaṇo.*[2]), und es muss uns Wunder nehmen, wenn weiter erzählt wird, dass die beiden ihren Weg einträchtig zusammen fortsetzen. Ein anderer, ebenfalls einer Brahmanenfamilie des Nordwestens angehörender Jüngling, von dem ausdrücklich gesagt wird, dass er auf seine Kaste sehr stolz ist (*tassa jâtiṃ nissâya mahanto mâno ahosi*. III. 232), hat offenbar grössere Angst vor einer „atmosphärischen Verunreinigung“. Bei seiner Rückkehr in die Stadt Benares trifft er einen *Caṇḍâla*. „Wer bist du?“ fragt er ihn, und als jener antwortet: „Ich bin ein *Caṇḍâla*“, sucht er aus Furcht, der Wind, der den Körper des Verachteten gestreift hat, möchte auch ihn berühren, eilends an ihm vorbeizukommen, indem er

[1] Vgl. Dhammapadam ed. Fausböll, p. 155. — Zur Erklärung des Ausdrucks „*khattiya*-Formel“ (*khattiyamâyâ*) mag ein Brauch aus dem modernen Kastenwesen herangezogen werden, den Jacobi in der *Zeitschrift d. Deutsch. Morgenl. Gesellschaft*, Bd. 48, S. 417 erwähnt: „Nach einer mündlichen Mittheilung des Herrn Grierson hat jede Kaste in Behar ihr eigenes episches Lied, Romanze oder Ballade, von dem Alle Einiges, nur Wenige das Ganze kennen“.

[2] Vgl. das im achten Kapitel über den *uddiccabrâhmaṇa* Gesagte.

ihm zuruft: „Sei verdammt, *Caṇḍâla*, du Unglücksrabe, geh aus dem Winde!“

Von einem brahmanischen Asketen, dessen Einsiedelei am Ufer eines Flusses liegt, wird (IV. 388) erzählt, dass ihm eines Tages, als er, um seinen Mund auszuspülen, Wasser schlürft, ein im Fluss schwimmender Zahnstocher, den ein in seiner Nähe wohnender *Caṇḍâla* ins Wasser geworfen hat, in der Haarflechte hängen bleibt. Er bemerkt es und ruft aus: „Sei verdammt, Elender!“ [1]) Mit den Worten: „Ich will doch sehen, wo dieses böse Omen hergekommen ist“ geht er den Fluss entlang stromaufwärts, und da er den *Caṇḍâla* erblickt, fragt er ihn: „Welcher Kaste gehörst du an?“ „Ich bin ein *Caṇḍâla*.“ „Du hast den Zahnstocher in den Fluss geworfen?“ „Jawohl, ich war es.“ „Sei verdammt, elender *Caṇḍâla*, du Unglücksrabe, hier darfst du nicht länger wohnen, nimm deinen Wohnsitz stromabwärts.“

Da auch in dieser Erzählung der Stolz des Brahmanen auf seine Kaste (*jâtiṃ nissâya mahantaṃ mânam akâsi*) besonders betont wird, liegt die Vermuthung nahe, dass die Aengstlichkeit, mit der in den beiden zuletzt angeführten Fällen die Berührung des *Caṇḍâla* gemieden oder die Verunreinigung durch seine Nähe gefürchtet wird, ein Ausfluss eben dieses Stolzes, dieses Kastenhochmuths ist, dass dagegen im Allgemeinen die Nähe eines *Caṇḍâla* nichts Verunreinigendes hatte. Wir finden Beispiele, wo ein *Caṇḍâla* mit einem Hochstehenden verkehrt, ohne dass dieser an seiner Nähe Anstoss nimmt: Im Chavaka Jâtaka (III. 27 ff.) wird erzählt [2]), wie ein *Caṇḍâla*, der des Nachts, um eine Mangofrucht für seine schwangere Frau zu stehlen, im Park des Königs in einen Baum gestiegen ist, vom Tagesanbruch überrascht wird. Er beschliesst im Baum sitzen zu bleiben und die Nacht abzuwarten. Mittlerweile kommt der König mit seinem Lehrer, dem

---

[1]) '*nassa vasala*'. Der Brahmane verwünscht, ohne zu wissen, wer das Holz ins Wasser geworfen hat, den Thäter, der das Wasser durch den Zahnstocher verunreinigt hat. Dass ihm dieser Zahnstocher im Haar hängen bleibt, ist obendrein ein ungünstiges Omen für ihn, und als er nun gar erfährt, dass ein *Caṇḍâla* ihn benutzt hat, kennt seine Entrüstung keine Grenzen.

[2]) Eine Erzählung ähnlichen Inhalts findet sich im Vinaya Piṭaka (ed. Oldenberg. Vol. 4, p. 203 f.).

purohita, in den Garten, um bei ihm die Veden zu lernen; sie nehmen unter dem Mangobaum Platz, und zwar der König auf einem höheren, der Lehrer auf einem niederen Sitz. Als der *Caṇḍâla* dies sieht, springt er vom Baum herab mitten zwischen die beiden und setzt ihnen das Ungehörige ihres Verhaltens auseinander. Der König ist von der empfangenen Belehrung sehr erbaut und fragt ihn nach seiner Kaste. „Ich bin ein *Caṇḍâla*, o König.“ „Schade, wenn du von vornehmer Abstammung (*jâtisampanno*) wärest, würde ich dir die Herrschaft abtreten, so aber will ich bei Tage König bleiben und du magst des Nachts König sein.“ Er lässt dem *Caṇḍâla* einen Kranz, den er sich selbst vom Hals genommen hat, umhängen und macht ihn zum Stadtwächter (*nagaraguttika*).

Nun konnte sich allerdings ein König, der als solcher der Gefahr der Verunreinigung nicht ausgesetzt gewesen zu sein scheint[1], den Verkehr mit einem *Caṇḍâla* schon erlauben; aber auch sonst wird man sich im Allgemeinen vor der Nähe eines solchen nicht übermässig gefürchtet haben, und es scheint zweifelhaft, ob ein Brauch oder eine Vorschrift existierte[2], wodurch den oberen Kasten die Berührung eines Niedrigen oder das Weilen in seiner Nähe verboten gewesen wäre, und wenn ein solcher Brauch existierte, ob er allgemein befolgt und nicht vielmehr in der Praxis des Lebens täglich und stündlich ausser Acht gelassen wurde. Aus den Jâtaka geht mit Sicherheit nur hervor, dass die Furcht vor einer derartigen Verunreinigung nicht bloss auf kastenstolze Brahmanen beschränkt war. Für besonders empfindliche, auf ihre vornehme Abstammung stolze weibliche Naturen genügte anscheinend schon der blosse Anblick eines verachteten Menschen, um in ihnen das Gefühl der Verunreinigung hervorzurufen. Als die Tochter des *seṭṭhi*, die als Tochter eines *gahapati*, obschon einer vornehmen, aber doch immerhin bürgerlichen Familie ange-

[1] Manu V. 93: „Nicht gilt für die Könige der Vorwurf der Unreinheit“. Vgl. ebenda V. 94. 97.

[2] Dass die Gesetzbücher für den Brahmanen eine solche Vorschrift enthalten, ist bereits erwähnt worden. Damit ist aber ihre Existenz für die Zeit und die Gegenden, mit denen wir es zu thun haben, noch keineswegs erwiesen.

hört[1]), und die des *purohita* von Ujjayinī, die, um zu spielen, vor die Thore der Stadt gegangen sind, zwei *Caṇḍāla*-Brüder erblicken, waschen sie sich die Augen mit wohlriechendem Wasser und kehren in die Stadt zurück. Die Volksmenge, unter welche anscheinend bei Gelegenheit derartiger Spiele Speise und Trank gratis vertheilt wurde und die sich nun durch das Fortgehen der beiden Mädchen in der Aussicht auf billige Genüsse betrogen sieht, prügelt die *Caṇḍāla* halbtot (IV. 391). Ähnlich ergeht es einem andern *Caṇḍāla*, der im Begriff in das Thor von Benares zu gehen, der Tochter des *seṭṭhi* begegnet und von ihrer Schönheit betroffen stehen bleibt. Das Mädchen, die durch den Vorhang des Palankin, worin sie getragen wird, hindurchblickt, sieht ihn und fragt: „Wer ist das?" und da ihr geantwortet wird: „Ein *Caṇḍāla*, o Edle", wäscht sie mit den Worten: „Ach, ich sehe etwas, was ich nicht sehen sollte", ihre Augen mit wohlriechendem Wasser und kehrt um. Ihre Begleitung schlägt den *Caṇḍāla* mit Händen und Füssen, bis er umfällt (IV. 376).

Es ist klar, dass sich die Unreinheit der Person auch auf die von ihr berührten Gegenstände erstrecken musste[2]); im Besondern war das der Fall bei allem, was auf die Nahrung Bezug hatte. Wenn wir uns daran erinnern, welche Bedeutung in religiöser Hinsicht zu allen Zeiten das Mahl für die Arier gehabt hat, wie die Gemeinsamkeit der Nahrung stets als äusseres Zeichen der Gemeinschaft des Blutes gedient hat, so erscheint es als naheliegend anzunehmen, dass dieser Grundsatz der Ausschliessung alles Unreinen von der Tischgemeinschaft aus alter Zeit übernommen, von der Familie auf die Kaste übertragen und hier zu besonderer Schärfe ausgebildet worden sei. Doch darf nicht verschwiegen werden, dass Spuren einer derartigen Ausschliessung niedriger Personen von der Theilnahme am Mahle, wie wir sie im heutigen Indien beobachten können[3]), in den Jātaka, wenn

---

[1]) Das Nähere darüber siehe im neunten Kapitel.

[2]) Vgl. die unten S. 36 aus dem Bhaddasāla Jātaka citierte Stelle.

[3]) Senart, *Revue des deux mondes*, T. 125, p. 328: „Der Brahmane isst weder zur selben Zeit noch aus demselben Gefässe wie ein Fremder oder ein Niederer, ja selbst wie sein eigenes Weib, wie seine noch nicht geweihten Söhne".

überhaupt, nur äusserst spärlich vorhanden sind. Die einzige Stelle, die sich als Beweis für das Vorhandensein besonderer die Tischgemeinschaft betreffender Regeln und Gebräuche heranziehen liesse, steht noch dazu nicht in einem Jâtaka selbst, sondern im *paccuppannavatthu*, in der einleitenden Erzählung zum Bhaddasâla Jâtaka (IV. 144 ff.). Hier wird erzählt, dass die Boten des Kosala-Königs, ausgeschickt zu den Sâkiya von Kapilavatthu, um für ihren Herrn eine Tochter aus diesem Geschlechte heimzuführen, Bedenken äussern wegen der Reinheit ihrer Abstammung; sie fürchten von den auf ihr Geschlecht stolzen Sâkiya betrogen zu werden und verlangen deshalb, die Tochter solle mit ihnen zusammen essen. Die Sâkiya, welche ihnen thatsächlich eine illegitime Stammesangehörige, nämlich die Vâsabhakhattiyâ, die Tochter des Fürsten Mahânâma und einer Sklavin, aufhalsen wollen, sind in Verlegenheit und wissen nicht, was sie thun sollen. Mahânâma sagt, sie sollten sich keine Gedanken machen, er wüsste ein Mittel: während er ässe, solle man die Vâsabhakhattiyâ geschmückt hereinbringen, und, wenn er einen Mundvoll gegessen hätte, ihm einen Brief zeigen mit den Worten: „O Fürst, der König N. N. schickte einen Brief, hört doch erst diese Botschaft". Die Sâkiya sind mit dem Plan zufrieden und, während Mahânâma beim Essen sitzt, schmücken sie das Mädchen. Mahânâma ruft: „Bringt mir meine Tochter herein, sie soll mit mir essen". Nachdem man unter dem Vorwande, sie müsste erst geschmückt werden, etwas gezögert hat, führt man sie herein. Sie greift mit den Worten: „Wir wollen mit dem Vater zusammen essen" in die eine Schüssel hinein. Mahânâma nimmt mit ihr zugleich einen Kloss und führt ihn in den Mund, sobald er aber die Hand nach dem zweiten ausgestreckt hat, bringt man ihm, wie verabredet, einen Brief. Er greift, indem er seine Tochter zum Essen ermuntert, mit der rechten Hand in die Schüssel, nimmt den Brief in die linke Hand und liest ihn; jene aber isst weiter, während er die Botschaft erwägt. Als sie fertig ist mit dem Essen, wäscht er sich die Hände und spült den Mund aus. Auf diese Weise kommen die Boten zu der Überzeugung, sie sei seine Tochter, und merken den Unterschied der Kaste nicht.

Nicht die Theilnahme der illegitimen Tochter an der Mahlzeit ist es, was der Vater zu vermeiden sucht, sondern das Essen der von ihr berührten Speise. Das erste Mal greift er ohne Skrupel mit ihr zusammen in dieselbe Schüssel; sobald aber die Hände der Unreinen das Essen berührt haben, ist es für ihn unrein: er hütet sich einen zweiten Bissen in den Mund zu führen und lässt die Tochter allein weiteressen, dem Anscheine nach in die Lektüre eines Briefes vertieft. Nicht das Essen an demselben Tische, sondern nur das Essen aus derselben Schüssel, woraus der Tischgenosse bereits gegessen hat, das Berühren der von ihm vorher berührten Speise, ist das Kriterium für die Gemeinsamkeit der Kaste.

Sonach können wir von einer speciell die Tischgemeinschaft betreffenden Regel, welche die Ausschliessung Niedrigstehender von dem gemeinsamen Mahle vorschriebe, nicht sprechen[1]); dagegen kann es keinem Zweifel unterliegen, dass Vorschriften, die den Genuss der von Unreinen berührten und besonders der von ihnen nachgelassenen Speise verboten und mit Strafe belegten, existierten und oft genug ihre Wirkung geltend machten.

Das Essen der von einem *Caṇḍâla* übrig gelassenen Speise galt nach den Jâtaka dem Brahmanen für ein so schweres Vergehen, dass es die Ausstossung aus der Kaste zur Folge hatte[2]). Im Mâtaṅga Jâtaka wird erzählt, wie sechzehntausend Brahmanen dadurch wieder zum Leben gebracht werden, dass ihnen Wasser, welches vermischt ist mit dem von einem *Caṇḍâla* übrig gelassenen Reisbrei, in den Mund geträpfelt wird. Die unmittelbare Folge dieser Verunreinigung, an der sie selber doch völlig schuldlos sind, ist ihre Ausschliessung aus der Kaste. Sie hören auf Brahmanen zu sein (*te brâhmaṇâ : ‚imehi caṇḍâlucchiṭṭhakaṃ pîtan' ti abrâhmaṇe karimsu*. IV. 388), und verlassen voller Beschämung Benares. Diese Stelle — soweit ich gesehen habe, die einzige in den Jâtaka, wo von einer durch die Kaste verhängten Strafe,

[1]) Senart's Ausführungen über diesen Punkt (*Revue des deux mondes*, T. 125, p. 328 ff.), scheinen mir zu weit gegangen, weil sie nicht auf alle Stufen der Entwickelung, die das indische Kastenwesen durchgemacht hat, passen.

[2]) Nach Manu XI. 149 muss ein Brahmane, der von einem *Śûdra* übrig gelassenes Wasser getrunken hat, drei Tage lang *kuśa*-Wasser trinken, und ein Brahmane, der etwas von einem Weibe oder einem *Śûdra* übrig Gelassenes gegessen hat, muss sieben Tage lang Gerstenwasser trinken (XI. 153).

also gewissermassen von einer durch sie ausgeübten Jurisdiktion die Rede ist — klingt sehr legendenhaft; doch wird das thatsächliche Vorkommen einer Ausschliessung aus der Kaste, oder doch zum mindesten irgend einer andern schweren Sühne für das Vergehen des Genusses unreiner Speise sehr wahrscheinlich, wenn wir die realistische Schilderung der Satadhamma Jâtaka (II. 82 ff.) daneben halten.

Der Bodhisatta, als *Caṇḍâla* wiedergeboren, unternimmt mit einigen Reiskörnern als Wegzehrung und einem Esskorb versehen eine Reise und trifft unterwegs mit einem aus einer reichen Brahmanenfamilie des Nordwestens stammenden Jüngling zusammen, der aus irgend einem Grunde beides nicht mitgenommen hat. Nachdem sie sich — wie oben, S. 26, schon erwähnt — gegenseitig über ihre Kaste aufgeklärt haben, setzen sie ihren Weg gemeinsam fort. Zur Frühstückszeit setzt sich der Bodhisatta an einer Quelle nieder, wäscht sich die Hände und öffnet seinen Esskorb, indem er den Jüngling auffordert mitzuessen. „Ich brauche nicht zu essen, *Caṇḍâla*", lautet die Antwort. „Gut", denkt der Bodhisatta und nimmt, damit nichts übrig bleibe, nur soviel aus dem Esskorb heraus, wie er braucht, und thut es in ein Blatt. Dann bindet er den Korb zu, stellt ihn beiseite, isst und trinkt. Nach dem Essen wäscht er sich die Hände und Füsse, nimmt seinen Reis und den Rest des Essens mit und setzt mit den Worten: „Komm, lass uns gehen, Jüngling" seinen Weg fort. Sie wandern den ganzen Tag; des Abends kommen sie an ein Gewässer und nehmen beide ein Bad. Als sie damit fertig sind, setzt sich der Bodhisatta an einem angenehmen Platz nieder, öffnet seinen Korb und fängt an zu essen, ohne den jungen Brahmanen aufzufordern mitzuessen. Der Jüngling, von der langen Tagesreise ermüdet und von Hunger gequält, steht dabei und sieht zu, indem er denkt: „Wenn er mir etwas zu essen giebt, werde ich es nehmen." Der andere sagt nichts und isst weiter. Der Brahmane überlegt: „Dieser *Caṇḍâla* isst alles auf, ohne mir etwas zu sagen. Ich will ihn um ein Stück bitten; wenn er es mir giebt, kann ich das Aeussere, das verunreinigt ist, wegwerfen und den Rest essen." Er führt seine Absicht aus und isst das vom *Caṇḍâla* übrig gelassene Essen. Sobald er aber gegessen hat, ergreift ihn bei dem Gedanken, dass er eine von einem *Caṇḍâla* übrig gelassene Speise genossen und dadurch eine seiner Kaste, seiner Familie, seinem Geschlechte, seinem Lande unangemessene Handlung begangen hat, so gewaltige Reue, dass er das Essen, mit Blut vermischt, wieder von sich giebt. „Um einer geringfügigen Sache willen habe ich eine unziemliche That begangen“, so jammert er von heftigem Kummer erfüllt und recitiert den Vers:

„Es war eine Kleinigkeit und übrig gelassen und gegen seinen Willen gab er es mir! Mir, der ich ein Brahmane meiner Kaste nach bin! Was ich gegessen habe, das musste ich wieder von mir geben!“

So klagt er und beschliesst des Lebens überdrüssig, das für ihn nach einer solchen unziemlichen Handlung werthlos ist, durch Hungertod zu sterben. Er geht in den Wald und kommt, da er sich vor niemandem blicken lässt, hülflos um.

Die bisher angeführten Beispiele, die doch in vieler Hinsicht als typisch gelten können, fügen sich zu einem Bilde zusammen, das uns die damalige Gesellschaft als von festen, durch traditionelle Sitte oder durch Vorschrift der Kaste aufgerichteten Schranken durchzogen erscheinen lässt. Mochte auch gerade in den östlichen Ländern, wo die Autorität der brahmanischen Theorie weniger unangefochten herrschte, die Praxis diese Schranken oft genug durchbrechen, eine scharfe Sonderung der verachteten Volksstämme von der übrigen Bevölkerung hat auch hier zweifellos bestanden. In den Augen des vornehmen Ariers sind die niederen Kasten wie die *Caṇḍâla* unrein. Schon ihr Anblick gilt als verunreinigend; darum müssen sie von der menschlichen Gemeinschaft ausgestossen ausserhalb der Stadt in einem Dorf für sich wohnen, durch niedrige Verrichtungen ihr Leben fristend. Dass unter diesen Umständen eine Vermischung mit solchen als unrein geltenden Elementen zu verhindern gesucht wurde, erscheint als selbstverständlich. Sicherlich existierten schon von Alters her für die vornehmen arischen Familien gewisse die Heirath regelnde Gebräuche, die sich nach der Einwanderung in Indien, als die Gefahr einer Vermengung mit den eingeborenen Stämmen und eines Aufgehens in ihnen das arische Volk bedrohte, zu festen Satzungen ausgebildet haben werden, deren Existenz auch in den Jâtaka nachweisbar ist. Wenn im

Mâtaṅga Jâtaka erzählt wird, dass der *Caṇḍâla* die *seṭṭhi*-Tochter zur Frau erhält, so verdankt er das nur seiner Eigenschaft als Bodhisatta: „Denn der Entschluss eines solchen“ — heisst es IV. 376 — „gelangt immer zur Ausführung“. Es wird im weitern Verlauf der Erzählung ausdrücklich hervorgehoben, dass er sich einer Ueberschreitung des Unterschiedes der Kaste nicht schuldig macht (*jâtisambhedavîtikkamaṃ akatvâ*), d. h. dass er sich des geschlechtlichen Umgangs mit der ihrer Kaste nach weit über ihm stehenden *seṭṭhi*-Tochter enthält.

Im Allgemeinen und dem Princip nach, werden wir annehmen können, waren die *jâti* jener Zeit endogam; die Heirath innerhalb der eigenen *jâti* galt als Regel. Ueberall in den Jâtaka tritt uns das Bestreben die Familie durch Heirath innerhalb der eigenen Standes- und Berufsgenossen rein zu erhalten und nicht durch Vermischung mit niederen Elementen herabzudrücken, augenfällig entgegen. Wo die Eltern den Wunsch hegen den Sohn zu verheirathen, suchen sie ein Mädchen aus gleicher Kaste für ihn ausfindig zu machen oder geben ihm den Rath: „Nimm dir ein Mädchen aus einer Familie, die derselben Kaste angehört wie wir“ (*ekaṃ samajâtikakulâ kumârikaṃ gaṇha*. III. 422). Der brahmanische Ackerbauer verheirathet seinen Sohn an die Tochter einer ebenfalls der Brahmanenkaste angehörigen Familie (*so* [*brâhmaṇo*] *puttassa vayappattassa samânakulato kumârikaṃ ânesi*. III. 162. Aehnlich IV. 22); ausdrücklich geben die brahmanischen Eltern den Leuten, die sie ausschicken, um für ihren Sohn eine Frau zu suchen, den Auftrag ein Brahmanenmädchen heimzubringen (*brâmaṇakumârikaṃ ânetha*. III. 93). Neben den Brahmanen sind es vor allem die reichen und vornehmen bürgerlichen Familien, die sich bemühen Reichthum und Vornehmheit durch standesgemässe Heirath zu erhalten: der Sohn einer guten Familie (*kulaputta*) wird von den Eltern mit der Tochter einer derselben *jâti* angehörenden Familie verheirathet (*assa mâtâpitaro samânajâtiyaṃ kulato dârikaṃ ânayiṃsu*. I. 199). Auf die Neigung der jungen Leute wurde anscheinend wenig oder gar kein Gewicht gelegt; fast immer lesen wir, dass die Eltern sich miteinander verständigen, ohne ihre — nebenbei bemerkt erwachsenen — Kinder zu fragen: dem Bodhisatta, der in einem Dorf unweit Benares in einer *gahapati*-Familie wiedergeboren ist, führen die Eltern eine Tochter von guter Familie aus Benares zu (*kuladhîtaraṃ ânesuṃ*. II. 121), und der in einem Marktflecken der Provinz wohnende *seṭṭhi* wirbt für seinen Sohn um die Tochter eines *seṭṭhi* in Benares (II. 225)[1]).

Trotz alledem scheint es mir zu weit gegangen, wenn wir von der strikten Geltung eines Gesetzes der Endogamie sprechen wollten; es kommen Fälle in den Jâtaka vor, welche die um die Kaste gezogenen Schranken nicht als unübersteigbar erscheinen lassen und so die scharf ausgeprägten Linien, die wir nach den zahlreichen die Heirath innerhalb der Kaste als Regel hinstellenden Beispielen anzunehmen geneigt sind, wieder verwischen. Wäre die Heirath innerhalb der Kaste mehr als ein allgemeiner Brauch, wäre sie ein durch die Kaste vorgeschriebenes Gesetz gewesen, so hätte seine Uebertretung nothwendigerweise die Nichtanerkennung der in einer ungesetzlichen Ehe erzeugten Kinder zur Folge gehabt. Das scheint aber thatsächlich durchaus nicht immer der Fall gewesen zu sein. Wir sahen (oben S. 16), dass der *purohita* den mit einer Hetäre gezeugten Sohn, nachdem er seine Identität festgestellt hat, als zu seiner eigenen, der brahmanischen Kaste gehörig anerkennt; ein Faktum, das, verallgemeinert, uns den Einfluss der Kaste im realen Leben als sehr gering veranschlagen liesse. Sind wir indessen zu einer solchen Verallgemeinerung berechtigt? Es scheint fast so, wenn wir die einleitende Erzählung zum Bhaddasâla Jâtaka (IV. 144 ff.) lesen, wo die Frage, ob die einer niederen Kaste angehörende Frau eines *khattiya* und die mit ihr erzeugten Kinder als gleichberechtigt anzusehen seien, zum Gegenstand einer principiellen Erörterung zwischen Buddha und dem Kosala-Könige gemacht wird. Dieser hatte — so wird dort erzählt — einen Boten nach Kapilavatthu geschickt und um die Hand einer Sakya-Tochter angehalten. Die Sakya-Fürsten, einerseits wenig geneigt seinem Wunsche zu entsprechen[2]), andererseits den Zorn des Königs,

---

[1]) Vgl. ferner die einleitenden Erzählungen zum Asitâbhu Jâtaka (II. 229) und zum Suvaṇṇamiga J. (III. 182).

[2]) Sie fürchten die Tradition der Familie (*kulavaṃsa*) zu verletzen, der zufolge die Sakya-Töchter nur an Sakya verheirathet worden dürfen. Vgl. Weber, *Indische Studien*, Bd. 5. S. 427.

zu dem sie in einem Abhängigkeitsverhältniss stehen, fürchtend, beschliessen ihm auf Anrathen des Mahânâma dessen Tochter, die Vâsabhakhattiyâ zu schicken, die zwar mütterlicherseits von einer Sklavin abstamme, aber doch einen *khattiya* zum Vater habe. Die Boten lassen sich — in der oben S. 30 erzählten Weise — durch eine List übertölpeln und bringen die Tochter des Mahânâma ihrem Könige, der sie zu seiner Hauptgattin (*aggamahesi*) macht und einen Sohn mit ihr zeugt. Dieser wünscht herangewachsen die Familie seines Grossvaters zu besuchen und nimmt von seiner Mutter, die sich vergeblich bemüht hat ihn zurückzuhalten, einen Brief mit nach Kapilavatthu, worin sie die Verwandten bittet ihren Sohn den Unterschied seiner Geburt nicht merken zu lassen. Das geschieht denn auch, so gut es angeht: Er wird in die Audienzhalle geführt und seinen Verwandten vorgestellt. „Dies" — sagt man zu ihm — „mein Lieber, ist dein Grossvater, dieser hier dein Oheim". Er macht die Runde, alle ehrfurchtsvoll begrüssend, wundert sich freilich, dass, während er selbst von dem fortwährenden Sichverneigen schliesslich Rückenschmerzen bekommt, er niemanden sieht, der sich vor ihm verbeugt. Aber die Sâkiya wissen seine Bedenken zu zerstreuen, indem sie ihm erklären: „Die jungen Prinzen, mein Lieber, sind aufs Land gegangen", und überhäufen ihn mit Liebenswürdigkeiten. Nach einigen Tagen zieht er mit grossem Pomp wieder ab. Nun aber wäscht eine Sklavin die Bank, auf der er in der Audienzhalle gesessen hatte, mit Milchwasser ab[1]), und ruft dabei laut aus: „Auf dieser Bank hat der Sohn der Sklavin Vâsabhakhattiyâ gesessen". Ein Mann aus dem Gefolge des Prinzen, der seine Waffe vergessen hat und umgekehrt ist, hört diesen Schmähruf, fragt nach der Ursache, und erzählt, als er den Zusammenhang erfahren hat, die Geschichte weiter. So erfährt auch der Kosala-König die Sklavenabkunft seiner Frau: zornig entkleidet er sie und ihren Sohn aller Ehren und lässt ihnen nur das Sklaven und Sklavinnen Zukömmliche verabfolgen. Einige Tage später kommt Buddha in den Palast, und der König erzählt ihm den Vorfall, indem er sich über den Betrug seiner Verwandten beschwert. Der Meister entgegnet ihm, dass

---

[1]) Vgl. oben S. 29. Z. 16 v. o.

zwar die Sâkiya Unrecht gehandelt hätten, sie hätten ihm ein Mädchen aus gleicher Kaste geben sollen, dass aber seine Gattin eine Königstochter sei und die Weihe im Hause eines *khattiya*-Königs empfangen habe, ebenso wie auch sein Sohn ein Königssohn sei: „denn" — fügt er hinzu — „die alten Weisen handelten nach dem Grundsatz: die Familie der Mutter macht nichts aus, die Familie des Vaters allein entscheidet" (*mâtigottam nâma kim karissati, pitigottam eva pamânam*), und erzählt ihm als Beweis das Katthahâri Jâtaka.

Haben wir nun in diesem, dem Buddha in den Mund gelegten Ausspruch den Niederschlag einer zu seiner Zeit im Volke verbreiteten Anschauung zu sehen, oder kommt die herrschende Auffassung in der spontanen, durch keine Reflexionen beeinflussten Handlungsweise des Königs zum Ausdruck, der den Sohn einer *dâsi* nicht als ebenbürtig anerkennt, sondern ihn zusammen mit seiner Mutter, nachdem er ihre Sklavenabkunft erkannt hat, unter die Sklaven verweist? Die Frage lässt sich kaum mit Sicherheit beantworten; manches scheint mir für die thatsächliche Geltung des von Buddha aufgestellten Satzes zu sprechen. Begegnen wir doch einer ähnlichen Tendenz, wie sie in Buddha's Ausspruch liegt, selbst in den brahmanischen Gesetzbüchern; auch hier findet sich das Princip ausgesprochen, dass — bei einer Ehe eines Höherstehenden mit einer der Kaste nach Niederen — die Kaste des Vaters in erster Linie entscheidet und für die des Sohnes massgebend ist [1]. Andererseits scheint doch die Anschauung, wonach die Ehe eines *dvija* mit einer *Śûdra*-Frau für verwerflich gilt, in den Gesetzbüchern vorzuwiegen; man gestattet zwar, selbst einem Brahmanen, eine *Śûdrâ* neben anderen Frauen der höheren Kasten zu heirathen, fügt aber hinzu, dass solche Heirathen mit Sicherheit die Degradation der Familie nach sich ziehen [2]. Wenn wir zu diesem Umstand das aus den Jâtaka unbestreitbar hervorgehende Bestreben eine Herabsetzung der eignen

[1]) Manu X. 6: „Söhne, die von zwiefach Geborenen mit Frauen der nächst niedrigen Kaste erzeugt sind, erklären sie für ähnlich (dem Vater hinsichtlich der Kaste), aber getadelt wegen des der Mutter anhaftenden Makels."

[2]) Manu III. 15: „Zwiefach Geborene, die in ihrer Thorheit Frauen aus niedriger Kaste heirathen, bringen ihre Familien und ihre Nach-

Familie durch Vermischung mit niederen Kasten zu vermeiden hinzunehmen, ferner die Thatsache erwägen, dass auch in den griechischen Berichten [1]) das Verbot der Heirath zwischen den verschiedenen Klassen als ein charakteristischer Zug der indischen Gesellschaft hervorgehoben wird, so möchte ich doch glauben, dass der König in der Degradierung seiner Gattin und des mit ihr gezeugten Sohnes der allgemeinen Sitte und im Besonderen den Traditionen seines Standes folgte. Ausnahmen — das können wir, wenn es nicht schon an sich selbstverständlich wäre, aus dem Satze entnehmen — kamen vor, und dahin gehört auch das im Katthahâri Jâtaka (I. 134 ff.) erzählte Vorkommniss, nämlich die Einsetzung einer Holzsammlerin (*katthahârikâ*) in die Stellung der *aggamahesî* und die Uebertragung des Vicekönigthums an den unehelichen Sohn; dahin gehört die (übrigens dem *paccuppannavatthu* des Kummâsapiṇḍa Jâtaka III. 406 angehörende) Geschichte von der Königin Mallikâ, die vom Kosala-Könige aus dem Hause ihres Vaters, eines Aeltesten der Kranzbinder (*mâlakârajeṭṭhaka*), geholt und zur Hauptgattin gemacht wird. Es sind Ausnahmen, welche die Geltung des Princips der Endogamie als Regel bestätigen, dagegen beweisen, dass die Schranken der Kastenordnung nicht unüberschreitbar waren, vor allem nicht für jemand, der wie der König über den Vorschriften der Kaste stand und eine Macht verkörperte, die, wenigstens in jener Zeit und in den Gegenden Indiens, wovon wir reden, noch nicht durch priesterlichen Einfluss wesenlos geworden war, die politische Macht, den Staat.

Worauf es uns bei unsern bisherigen Untersuchungen ankam, war zu zeigen, dass wir gerade die Attribute, welche die Kaste der brahmanischen Theorie mit der modernen Kaste gemein hat, und in denen wir das Wesentliche einer Kaste erblicken zu müssen glauben, bei der *jâti* der Pali-Texte wiederfinden, und dass wir in ihr — ohne das Vorhandensein einer strengen Kastenordnung zu behaupten — einen Faktor von mächtiger, tief in das Leben der Gesammtheit und des Einzelnen einschneidender

kommen schnell auf die Stufe der *Śûdra.*" Vgl. Vasishṭha I. 25—27; Âpastamba I. 18. 33.

[1]) Vgl. das weiter unten (S. 41 Anm. 2) angeführte Citat aus Arrian.

Wirkung zu erkennen haben. Nunmehr wird es sich fragen, wie die Kasten der damaligen Zeit im Einzelnen aussahen, ob und in wie weit wir berechtigt sind auf alle die zahlreichen Gruppen der indischen Gesellschaft, die uns entgegentreten werden, die Bezeichnung „Kaste" anzuwenden.

---

3. Kapitel.

Die heimathlosen Asketen.

Bevor wir jedoch daran gehen den Bau des socialen Körpers zu zergliedern und in seinen einzelnen Theilen näher zu betrachten, müssen wir auf eine Thatsache hinweisen, die für die ganzen Kulturverhältnisse des Ostens und insonderheit für die Stellung der herrschenden Klasse und des Volks gegenüber der brahmanischen Kaste von entscheidender Bedeutung gewesen ist, nämlich die Thatsache, dass der *khattiya* nicht minder wie der Brahmane, ja dass selbst Angehörige des bürgerlichen Standes der Welt entsagten und als Einsiedler, ausserhalb der menschlichen Gesellschaft und folgeweise ausserhalb jeder Kastenordnung, im Walde lebten. Und zwar begegnen wir dieser Erscheinung nicht etwa als einer Ausnahme, einer auffallenden Handlung, von der als von etwas Ungewöhnlichem, Ausserordentlichem gesprochen wird; nein, die Sitte scheint beim Könige und beim Bürger so allgemein, so selbstverständlich wie beim frommen Brahmanen. Wir haben hierin meiner Ansicht nach den Schlüssel zu dem zu sehen, was man oft als eine sociale Reform des Buddhismus hat hinstellen wollen, was aber in Wirklichkeit nur eine Weiterführung schon bestehender Verhältnisse gewesen ist, ich meine die Zulassung aller, einerlei welcher Kaste sie angehörten, zur buddhistischen Gemeinde.

Wenn in späteren Zeiten, als die Anhänger Buddha's sich zu einer organisierten Gemeinde zusammengeschlossen und bestimmte Ordnungen eingeführt hatten, die Aufnahme der buddhistischen Gläubigen in den Orden an den Akt der Weihe gebunden war und dieser als die *pabbajjā*, das Hinausgehen, bezeichnet wurde, so schuf man damit keine Neuerung; auch wurde dadurch nicht etwa ein aus dem brahmanischen Recht bekannter Vorgang, nämlich der Eintritt der Brahmanen in den Stand des Waldeinsiedlers (*vânaprastha*), auf das buddhistische Gemeindeleben übertragen. Schon vor Buddha's Zeit war die Sitte des Austritts aus dem weltlichen Stand, des Fortziehens aus der Heimath in die Einsamkeit des Waldes nicht auf die Brahmanen beschränkt gewesen. Wie er selber, ein *khattiya* aus dem stolzen Geschlechte der Sakya-Fürsten, Glanz und Ueberfluss des weltlichen Lebens mit dem heimathlosen Stande eines Asketen vertauschte, so folgten mit ihm andere „Söhne vornehmer Familien" (*kulaputta*) dem Zuge jener Zeit und verliessen ihre Heimath, um in den Besitz „der höchsten Vollendung heiligen Strebens" zu gelangen[1]). Unter den Jüngern, die seiner Lehre anhangen, finden wir neben jungen Brahmanen Angehörige seines eigenen Standes und Söhne reicher Kaufleute und hoher Beamten. Sie alle haben wir uns nicht als Glieder einer wohlorganisirten Mönchsgemeinschaft vorzustellen — eine solche wird sich erst Jahrhunderte später herausgebildet haben — sie sind vielmehr nichts anderes als die *tâpasa* oder *samaṇa*, denen wir in den Jâtaka so oft begegnen, wie sie sich um die Person eines Lehrers (*gaṇasattha*) schaaren und seinem Worte lauschen.

Man wird mir vielleicht entgegenhalten, dass gerade in diesem Punkte die Jâtaka nicht die thatsächlichen Verhältnisse einer vorbuddhistischen Periode wiedergeben, sondern dass ihre Bearbeiter die späteren Einrichtungen des buddhistischen Gemeindelebens auf frühere Zeiten übertragen haben. Zu dieser Annahme liegt indessen kein zwingender Grund vor; denn erstens geht die Möglichkeit, dass alle arischen Inder in alter Zeit den hauslosen Stand ergreifen konnten, auch aus den brahmanischen Gesetzbüchern hervor[2]). Sodann aber, und das erhebt meines Erachtens die Richtigkeit der Jâtaka-Darstellungen über allen Zweifel, finden wir in den Berichten des Megasthenes, der etwa um das Jahr 300 v. Chr. als Gesandter des Seleukos Nikator am

---

[1]) Siehe Oldenberg, *Buddha*, S. 158.

[2]) Eine Beschränkung auf die Brahmanen lässt sich aus Manu nur dann folgern, wenn man an den Stellen, wo vom hauslosen Stande eines *dvija* die Rede ist (V. 43; VI. 40 ff., 85, 91, 94) unter diesem nur einen Brahmanen versteht.

Hofe des Candragupta in Pâṭaliputra — also im östlichen Indien, recht eigentlich in der Heimath des Buddhismus — weilte, dieselbe Thatsache wieder. Er stellt an die Spitze der indischen Gesellschaft, die er in sieben γένη theilt, als erstes γένος die σοφισταί und sagt von ihnen, dass sie wiederum in zwei γένη zerfielen nämlich in die Βραχμᾶναι und die Σαρμᾶναι. Während er unter den ersteren die Brahmanen überhaupt versteht — die er, vermuthlich veranlasst durch das Faktum, dass sie zum Theil in ähnlicher Weise wie die *samaṇa* das Leben von Einsiedlern führten, mit diesen zu einer Klasse vereinigt — passt die Beschreibung, die er von den Σαρμᾶναι entwirft, auf die *samaṇa* oder Asketen unseres Textes[1]; vor allem aber — und darauf kommt es uns hier an — passt auf sie die Behauptung, die in den griechischen Berichten irrthümlicherweise auf die σοφισταί im Allgemeinen bezogen wird, dass nämlich, während sonst weder Heirathen zwischen den einzelnen Klassen gestattet wären noch ein Hinübertreten aus einem Beruf in einen andern zulässig wäre, in diesen Stand jedermann eintreten dürfe[2].

Auch in der Sanskritliteratur kommt es vor, dass ein Nicht-

[1]) Strabo, *Geographica*, Lib. XV. Cap. 1. 60: Τοὺς δὲ Γαρμᾶνας (für Σαρμᾶνας), τοὺς μὲν ἐντιμοτάτους Ὑλοβίους φησὶν ὀνομάζεσθαι, ζῶντας ἐν ταῖς ὕλαις ἀπὸ φύλλων καὶ καρπῶν ἀγρίων, ἐσθῆτας δ᾽ ἔχειν ἀπὸ φλοιῶν δενδρείων, ἀφροδισίων χωρὶς καὶ οἴνου.

[2]) Arriani *Indica*, Cap. XII. 8. 9: Γαμέειν δὲ ἐξ ἑτέρου γένεος οὐ θέμις, οἷον τοῖσι γεωργοῖσιν ἐκ τοῦ δημιουργικοῦ, ἢ ἔμπαλιν· οὐδὲ δύο τέχνας ἐπιτηδεύειν τὸν αὐτόν, οὐδὲ τοῦτο θέμις· οὐδὲ ἀμείβειν ἐξ ἑτέρου γένεος εἰς ἕτερον, οἷον γεωργικὸν ἐκ νομέως γενέσθαι, ἢ νομέα ἐκ δημιουργικοῦ. Μοῦνόν σφισιν ἀνεῖται, σοφιστὴν ἐκ παντὸς γένεος γενέσθαι· ὅτι οὐ μαλθακὰ τοῖσι σοφιστῇσίν εἰσι τὰ πρήγματα, ἀλλὰ πάντων ταλαιπωρότατα. Abweichend davon heisst es bei Strabo XV. 1. 49, dass jeder Klasse ihr bestimmter Beruf zugewiesen sei, den sie mit einem andern nicht vertauschen dürfe, dass aber die φιλόσοφοι eine Ausnahme machten, d. h. jeden Beruf ergreifen dürften. Während das, was bei Arrian von den σοφισταί im Allgemeinen gesagt wird, nur in Bezug auf die *samaṇa*, nicht auf die Brahmanen richtig ist, gilt, was Strabo von den φιλόσοφοι überhaupt bemerkt, nur von den Brahmanen, nicht aber von den Asketen. Beide Quellen ergänzen sich und bestätigen so das Resultat, zu dem uns auch die Jâtaka führen: dass sich nämlich einerseits die Asketen aus allen Ständen rekrutierten und dass andererseits von den Brahmanen die verschiedensten Berufe ausgeübt wurden.

brahmane zum Asketenthum übertritt, und namentlich der *râjarshi*, der König, der seinen Thron aufgiebt und Asket wird, ist keine vereinzelte Erscheinung. Bekannt ist die Erzählung aus dem Râmâyaṇa vom Streite zwischen Vasishṭha und Viśvâmitra. Um die Kuh des heiligen Vasishṭha zu erlangen, begiebt sich der König Viśvâmitra, nachdem er seinem Sohn die Regierung übertragen hat, in die Einsamkeit des Waldes, wo er sich durch gewaltige Bussübungen die Kraft zur Besiegung seines Gegners zu erwerben bemüht. Er gelangt durch seine Askese in den Besitz der Götterwaffen und greift nun von Neuem den Vasisṭha an; aber dieser ist ihm durch seinen Rang als Brahmane überlegen. Da beschliesst der König in der Erkenntniss, dass nur ein Brahmane den Brahmanen besiegen könne, durch die härtesten Kasteiungen die Brahmanenschaft zu erringen. Nach tausend Jahren strengster Askese wird ihm vom Brahma der Titel eines „königlichen Weisen" (*râjarshi*) zuerkannt; damit nicht zufrieden büsst der König weiter, bis er endlich selbst die Götter gefährdet und auf ihre Bitten vom Brahma zum Range eines Brahmanen erhoben wird.

Nun kann man allerdings in diesem Falle, da ja Viśvâmitra durch seine Busse einen besonderen, vorübergehenden Zweck verfolgt, nicht eigentlich von einem Uebertritt des Königs in den Stand des Asketen sprechen; doch wird wiederholt im Râmâyaṇa auf die Sitte, dass Könige im Alter die Herrschaft mit der Waldeinsamkeit vertauschten, hingedeutet: so z. B. wenn Lakshmaṇa seinen Bruder Râma darauf hinweist (II. 23. 26), dass „nach dem Brauch der alten königlichen Weisen (*pûrvarâjarshivṛittyâ*) der Aufenthalt im Walde eintrete, wenn man die Unterthanen den Söhnen anvertraut hätte, damit sie sie wie Kinder beschützten"; ferner in den Worten des Râma (II. 94. 19): „Dies nannten die königlichen Weisen (*râjarshayaḥ*), meine Vorfahren, einen Göttertrank, den Aufenthalt im Walde zum Zwecke der Erlangung des Daseins nach dem Tode."

Sehr oft begegnet uns die Gestalt des *râjarshi* im Mahâbhârata. In der berühmten Sâvitrî-Episode des dritten Buchs wählt sich die Sâvitrî als Gatten den Satyavant, den Sohn des blinden, seines Reiches beraubten Dyumatsena, der mit seiner

Gattin und dem Sohn im Walde weilend Askese übt[1]). Im neunten Buche wird erzählt, wie Duryodhana dem König Yuddhishṭhira das umstrittene Königreich aus freien Stücken anbietet, indem er erklärt, er wolle in den Wald gehen, in zwei Thierfelle gekleidet (*vanam eva gamishyâmi vasâno mṛigacarmaṇî.* IX. 31. 52). Yuddhishṭhira schlägt das Anerbieten aus und fordert ihn zum Zweikampf auf; aber nachdem Duryodhana besiegt ist und sein Reich dem Yuddhishṭhira zufällt, fasst dieser, selbst der Herrschaft überdrüssig, den Entschluss sich im Walde der Busse hinzugeben. „Das geschehene Unrecht“ — setzt er seinem Bruder Arjuna auseinander (XII. 7. 37 ff.) — „wird durch Tugend getilgt, durch offenes Bekenntniss, Reue, Almosenspenden oder auch durch Kasteiung, durch Weltentsagung, Pilgern zum Wallfahrtsort oder durch Hersagen der heiligen Texte. Wer der Welt entsagt hat, kann nicht wieder sündigen, so lehrt die Offenbarung. Wenn die Offenbarung lehrt, dass, wer der Welt entsagt hat, weder Geburt noch Tod kennt, dann geht er, nachdem er seinen Sinn darauf richtend den rechten Pfad gefunden hat, in das Brahma ein. So will ich denn, unabhängig, ein Weiser, im Besitz der Erkenntniss in den Wald gehen, von Euch allen Abschied nehmend“.

In der späteren klassischen Sanskritpoesie finden sich zahlreiche Nachahmungen dieser alten Erzählungen, u. a. im Raghuvaṃśa, wo es vom Raghu heisst, dass er „sein Herz von der Sinneswelt abwendend dem jungen Sohn als Zeichen der königlichen Würde den weissen Sonnenschirm verlieh und sich zusammen mit der Königin in den Schatten der Bäume des Einsiedlerwaldes begab: so wollte es der Familienbrauch bei den Ikshvâku, wenn ihre Jugend geschwunden war“ (III. 70). „Denn“ — heisst es an einer andern Stelle (VIII. 11) — „die Nachkommen des Dilîpa führten im Alter, nachdem sie ihren tugendhaften Söhnen die Herrschaft übertragen hatten, in ernster Selbstzucht das Leben von Asketen, bekleidet mit der Rinde von Bäumen.“

Somit war, wenn auch solche Fälle in der brahmanischen Literatur in der Regel als etwas Ungewöhnliches[2]), als die Hand-

---

1) III. 294. 9:
sa bâlavatsayâ sârddhaṃ bhâryayâ prasthito vanam
mahâraṇyaṃ gataś câpi tapas tepe mahâvrataḥ.

2) Man beachte, dass Viśvâmitra mit seiner Busse einen besonderen

lung eines sagenhaften Königs der Vorzeit berichtet werden, und wenn auch des Oefteren — so in den späteren Partien des Mahâbhârata — die Berechtigung einer derartigen Handlungsweise in Zweifel gezogen wird[1]), der Vorgang, dass ein König die Herrschaft seinem herangewachsenen Sohn übertrug und selbst in die Einsamkeit des Waldes zog, auch in den brahmanischen Ländern keineswegs unerhört: charakteristisch aber für die Kultur des Ostens, wie sie sich in den Jâtaka abspiegelt, wird die Erscheinung des heimathlosen Asketenthums durch die Universalität, womit sie hier auftritt.

Nicht blos lebensmüde Greise sind es, die der Welt entsagen, sondern Könige, die im unbestrittenen Besitz ihrer Herrschaft und in der Blüthe ihrer Manneskraft stehen: junge Prinzen ziehen das entbehrungsvolle Leben eines Asketen dem Glanz der Herrschaft vor; reiche Kaufleute verschenken ihr Vermögen und Familienväter verlassen Weib und Kind, um sich in den Wäldern des Himâlaya eine Hütte zu erbauen und sich von Wurzeln und Früchten zu nähren oder durch Erbetteln von Almosen ihr Leben zu fristen. Der Gedanke an die Vergänglichkeit der irdischen Güter, an die Nichtigkeit des menschlichen Daseins giebt in der Regel den Anstoss zu dem Entschluss der Welt zu entsagen. Aehnliche Erzählungen, wie wir sie aus den heiligen Texten der Buddhisten von Buddha selbst und seiner Trennung von der Heimath kennen[2]), begegnen uns auch in den Jâtaka und sind zum Theil wie jene

---

Zweck erreichen will, dass Dyumatsena seines Reiches beraubt ist, dass Duryodhana den Verlust der Herrschaft vor Augen hat, und dass Yuddhishṭhira über den Tod seines Bruders Karṇa betrübt ist.

[1]) Vgl. E. W. Hopkins, *The social and military position of the ruling caste in ancient India, as represented by the Sanskrit Epic.* Im *Journal of the American Oriental Society*, Vol. 13, p. 179 f. Hopkins spricht hier von dem Uebertritt eines Königs zum Asketenthum als von einem *caste-exchange*. Ein Wechsel der Kaste liegt aber doch in dieser Handlung an sich nicht, höchstens dann, wenn ein König, wie es vom Viśvâmitra berichtet wird, sich bemüht durch seine Busse ein Brahmane zu werden. Die priesterlichen Bearbeiter des Epos mochten allerdings in dem Aufgeben der Herrschaft und dem Ergreifen des hauslosen Standes, da sie letzteres für ein Vorrecht der Brahmanen hielten, einen ihrer Ansicht nach unstatthaften Kastenwechsel erblicken.

[2]) Vgl. Oldenberg, *Buddha*, S. 105 ff.

von grosser poetischer Schönheit. So wird im Yuvañjaya Jâtaka (IV. 119 ff.) erzählt, wie der Kronprinz Yuvañjaya eines Tages in der Frühe seinen Wagen besteigt und sich mit einem glänzenden Gefolge zu einer Lustbarkeit in den Park begiebt. Und da er auf den Blättern der Bäume, an den Spitzen der Grashalme und in den Fäden der Spinngewebe Thautropfen wie Perlen an einem Netze erglänzen sieht, fragt er den Wagenlenker, was das sei. „Das sind Thautropfen, o König, die zur Zeit des Reifes entstehen", antwortet jener. Am Abend, als der Kronprinz wiederkommt, ist der Thau verschwunden: er fragt den Wagenlenker: „Freund, wo sind die Thautropfen, ich sehe sie nicht mehr." „O König, beim Sonnenaufgang zergehen sie alle und verschwinden in der Erde". Als der Prinz das hört, ruft er bekümmert aus: „Auch das Leben[1]) dieser Wesen ist dem Thautropfen, der an der Spitze des Grashalms hängt, ähnlich; ich will, ehe mich Krankheit, Alter und Tod bedrängen, von meinen Eltern Abschied nehmen und Asket werden." So erweckt ein Thautropfen in ihm den Gedanken an die Nichtigkeit des Daseins[2]); er begiebt sich nach Hause zu seinem Vater, der in höchstem Prunk und Schmuck in der Gerichtshalle sitzt, begrüsst ihn ehrfurchtsvoll und bittet ihn den hauslosen Stand ergreifen zu dürfen:

„Den von Freunden und Ministern umgebenen Herrn der Wagenlenker verehre ich; ich will hinausgehen in die Einsamkeit, o grosser König, das erlaube mir der Herrscher."

Der König aber sucht ihn zurückzuhalten und recitiert die zweite Strophe:

„Wenn es dir an Freuden fehlt, ich will sie dir verschaffen; wer dich verletzt, ich will's ihm wehren, geh nicht fort, o Yuvañjaya."

Darauf entgegnet ihm der Prinz:

„Nicht fehlt es mir an Freuden, nicht weiss ich jemand, der mich kränkt; doch ich wünsche ein Licht anzuzünden, das das Alter nicht verlöscht."

---

[1]) *jîvitasaṃkhârâpi*, eigentlich „die Lebenserscheinungen, das was an dem Leben real zu sein scheint."

[2]) *iti ussâvabinduṃ eva ârammaṇaṃ katvâ âditte viya tayo bhave passanto*, wörtlich: „indem er so den Thautropfen als Ausgangspunkt nehmend die drei Zustände (Krankheit, Alter, Tod) wie Flammen ansieht".

Den wiederholten Bitten des Vaters gelingt es nicht ihn von seinem Vorhaben abzubringen, und auch der flehenden Mutter hält er entgegen:

„Wie ein Thautropfen am Grashalm beim Sonnenaufgang, so (vergänglich) ist das Leben der Menschen; suche mich nicht zurückzuhalten, liebe Mutter."

Als ihm schliesslich der König die Erlaubniss ertheilt hat, verlässt er zusammen mit seinem jüngeren Bruder Yudhiṭṭhila die Stadt; die sie begleitende grosse Volksmenge schicken sie zurück, begeben sich beide in den Himâlaya, und indem sie sich an einer lieblichen Stelle eine Einsiedelei errichten, führen sie das Leben der heimathlosen Asketen; sie nähren sich von den Wurzeln und Früchten des Waldes und gelangen, nachdem sie die höchste Erkenntniss mit Hülfe der Meditation erlangt haben, nach dem Tode in die Welt des Brahma.

Wie in dieser Erzählung ein Thautropfen, so ist in anderen Fällen (I. 138; III. 393) ein graues Haar das *ārammaṇam*, die Ursache, die dem Könige den Gedanken der Herrschaft zu entsagen und in den Wald zu ziehen nahelegt. Im Cullasutasoma Jâtaka (V. 177 ff.) versucht der Vater des Königs Sutasoma, dem sein Barbier ein graues Haar ausgezogen und gezeigt hat, ihn von seinem Vorhaben abzubringen, indem er auf seine unmündigen Kinder hinweist. „Wenn du, o lieber Sutasoma, nicht soviel Liebe zu deinen Eltern besitzest, sieh, du hast viele Söhne und Töchter in zartem Alter, sie werden ohne dich nicht leben können; wenn sie herangewachsen sind, magst du in die Heimathlosigkeit hinausziehen." Diese Vorstellungen vermögen aber den Sutasoma so wenig zurückzuhalten wie die flehentlichen Bitten seiner schwangeren Gattin und seines siebenjährigen Sohnes, der sich an seinen Hals klammert.

Ein ander Mal mahnen Zeichen am Himmel den König an die Vergänglichkeit seines irdischen Glanzes. Im Gandhâra Jâtaka (III. 364) verkünden die Minister dem König, dass der Mond vom Râhu[1]) ergriffen sei. Der König betrachtet den Mond und denkt bei sich: „Dieser Mond ist, durch zufällige Besudelungen

[1]) Name des Dämons, der Sonne und Mond packt und dadurch ihre Verfinsterung bewirkt.

beschmutzt, glanzlos geworden, meine Beschmutzung ist dieser königliche Pomp; nicht aber ziemt es sich für mich, dass ich wie dieser vom Râhu ergriffene glanzlos werde. Darum will ich wie eine an einem klaren Himmel glänzende Mondscheibe mein Reich aufgeben und das Leben eines Einsiedlers führen. Was frommt mir fremder Rath? Losgelöst von meiner Familie und meinem Gefolge will ich mich selbst berathend umherwandern; solches ziemt sich für mich." Mit den Worten: „Thut nach euren Wünschen" übergiebt er den Ministern die Regierung.

Dass wir bei den Brahmanen, denen das Gesetz als dritte Stufe (*âsrama*) ihres Lebensganges den Aufenthalt im Walde vorschrieb, das Innehalten dieser Vorschrift als Regel auch in den Jâtaka wiederfinden, kann nicht Wunder nehmen. Weniger selbstverständlich ist es, dass auch von den weltlichen Brahmanen, die, wie wir sehen werden, mit den eigentlichen Vertretern ihrer Kaste oft nicht mehr gemein haben als den Namen, das Ergreifen des hauslosen Standes berichtet wird. Soweit diese Brahmanen im Dienste des Königs standen, mussten sie wahrscheinlich erst ihren Herrn um Erlaubniss fragen, ehe sie ihren weltlichen Beruf mit dem heimathlosen Stande vertauschen konnten; denn nicht immer mochte der König damit einverstanden sein auf diese Weise seine Diener zu verlieren. Kassapa, der Sohn des königlichen Hauspriesters, überlegt im Lomasakassapa Jâtaka: „Mein Freund ist König geworden und wird mir jetzt grosse Macht verleihen. Aber wozu bedarf ich der Macht; ich will mich von meinen Eltern und dem Könige verabschieden (oder: „sie um Erlaubniss fragen", *mâtâpitaro ca râjânañ ca âpucchitvâ*. III. 515) und den hauslosen Stand ergreifen."

Als der reiche Brahmane bei einer Besichtigung seiner Schatzkammern die Namen seiner Vorfahren, von denen die Reichthümer erworben sind, auf einer goldenen Tafel geschrieben liest, kommt ihm der Gedanke: „Die, von denen die Schätze gesammelt sind, sind nicht mehr da; die Schätze sind noch da, nicht ein einziger hat sie bei seinem Fortgang mitgenommen. Wahrlich, nicht kann man das Geld in einen Beutel thun und mit ins Jenseits nehmen." Er geht zum Könige, erbittet sich von ihm die Erlaubniss, verschenkt sein ganzes Vermögen und geht als Asket in den Himâlaya (IV. 7).

Auch dass eine ganze Brahmanenfamilie, die Eltern und zwei Söhne, dem weltlichen Leben entsagen, wird erwähnt (V. 313). Da der älteste Sohn nicht dazu zu bewegen ist das Leben eines Hausvaters zu führen, und auch der jüngere Bruder mit ihm zusammen den hauslosen Stand zu ergreifen wünscht, denken die Eltern: „Diese verachten, obwohl sie noch so jung sind, die Sinnesgenüsse, um wie viel mehr müssen wir es; wir wollen alle dem häuslichen Leben entsagen." Sie machen dem Könige von ihrem Entschluss Mittheilung, verschenken ihr ganzes Vermögen (achthundert Millionen!), von dem sie nur ihren Verwandten einen Pflichttheil zukommen lassen, schenken ihren Sklaven die Freiheit und ziehen aus der Stadt fort in den Himâlaya[1].

Oft mochte der Einblick in das Thun und Treiben der eigenen Standesgenossen, die Erkenntniss ihrer durch Habgier veranlassten Betrügereien einem frommen Brahmanen die Heimathlosigkeit erstrebenswerther erscheinen lassen als Ehre und Reichthum des weltlichen Lebens. Der junge Brahmanenschüler (II. 422), der von seinem Lehrer auf die Frage, wie man in der Welt zu Erfolg gelange, zur Antwort erhält, dass man es nur durch Intrigue und Schlechtigkeit zu etwas bringen könne, preist die Vorzüge der *pabbajjâ* mit den Worten:

„Auch wenn man mit der Schüssel in der Hand hauslos wandert, besser ist solch ein Leben als diese Unsittlichkeit."

Während uns Fälle, in denen *kshatriya* zum Asketenthum übertreten, auch aus der Sanskritliteratur bekannt sind, scheint der Antheil des Volks an dieser Praxis der Weltentsagung auf die Länder des Ostens beschränkt, hier aber durchaus gebräuchlich gewesen zu sein. So wird uns namentlich von Angehörigen der vornehmen bürgerlichen Familien, die schon durch ihre Erziehung berufen waren an dem geistigen Leben theilzunehmen, berichtet, dass auch sie diesem vornehmlich doch geistigen Ursachen seine Entstehung

[1] Dass Frauen entweder allein oder zugleich mit ihren Angehörigen in die Einsamkeit des Waldes ziehen, wird in den Jâtaka öfters erwähnt, z. B. III. 382; IV. 23, 484. Nach den Gesetzbüchern steht es dem *dvija* frei beim Aufgeben des häuslichen Lebens sein Weib der Fürsorge seiner Söhne anzuvertrauen oder mit sich in den Wald zu nehmen. Manu VI. 3. Vgl. Âpastamba II. 9, 22, 8—9; Vishṇu LXXXXIV. 3; Yâjñavalkya III. 45.

verdankenden Brauche folgen. Der reiche *seṭṭhi* übergiebt, als sein Sohn laufen kann, in der Erkenntniss der Eitelkeit der Sinnesgenüsse und des Segens der Weltentsagung all sein Hab und Gut zusammen mit Weib und Kind seinem jüngeren Bruder und zieht als Einsiedler in den Himâlaya (III. 300). Aehnliches wird im Veḷuka Jâtaka von dem Angehörigen einer sehr reichen Familie (*mahâbhogakula*, I. 245) erzählt. Wie natürlich, stellen sich gerade in diesen bürgerlichen Kreisen dem Entschlusse der Weltentsagung oft genug Hindernisse in den Weg: die eigenen Angehörigen, die unter den Folgen des Uebertritts ihres Ernährers zum Asketenthum zu leiden haben, suchen ihn auf alle Weise daran zu hindern. Manches Jâtaka weiss von dem Streit zwischen dem Wunsche des Familienoberhaupts der Welt zu entsagen und den Ansprüchen der zurückbleibenden Familie zu erzählen[1]. So z. B. lesen wir im Bandhanâgâra Jâtaka (II. 139 ff.): „Einstmals, als Brahmadatta in Benares regierte, wurde der Bodhisatta in der Familie eines armen *gahapati* wiedergeboren. Als er herangewachsen war, starb sein Vater, und er selber ernährte seine Mutter, indem er für Lohn arbeitete. Seine Mutter aber brachte ihm ganz gegen seinen Willen ein Mädchen aus guter Familie als Frau ins Haus

[1]) Von einem innern Conflikt zwischen der eigenen Ueberzeugung von der Werthlosigkeit des Irdischen und den Pflichten gegen die Angehörigen, wie er unserm Empfinden nach entstehen muss, wenn die Familie durch den Uebertritt des Ernährers zum Asketenthum der Noth preisgegeben wird, findet sich keine Spur; derartige Pflichten existieren für den Buddhisten nicht oder treten jedenfalls gegenüber dem Streben nach Erlösung völlig zurück. In diesem Punkte berührt sich der Buddhismus mit den Anschauungen der älteren christlichen Kirche. Hieronymus schreibt in einem Briefe an Heliodor, worin er ihn ermahnt seine Familie zu verlassen und Mönch zu werden: „Wenn auch dein kleiner Neffe seine Arme um deinen Hals schlingt, wenn auch deine Mutter mit aufgelöstem Haar ihr Kleid zerreissend auf die Brust zeigt, welche dich säugte, wenn auch dein Vater auf der Schwelle vor dir niederfällt — gehe über deines Vaters Körper hinweg, fliehe mit thränenlosen Augen zu dem Zeichen des Kreuzes. In dieser Angelegenheit ist Grausamkeit die einzige Frömmigkeit". „Denn" — sagt derselbe Hieronymus in einem andern Briefe, — „wie viele Mönche haben ihre Seele verloren, während sie mit Vater und Mutter Mitleid empfanden". — Vgl. v. Eicken, *Geschichte und System der mittelalterlichen Weltanschauung*, Stuttgart 1887, S. 125.

und starb bald nachher. Nun wurde seine Frau schwanger; er aber wusste nichts von ihrem Zustand und sagte eines Tages zu ihr: „Frau, du musst selbst zusehen dir durch Arbeit deinen Unterhalt zu verschaffen, ich will der Welt entsagen". „O Herr, ich bin schwanger; warte, bis ich das Kind geboren habe und du es gesehen hast, und werde dann ein Einsiedler." Er war's zufrieden, und als sie niedergekommen war, sagte er: „Jetzt, meine Liebe, wo du glücklich niedergekommen bist, will ich in die Heimathlosigkeit hinausziehen." „Warte", entgegnete sie, „bis das Kind entwöhnt ist". Und sie wurde zum zweiten Mal schwanger.

„Wenn ich auf ihre Zusage warte", dachte der Mann, „komme ich überhaupt nicht weg. Ich will, ohne ihr ein Wort zu sagen, fliehen und Asket werden". So sagte er ihr nichts, stand eines Nachts auf und entfloh. Die Stadtwächter ergriffen ihn. „Ich habe eine Mutter zu ernähren", rief er, „lasst mich gehen"; damit machte er sich los, hielt sich an irgend einem Orte auf und begab sich, als das Hauptthor geöffnet war, aus der Stadt hinaus in den Himâlaya. Hier lebte er als Eremit, erlangte die übernatürlichen Fähigkeiten und Begabungen und genoss die Freuden der Meditation. „Die Fessel von Weib und Kind, die Fessel der Leidenschaft, so schwer zu zerreissen, habe ich zerrissen", so frohlockte er und recitierte die Strophen:

„Nicht haben die Weisen die Fessel, welche eisern, von Holz oder aus Stricken gemacht ist, fest genannt; die Liebe zu Edelsteinen und Ohrringen, zu Weib und Kind,

Diese Fessel haben sie fest genannt, zu Boden ziehend, weit [1]), schwer zu lösen; wenn sie diese zerrissen haben, wandeln die Weisen frei von Leidenschaften, Begier und irdisches Glück zurücklassend."

Nachdem der Bodhisatta in dieser Weise seinem Herzen Luft gemacht hatte, ohne dadurch seine Meditation zu stören, ging er in die Welt des Brahma ein."

Aehnliche häusliche Schwierigkeiten stellen sich einem Töpfer, der ebenfalls sein Handwerk mit dem Leben eines Asketen vertauschen will, in den Weg (III. 381). Es scheint in

---

[1]) *sithila* eigentlich „locker"; der Sinn ist: die Fessel sitzt bequem, ist aber nicht zu lösen.

allen diesen Erzählungen, wo von dem Uebertritt von Leuten niederen Standes zum Asketenthum die Rede ist, etwas Ironie zu liegen, was seinen Grund darin haben mag, dass in der späteren buddhistischen Gemeinde solche *pabbajitā*, wenn sie auch ohne Zweifel berechtigt waren die Weihe zu nehmen, doch nicht für voll angesehen wurden. Nur selten werden in den Pali-Texten Leute aus dem niederen Volk als Glieder des buddhistischen Ordens erwähnt[1]), und da dieser seiner äusseren Organisierung nach nur eine Weiterführung des vorbuddhistischen Asketenthums darstellt, so liegt die Vermuthung nahe, dass auch unter den Asketen die niederen Kasten nur ausnahmsweise vertreten waren. Freilich begegnen uns in den Jātaka sogar *Caṇḍāla*, die den hauslosen Stand ergreifen (IV. 392); indessen scheint mir, bei der abgesonderten und niedrigen Stellung, die sie von jeder Gemeinschaft mit der arischen Bevölkerung und in Folge dessen von jedem Antheil an geistigen Bestrebungen ausschloss, das thatsächliche Vorkommen solcher Heiligen höchst zweifelhaft.

Denn auf geistigem Gebiet haben wir die Ursache dieses Asketenthums zu suchen; die Sitte der Weltentsagung, des Uebertritts zum heimathlosen Stand ist nur der äussere Ausdruck für jenes Streben nach Erkenntniss und nach Erlösung, das zu Buddha's Zeit weite Kreise der Gesellschaft des östlichen Indiens beherrschte. Weder das Studium der heiligen Schriften noch die Beschäftigung mit religiösen Dingen überhaupt war in jener Zeit auf die gelehrten Brahmanen beschränkt: auch andere Klassen und Stände betheiligten sich an diesem Suchen nach Wahrheit, an der Lösung der höchsten Fragen der Metaphysik; in erster Linie die *khattiya*.

4. Kapitel.

Die herrschende Klasse.

Doch wird es gut sein, dass wir uns, ehe wir auf die Frage nach dem Antheil, den die *khattiya* an den geistigen Bestrebungen jener Zeit nahmen, des Näheren eingehen, klar machen: Wer waren die *khattiya*? Wir sind es gewohnt das dem Pali-Ausdruck im Sanskrit entsprechende Wort *kshatriya* mit „Krieger" wieder-

[1]) Siehe Oldenberg, *Buddha*, S. 159.

zugeben und demgemäss die in der brahmanischen Theorie als zweite rangierende Kaste als die „Kriegerkaste“ zu bezeichnen. Wenn wir indessen uns von dem Einfluss der Theorie loslösend die im Epos enthaltenen, die *kshatriya* betreffenden Daten näher betrachten, so werden wir gewahr, dass auf sie der Ausdruck „Krieger“ nur in gewissem Sinne passt, dass wir vielmehr unter einem *kshatriya* einen Angehörigen der herrschenden Klasse, die den König, seine grossen Lords und Vasallen zusammen mit dem adeligen Theil des Heeres umfasst, zu verstehen haben[1]. Noch enger, scheint mir, ist der Begriff der *khattiya* der Pali-Texte zu fassen; er entspricht dem vedischen *râjanya* und wird angewandt auf die Nachkommen der siegreichen Geschlechter, unter deren Führung sich die arischen Stämme ihre neuen Wohnsitze in den Gangesländern erobert hatten, und auf die Beherrscher der eingeborenen Völkerschaften, die im Kampfe gegen die fremden Eindringlinge ihre Selbständigkeit zu behaupten gewusst hatten. Demnach gehören zu den *khattiya* die an der Spitze der grösseren Monarchien des Ostens stehenden Könige mit ihren Verwandten — die Gebieter von Kosala, Magadha, Videha u. s. w. —, ferner die regierenden Fürstenfamilien der an den Grenzen dieser Reiche belegenen Kleinstaaten, so das Geschlecht der Sakya in Kapilavatthu, die Malla von Kusinârâ und Pâvâ, die Licchavi von Vesâlî; dahingegen die Inhaber der hohen politischen und militärischen Aemter als solche nicht, sondern nur insoweit sie mit dem Herrscherhause verwandt sind. In Kriegszeiten fiel wahrscheinlich den *khattiya*, die auch im Frieden die obersten Stellen des Heeres bekleidet haben werden, der Hauptantheil an der Führung des Krieges zu und insofern kann man sie als die „Krieger *par excellence*“ bezeichnen; aber es wäre ein Irrthum anzunehmen, dass die *khattiya* nur militärische Aemter innegehabt hätten oder dass das Heer nur aus *khattiya* bestanden hätte[2].

---

[1]) Vgl. Hopkins, l. c. p. 73.

[2]) Von Stellen, wo *khattiya* synonym mit *râjan* gebraucht wird, habe ich mir aus den Jâtaka folgende notiert: II. 166; III. 106, 154; V. 99 f., 112. Wo von den Kriegern des Königs die Rede ist, werden in den Pali-Texten andere Ausdrücke wie *balakâye* (III. 319) oder *yodhâ* (Mahâvagga I. 40. 2) angewandt; auch die an dieser Stelle des Vinaya Piṭaka erwähnten „angesehenen Heerführer“ (*senânâyake mahâmatte*) werden

Die *khattiya* sind die Repräsentanten der politischen Macht; sie verkörpern die Idee einer Gemeinschaft, die über der Familie, über der Kaste steht, die Idee des Staates. Wenn dem aber so ist, so drängt sich uns von selbst die Frage auf: Sind wir berechtigt alle *khattiya* zu einer Einheit zusammenzufassen, auf die sich das Wort „Kaste" anwenden liesse? Jedenfalls nicht, wenn wir das Wort in seiner modernen Bedeutung nehmen. Die widerstreitenden politischen Interessen der verschiedenen Herrscherfamilien verhinderten von selbst den Zusammenschluss zu einer organisierten Körperschaft; sie mussten von vorneherein die Durchführung einer Jurisdiktion, welche etwaige Verstösse gegen Kastenvorschriften mit der Entfernung aus der Kaste oder mit andern Strafen hätte ahnden wollen, illusorisch machen. Aber auch eine Kaste im Sinne der brahmanischen Theorie können wir in den *khattiya* der Pali-Texte insofern nicht eigentlich erblicken, als ihnen — aus den eben angeführten Gründen — die Geschlossenheit einer solchen fehlt. Wohl wurden innerhalb einzelner Herrscherfamilien bestimmte, besonders das *connubium* und die Vermeidung der Verunreinigung betreffende Gebräuche beobachtet, die eine Absonderung von der übrigen Bevölkerung zur Folge hatten; aber diese Gebräuche — für deren Existenz sich aus den Jâtaka übrigens nur ganz vereinzelte Belege anführen lassen — scheinen nicht die Geltung von Gesetzen, deren Befolgung allen *khattiya* vorgeschrieben und deren Uebertretung strafbar gewesen wäre, gehabt zu haben. Steht doch selbst nach den brahmanischen Gesetzbüchern der König dadurch über der Kaste, dass auf ihn die Vorschriften über die Unreinheit keinen Bezug haben. Möglich ist, dass die übrigen, nicht regierenden Mitglieder des Herrscherhauses den Bestimmungen über die Heirath und die Vermeidung der Verunreinigung mehr unterworfen waren als der König selbst: an Beispielen, aus denen das thatsächliche Vorkommen von Fällen, wo die Uebertretung von etwaigen Kastenvorschriften durch irgendwelche Strafen, im Besondern durch die Ausschliessung aus der Gemeinschaft der *khattiya* geahndet wäre, hervorginge, fehlt es in den Jâtaka gänzlich.

schwerlich zu den *khattiya* gehört haben — sonst würden sie doch wohl als solche bezeichnet werden —, vielmehr zu den *râjabhogga* oder *râjañña*, mit denen wir uns später beschäftigen werden, zu rechnen sein.

Die *khattiya* der älteren Zeit bildeten meiner Ansicht nach wie die Fürstengeschlechter anderer Länder einen Stand für sich, eine Klasse, nur mit dem Unterschiede, dass diese Klasse in Indien in höherem Grade als anderswo den Charakter einer Kaste getragen oder doch im Laufe der Zeit mehr und mehr angenommen hat. Denn das ausgeprägte Standesbewusstsein, der hervorstechende Zug der herrschenden Klasse auch in andern Ländern, verquickte sich in Indien mit den vermuthlich von Alters her bestehenden Gebräuchen, welche die Heirath innerhalb der *jâti* zur Regel machten und die Verunreinigung durch Vermischung mit Niedrigstehenden, ja selbst die Berührung von solchen zu verhindern suchten, und führte darum hier zu einer besonders schroffen, kastenartigen Absonderung.

Wir haben bereits oben (S. 26) ein prägnantes Beispiel hierfür angeführt, dem sich weitere Belege aus den Jâtaka anreihen lassen. Es ist unerhört, wenn ein *khattiya* von einem Niedrigstehenden mit seinem Namen und in der zweiten Person angeredet wird[1]). Die Mutter des Königs Udaya, den der Barbier Gaṅgamâla mit seinem, des Udaya, Familiennamen (*kulanâmena*, nämlich mit dem Namen seines Vaters Brahmadatta) anredet, ruft erzürnt aus: „Dieser schmutzreinigende Sohn eines Barbiers, von niedriger Abstammung (*hinajacca*. III. 452) vergisst sich so weit, dass er meinen Sohn, den Herrn der Erde, der seiner Kaste nach ein *khattiya* ist, mit Brahmadatta anredet". Selbst einem Brahmanen gegenüber fühlt der *khattiya* seine Ueberlegenheit so sehr, dass beispielsweise der König Arindama den Sonaka, den Sohn eines *purohita*, als von niedriger Herkunft (*hinajacca*. V. 257) bezeichnen kann[2]). Sich selber nennt er *asambhinna-*

---

[1]) Auch im Epos gilt als Regel, dass zwar jüngere oder gleichalterige mit „Du" angeredet werden können, dass man aber einem besseren (älteren) gegenüber weder das „Du" noch den wirklichen Namen gebrauchen dürfe. Mbhh. XII. 193. 25: *tvaṃkâraṃ nâmadheyaṃ ca jyeshṭhânâṃ parivarjayet*. Vgl. Hopkins, l. c. p. 75 note.

[2]) Dass ein Brahmane als *hinajacca* bezeichnet wird, ist selbst, wenn es von einem Könige geschieht, befremdend. Eine ähnliche Vorstellung findet sich, worauf mich Herr Prof. Jacobi aufmerksam macht, im Kalpasûtra, Jinacarita § 17: Brahmanische Familien werden hier auf eine Stufe gestellt mit niedrigen, armen, bettelnden Familien.

khattiyavaṃse jâta, in einem ununterbrochenen Fürstengeschlecht geboren, d. h. in einem Geschlechte, dessen Angehörige in ununterbrochener Reihenfolge sowohl mütterlicher- wie väterlicherseits zu den *khattiya* zählten. Die *khattiya* legten eben auf Reinheit des Blutes besonderen Werth und betrachteten jemand, der vom Vater oder von der Mutter her einer andern Kaste angehörte, wenn sie ihn auch vielleicht als zu ihrem Stande gehörig rechnen mochten, doch nicht als vollwerthig. Daher auch die wiederholt (I. 177; IV. 421; V. 123) vorkommende, an einen König gerichtete Anrede: *mahârâja mâtâpitusu khattiya* „o grosser König, von der Mutter und vom Vater her ein *khattiya*".

Tragen somit selbst in unsern Augen die *khattiya* der Pali-Texte in Folge ihres hohen Standesbewusstseins und ihres Werthlegens auf Reinheit des Bluts ein kastenartiges Aussehen, so darf es uns nicht Wunder nehmen, wenn sie den Verfassern des buddhistischen Canons als eine „Kaste" erscheinen. Zu sehr beeinflusst von der brahmanischen Theorie, ihrer Natur als Inder entsprechend zu sehr zum Schematisieren geneigt, als dass sie zwischen Klasse, Kaste, Standes- oder Berufsgemeinschaft scharf unterschieden hätten, sahen sie in den *khattiya* so gut eine Kaste wie in den *brâhmaṇa*. Darum ist von den *khattiya* überall in den Pali-Texten als von einer „Kaste" die Rede; zusammen mit den *brâhmaṇa*, *vessa* und *sudda* werden sie in der Reihenfolge der Kasten als erste aufgeführt.

Dieser Umstand, dass bei Aufzählung der Kasten die *khattiya* stets an erster Stelle genannt werden[1]) (III. 194; IV. 205, 303), ist nicht von nebensächlicher Bedeutung. Wie aus den brahmanischen Quellen, die den *brâhmaṇa* überall voranstellen, wo die Kasten aufgezählt werden[2]), nicht nur der Anspruch der Brahmanen die beste Kaste zu sein, sondern auch ihre wirkliche Geltung als solche innerhalb der specifisch brahmanischen Kultursphäre gefolgert werden kann, so liegt meines Erachtens in der

---

[1]) Dîgha Nikâya III. 1. 15 selbst im Munde eines Brahmanen, wozu dann freilich die folgenden Worte: „von diesen (vier Kasten) sind drei, *kh.* *v.* und *s.*, sicherlich dazu da die Brahmanen zu bedienen", schlecht passen.

[2]) Vgl. Weber, *Collectanea über die Kastenverhältnisse in den Brâhmaṇa und Sûtra. Indische Studien*, Bd. 10, S. 37.

Voranstellung der *khattiya* eine Wiederspiegelung der in den östlichen, buddhistischen Ländern herrschenden Anschauung und der hier bestehenden thatsächlichen Machtverhältnisse. Die Superiorität der *khattiya* in den östlichen Ländern und ihr entsprechend das Zurücktreten brahmanischen Einflusses drängt sich uns beim Studium der Pali-Literatur mit unabweisbarer Nothwendigkeit auf; auch die Jâtaka bestätigen die Berechtigung dieser Auffassung.

In der Einleitung zu den Jâtaka, der Nidânakathâ, die in sagenhaft ausgeschmückter Form sowohl die Vorgeschichte Buddha's vor seiner letzten Geburt als auch seine Lebensgeschichte bis zur Erreichung der Buddhaschaft enthält, wird erzählt, dass der zukünftige Buddha sich überlegt, in welcher Kaste er wiedergeboren werden wolle. „Die Buddhas", so denkt er bei sich, „werden in der *vessa*-Kaste oder in der *sudda*-Kaste nicht wiedergeboren, sondern sie werden in einer der beiden angesehensten Kasten, der *khattiya*-Kaste oder der *brâhmaṇa*-Kaste wiedergeboren; und weil nun jetzt die *khattiya*-Kaste am angesehensten ist[1]), will ich in ihr wiedergeboren werden" (I. 49). Immerhin mag man dieser Stelle ebenso wie der Hervorhebung der *khattiya*-Mönche an andern Stellen der Nidânakathâ[2]) und in der oben (S. 21) erwähnten Erzählung des Commentators nicht allzuviel Gewicht beilegen, weil sowohl die Nidânakathâ, in der wir überdies der Sache nach keinen Bestandtheil der Jâtaka, vielmehr eine davon unabhängige, rein äusserlich damit verbundene Tradition zu sehen haben, als auch der Com-

[1]) Dieselbe Auffassung findet mit ganz ähnlichem Wortlaut ihren Ausdruck im Lalita Vistara, Cap. III: „Nicht werden die Bodhisattva in niederen Familien (*hînakuleshu*) geboren, in *Caṇḍâla*-Familien, oder in Familien von Flötenmachern (*veṇukâra*) oder Stellmachern (*rathakâra*) oder in *Pukkasa*-Familien. Vielmehr erscheinen sie nur in zwei Kasten (*kuladvaye*): in der *brâhmaṇa*-Kaste und in der *kshatriya*-Kaste. Wenn nun die *brâhmaṇa* in der Welt viel gelten, dann kommen sie in *brâhmaṇa*-Familien zur Erscheinung, wenn aber die *kshatriya* in hohem Ansehen stehen, werden sie in *kshatriya*-Familien geboren. Heutzutage, ihr Mönche, stehen die *kshatriya* in hohem Ansehen, darum kommen die Bodhisattva in der *kshatriya*-Kaste zur Erscheinung."

[2]) I. 57: *sace pi Buddho bhavissati khattiyasamaṇeh' eva purakkhataparivârito vicarissati.*

mentar späten Ursprungs sind, und weil es für ihren Verfasser nahelag die Kaste, der Buddha thatsächlich angehört hat, als die angesehenste hinzustellen. Hingegen wird man zugeben, dass eine solche Ueberhebung, wie sie in den citierten Worten des Arindama (V. 257) liegt, kaum denkbar wäre, wenn sich nicht thatsächlich der *khattiya* als weit über dem Brahmanen stehend gefühlt hätte. Dazu stimmt vortrefflich die im Dîgha Nikâya gegebene Schilderung des Verkehrs zwischen dem Brahmanen Pokkharasâdi und dem Kosala-Könige Pasenadi: „Dieser“ — heisst es III. 2. 6 — „giebt dem von ihm lebenden Brahmanen nicht einmal sein Angesicht zu sehen; auch wenn er mit ihm berathschlagt, spricht er durch einen Vorhang mit ihm.“ Dazu stimmt ferner, wenn sich (Dîgha Nikâya III. 1. 13) der Brahmane Ambaṭṭha über das Benehmen der stolzen Sakya[1]) beklagt: Er sei eines Tages nach Kapilavatthu gekommen und habe sich in die Halle der Sakya begeben, wo diese auf hohen Stühlen gesessen hätten. Bei seinem Eintritt sei ein gegenseitiges Anstossen mit dem Finger[2]) und ein grosses Gelächter entstanden, und sicherlich habe man sich über ihn lustig gemacht; auch habe ihn niemand zum Sitzen eingeladen.

Mir scheint diese Schilderung eines dem täglichen Leben entnommenen Vorkommnisses, die zu anschaulich ist, als dass wir sie für ein bloss fingiertes Beispiel halten könnten, als ein Beweis für die stolze Ueberlegenheit, womit die Angehörigen der herrschenden Klasse auf die Brahmanen herabsahen, nicht minder wichtig als die später (III. 1. 24) folgenden, mehr theoretischen Erörterungen zwischen Buddha und Ambaṭṭha über die Frage, ob ein Sohn, der einer Ehe zwischen einem *khattiya*-Sohn und einem brahmanischen Mädchen entstamme, anerkannt würde oder

---

[1]) Auch die Jâtaka wissen von diesem Stolz der Sakya zu erzählen. So I. 88: *Sâkiyâ nâma mânajâtikâ mânatthaddhâ*; IV. 145: *ime Sakyâ nâma jâtiṃ nissâya atimânino.*

[2]) Das „Anstossen mit dem Finger“ (*aṅgulipatodaka*) gehört zu den im Pâtimokkha aufgezählten Sühne verlangenden Vergehen. Pâtimokkha: Pâcittiya 52. Es besteht nach der Erklärung des Suttavibhaṅga darin, dass jemand den Körper eines andern berührt, in der Absicht ihn zum Lachen zu bringen. Vgl. Vinaya Piṭaka ed. H. Oldenberg. Vol. 3, p. 84; Vol. 4, p. 110 f.

nicht. Der junge Brahmane muss sich zu der Antwort verstehen, dass ein Sohn aus einer solchen gemischten Ehe bei den Brahmanen Sitz und Wasser erhalten würde, dass man ihn theilnehmen lassen würde an den Opfern und Mahlzeiten, dass man ihm Unterricht ertheilen würde und dass er eine Ehe mit ihren Frauen eingehen könnte, dass dagegen die *khattiya* ihn nicht als solchen weihen würden. Denn er sei von der Mutter her nicht ebenbürtig. Ebenso würden sich die beiden Kasten einem Sohn, der aus einer Ehe zwischen einem Brahmanensohn und einer *khattiya*-Tochter stammte, gegenüber verhalten; auch diesen würden die Brahmanen als gleichberechtigt anerkennen, während ihn die *khattiya*, als vom Vater her nicht ebenbürtig, nicht als ihresgleichen ansehen würden. Sogar das muss Ambaṭṭha zugeben, dass die Brahmanen, während sie einen Angehörigen ihrer eigenen Kaste, den sie aus irgend einem Anlass mit Schimpf und Schande aus dem Reiche oder der Stadt vertrieben hätten, nicht in ihre Gemeinschaft aufnähmen, einen von seinen Standesgenossen ausgestossenen *khattiya* ruhig zur Theilnahme am Mahle, am Opfer, am Unterricht, selbst zur ehelichen Verbindung zuliessen. „Darum, o Ambaṭṭha", — ruft Buddha zum Schluss der Unterredung aus — „selbst wenn ein *khattiya* zur tiefsten Erniedrigung gelangt ist, sind die *khattiya* doch die besten und die Brahmanen sind (im Vergleich zu ihnen) niedrig", und fügt dann den in buddhistischen Suttas wiederholt vorkommenden Vers hinzu: „Der *khattiya* gilt als der beste bei Leuten, die auf Familie Werth legen" (*khattiyo seṭṭho jane tasmiṃ yo gottapaṭisārino*).

Man kann sich bei der Lektüre dieser Stelle des Eindrucks starker subjektiver Färbung von Seiten des buddhistischen Verfassers nicht erwehren; es ist nicht anzunehmen, dass orthodoxe, auf ihre Kaste stolze Brahmanen, selbst in den buddhistischen Ländern, einen von seinen Standesgenossen verachteten und aus ihrer Gemeinschaft ausgestossenen *khattiya* als Brahmanen anerkannt und demgemäss behandelt hätten; ähnliche Fälle mögen gelegentlich vorgekommen sein, in seiner verallgemeinerten Form scheint mir Ambaṭṭha's Zugeständniss nicht ohne Weiteres annehmbar.

Aber selbst wenn wir ein gutes Theil der in den Pali-Texten hervortretenden Bevorzugung der *khattiya* auf Rechnung des dem Brahmanenthum abgeneigten Mönches setzen, so bleibt doch für die Annahme einer thatsächlichen Superiorität der herrschenden Klasse Grund genug vorhanden[1]). Und zwar beschränkte sich dies Uebergewicht der *khattiya* nicht bloss auf das sociale Gebiet, wo es ihnen durch ihre materielle Macht von selbst gesichert erscheint; gerade auf geistigem Gebiet haben die Fürstengeschlechter des Ostens den theils im Ceremoniell des Opfers befangenen theils stark verweltlichten Brahmanen die Führerschaft streitig gemacht. Wir brauchen uns zum Beweis dieser Behauptung nicht auf die buddhistische Literatur zu beschränken; es ist eine bekannte Thatsache, dass in den Upanishaden die Könige des Oefteren als die Lehrer der Brahmanen auftreten[2]). Dieser Umstand lässt die Vermuthung begründet erscheinen, dass die tiefen Gedanken der Upanishadlehre, die in der Erkenntniss von

---

[1]) Chalmers erklärt sich (*Journal of the Royal Asiatic Society*, 1894, p. 342) das Ueberwiegen der *khattiya*-Kaste in den Piṭaka daraus, dass diese die alte Tradition, welche das ursprüngliche Verhältniss, wonach „die königliche Klasse, als sie sich zuerst erhob, in der indischen Gesellschaft die Superiorität hatte", vertritt, bewahrt hätten, und dass sie die Uebergangsperiode darstellten, wo sich der brahmanische Anspruch auf Vorrang, obwohl mit wachsender Arroganz gefordert, noch nicht allgemeine Anerkennung erzwungen hätte, wenigstens nicht von Seiten der *kshatriya*. Wenn das richtig wäre, müssten die Brāhmaṇa-Texte, die das Ueberwiegen der Priesterkaste als etwas Unangefochtenes hinstellen, eine spätere Entwicklungsstufe der indischen Kultur repräsentiren, was anzunehmen doch nicht angeht. Der Unterschied in der Darstellung der Pali-Texte gegenüber der brahmanischen liegt zum Theil in den wirklichen Machtverhältnissen, die sich im Osten keineswegs zu Gunsten des Priesterstandes hinneigten, zum Theil in der subjektiven Auffassung der das Brahmanenthum bekämpfenden buddhistischen Bearbeiter einerseits und der ihre Kaste über Gebühr verherrlichenden Brahmanen andererseits.

[2]) Deussen, *System des Vedânta*, Lpz. 1883, S. 18: „Zahlreiche Anzeichen weisen darauf hin, dass die eigentliche Pflegerin dieser Gedanken ursprünglich nicht sowohl die am Ceremoniell ersättigte Priesterkaste, als vielmehr die der *Kshatriya's* gewesen ist: immer und immer wieder begegnen wir in den Upanishad's der Situation, dass der Brahmane den *Kshatriya* um Belehrung bittet, welche dieser, nach allerlei Betrachtungen über die Ungehörigkeit eines solchen Verfahrens, demselben ertheilt." — Vgl. auch den Aufsatz von Garbe, *Die Weisheit des Brahmanen oder des Kriegers?* in *Nord und Süd*, 1895.

der Identität des Âtman, des All-Einen, mit dem eigenen Selbst gipfeln, nicht aus brahmanischen Kreisen hervorgegangen sind, sondern dass wir die intellektuellen Urheber dieser Lehre in den Reihen der *khattiya* zu suchen haben. Ihnen fiel vermuthlich auch ein nicht geringer Antheil an der weiteren Entwickelung der in den Upanishaden enthaltenen Ideen, an der Ausbildung der Lehre von der Seelenwanderung und der Erlösung, zu, und nachdem durch ein wachsendes Umsichgreifen pessimistischer Anschauungen der Boden bereitet war für eine Heilslehre, die den Weg zeigte aus dem qualvollen Kreislaufe der Seelenwanderung, war es einem *khattiya* vorbehalten diesen Weg zu finden, nämlich dem Gotama aus dem Geschlechte der Sakya von Kapilavatthu.

Ueberdies können wir unsere Behauptung, dass der herrschenden Klasse ein wesentliches Verdienst an der Lösung der vor und zu Buddha's Zeit alle Geister beschäftigenden Aufgaben zukommt, durch den Nachweis stützen — ohne den sie vielleicht etwas in der Luft schweben würde —, dass nach der Darstellung der Jâtaka der *khattiya* der östlichen Länder thatsächlich eine ähnliche geistige Ausbildung genoss wie der Brahmane. Zwar war auch in den specifisch brahmanischen Ländern den Gesetzbüchern zufolge für den König die Kenntniss der drei Veden vorgeschrieben[1]), in Wirklichkeit war jedoch, wie das Epos zeigt, diese Vorschrift rein theoretisch; die Kenntniss des Veda, die von einem Prinzen verlangt wird, bezieht sich anscheinend nur auf den *dhanurveda* „den Veda des Bogens", die Bogenkunde, die Kriegswissenschaft[2]). Dahingegen kommen in den Jâtaka verschiedene Stellen vor, die keinen Zweifel darüber lassen, dass die Fürstensöhne in derselben Weise wie die jungen Brahmanen eine bestimmte Zeit ihres Lebens dem religiösen Studium widmeten. Im Gâmaṇicaṇḍa Jâtaka unterweist der König selber den Prinzen sieben Jahre lang in den drei Veden und in allen weltlichen Pflichten (*tayo vede sabbañ ca loke kattabbam.* II. 297). Das Gewöhnliche ist, dass der Prinz zu einem Brahmanen geschickt und von diesem unterrichtet wird. Nicht immer werden die

---

1) Gautama XI. 3; Manu VII. 43.

2) Vgl. Hopkins, l. c. p. 108 ff.

Veden ausdrücklich als Gegenstand des Studiums, in das der Brahmane den jungen Prinzen einzuführen hatte, angegeben; es heisst im Gegentheil meistens nur ganz allgemein, dass der Prinz „die Wissenschaften“ (*sippâni*. II. 2) oder „die Wissenschaft“ (*sippaṃ*. II. 278) erlernte. Andere Stellen machen es jedoch wahrscheinlich, dass in diesem Begriff des *sippa* die drei Veden mit eingeschlossen sind. So lesen wir im Dhonasâkha Jâtaka: „Aus ganz Indien lernten fürstliche und brahmanische Jünglinge die Wissenschaft bei ihm (*khattiyamâṇavâ ca brâhmaṇamâṇavâ ca tass' eva santike sippaṃ uggaṇhiṃsu*. III. 158). Auch der Sohn des Königs von Benares lernte die drei Veden bei ihm.“ Aehnlich heisst es im Thusa Jâtaka: „Der Bodhisatta war ein weltberühmter Lehrer in Takkasilâ und unterrichtete viele Prinzen und junge Brahmanen in der Wissenschaft (*bahû râjakumâre ca brâhmaṇakumâre ca sippaṃ vâcesi*. III. 122). Auch der Sohn des Königs von Benares begab sich im Alter von sechzehn Jahren zu ihm und lernte die drei Veden und alle Wissenschaften“ (*tayo vede sabbasippâni ca*). Ebenso wird im Dummedha Jâtaka zunächst von der Erziehung des sechzehnjährigen Prinzen im Allgemeinen gesprochen (*soḷasavassupadesiko hutvâ Takkasilâyaṃ sippaṃ uggaṇhitvâ*. I. 259), und dann werden im Einzelnen als Unterrichtsgegenstände die drei Veden und achtzehn Wissenszweige[1]) genannt (*tiṇṇaṃ vedânaṃ pâraṃ gantvâ aṭṭhârasannaṃ vijjaṭṭhânânaṃ nipphattiṃ pâpuṇi*). Wir werden darum auch unter den *mante*, die der Brahmane in Takkasilâ gelernt hat und die er dann, selbst ein weltberühmter Lehrer geworden, in Benares den jungen Prinzen und Brahmanen (*khattiyabrâhmaṇakumâre*. II. 100) beibringt, sehr wahrscheinlich die vedischen Hymnen zu verstehen haben[2]).

Auch folgendes Moment möchte ich dafür geltend machen, dass die jungen *khattiya* das Studium des Veda, diese nach den

---

[1]) Ueber die *aṭṭhârasa vijjaṭṭhânâni* siehe das bei Besprechung des Studiums der Brahmanen im achten Kapitel Bemerkte.

[2]) In diesem Sinne wird der Ausdruck *mante* u. a. auch gebraucht im Tittira Jâtaka, wo von dem Rebhuhn erzählt wird, dass es zuhört, wie der Lehrer seinen Schülern *mante* vorsagt, und dass es so die drei Veden lernt (*âcariyassa mâṇavânaṃ mante vâcentassa sutvâ tayo pi vede uggaṇhi*. III. 537).

Gesetzbüchern allen „zwiefach Geborenen" obliegende Pflicht, nicht bloss äusserlich betrieben. An fast allen Stellen, wo von der Erziehung der *khattiya* die Rede ist, wird als die Zeit, wo der Jüngling das Elternhaus verlässt und sich zum Lehrer begiebt, übereinstimmend das sechzehnte Lebensjahr angegeben (I. 259, 262, 273; II. 2, 87, 277; III. 122). Hatte sich der junge Prinz bis dahin am Hofe seines Vaters in den elementaren Wissenschaften und in den Leibesübungen ausgebildet, so folgte nunmehr mit dem Eintritt der Reife die höhere geistige Ausbildung, das religiöse Studium[1]). Wenn im Gâmaṇicaṇḍa Jâtaka (II. 297) erzählt wird, dass ein Prinz, der von seinem Vater sieben Jahre lang in den drei Veden unterrichtet worden ist, beim Tode seines Vaters sieben Jahre alt ist, so haben wir es eben mit einem Wunderkind, einem richtigen Märchenprinzen[2]) zu thun, während die übrigen Stellen durchaus den Eindruck schlichter Erzählung machen.

Als der Ort, wohin sich die jungen Prinzen begeben, um sich dem Studium zu widmen, wird fast ständig Takkasilâ genannt. Die Stadt, im Sanskrit Takshasilâ, liegt im Gandhâra-Lande, im Nordwesten Indiens, also fern von den Stätten der buddhistischen Kultur. Es scheint fast, als ob in den Zeiten, denen unsere Quelle entstammt, dieses Takkasilâ der Mittelpunkt des geistigen Lebens von Indien, eine Hochschule des Brahmanenthums gewesen ist, an Bedeutung selbst Benares überragend; denn wiederholt wird erwähnt, dass die Könige von Kâsî ihre Söhne nach dem fern gelegenen Takkasilâ zum Studium senden. Es klingt unglaublich, wenn wir von derartigen, obendrein zu

---

[1]) Im Gegensatz hierzu erscheint nach dem Epos die Erfüllung der Pflicht des Vedastudiums als eine bloss äusserliche Form. Die Erziehung der jungen Adeligen gilt hier als mit dem sechzehnten Lebensjahr abgeschlossen, und es ist allerdings nicht abzusehen, wie ein Knabe bis zu dem Alter nicht bloss die Fertigkeit im Gebrauch der Waffen erlangt, sondern nebenher noch seinem Gedächtniss auch nur eine der drei vedischen Hymnensammlungen eingeprägt haben sollte. — Vgl. Hopkins, l. c. p. 109 f.

[2]) Vielleicht ist auch der Maṇḍavyakumâra in dieselbe Kategorie zu verweisen, von dem (IV. 379) berichtet wird, dass er von seinem siebenten oder achten Jahre an durch die Brahmanen in den drei Veden unterrichtet wurde.

Fuss[1]) zurückgelegten Reisen der jungen Prinzen lesen (II. 277), und wir sind geneigt ihre Entstehung der Phantasie des Erzählers, der die Stadt vielleicht nur dem Namen nach kannte, zuzuschreiben. Doch ist zu bedenken, dass auch in anderen Pali-Texten Takkasilâ als der Sitz grosser Gelehrsamkeit und das Ziel wissensdurstiger Jünglinge erwähnt wird, so Mahâvagga VIII. 1. 6, wo erzählt wird, dass in Takkasilâ ein weltberühmter Arzt wohnte, zu dem sich der junge Jîvaka von Râjagaha aus begiebt, um dessen Kunst zu erlernen. Wir haben deshalb, wie mir scheint, keinen zwingenden Grund den Worten zu misstrauen, mit denen der Erzähler die pädagogische Weisheit der Könige alter Zeit rühmt: „Sie schickten" — heisst es im Tilamuṭṭhi Jâtaka (II. 277) — „ihre Söhne, obwohl in der eigenen Stadt ein weltberühmter Lehrer weilte, zur Erlangung der Wissenschaft in die Ferne über die Grenzen des Reiches hinaus, indem sie dachten: Auf diese Weise wird ihr Stolz und ihr Hochmuth gebrochen, sie lernen Hitze und Kälte ertragen und den Lauf der Welt kennen."

---

5. Kapitel.

Das Staatsoberhaupt.

Wenn unsere Behauptung richtig ist, dass unter die *khattiya* der Pali-Texte nur die regierenden Geschlechter, nicht etwa ausserdem noch ein im Besitz grosser Ländereien und der wichtigeren militärischen oder politischen Aemter befindlicher Adel zu rechnen sind, so erklärt es sich schon daraus, dass diese Klasse in den Jâtaka fast nur durch ihren Hauptrepräsentanten, den *râjan*, ver-

---

[1]) Alles, was der König seinem sechzehnjährigen Sohn mitgiebt, besteht in einem Paar Sandalen mit einfachen Sohlen, einem Sonnenschirm aus Blättern und 1000 *kahâpaṇa*, eine Ausrüstung, die nicht gerade glänzend genannt werden kann, wenn wir erfahren, dass das Geld nicht etwa ein Zehrpfennig war, sondern unberührt in die Hände des Lehrers gelegt werden musste, der den neu Angekommenen, nachdem er seine Herkunft und Abstammung erfahren hat, sogleich wegen des mitgebrachten Honorars (*âcariyabhâga*) interpelliert (II. 277 f. Vgl. V. 457).

treten wird. Abgesehen von den Erwähnungen der *khattiya* im Ganzen ist von den übrigen Mitgliedern der herrschenden Klasse wenig die Rede; nur der Vicekönig, der *uparâjan*, tritt gelegentlich neben dem Könige hervor, während dieser, man möchte fast sagen überall, in den Jâtaka im Mittelpunkte der Handlung steht [1]).

„Der **König** ist das Haupt der Menschen" (*râjâ mukhaṃ manussânaṃ*), dieser mehrfach in den Pali-Texten (Sutta Nipâta p. 107; Mahâvagga VI. 35. 8) wiederkehrende Ausspruch — das Gegenstück zu dem brahmanischen: „Der *brâhmaṇa* ist die Spitze dieses Alls" (Śatapatha Brâhmaṇa III. 9. 1, 14) — erfährt gleichsam seine Illustration durch die Jâtaka. Die märchenhafte Pracht, womit wir uns den Hofstaat eines orientalischen Despoten ausgestattet denken, umgiebt auch hier den König. „Nach seinem Einzug in die Stadt" — so schildert uns das Pañcagaru Jâtaka (I. 470) den Regierungsantritt eines Fürsten — „begab er sich in die geräumige Halle des Palastes und setzte sich dort in seinem göttergleichen Glanze auf den mit Edelsteinen besetzten Thron, über den der weisse Sonnenschirm gespannt war, nieder; um ihn herum standen, mit all' ihrem Schmuck angethan, die Minister, die Brahmanen, *gahapati* u. s. w., und die Prinzessinnen, während sechzehntausend in Tanz, Gesang und Musik geschickte, überaus reizende Tänzerinnen tanzten, sangen und musizierten, so dass der Palast ertönte wie der Ocean, mit dessen Rauschen sich der Donner der Wolken vermischt".

Und dieser glänzenden Aussenseite entspricht nicht etwa wie bei den heutigen indischen Radschas eine innere Machtlosigkeit; der *râjan* jener Zeit ist nicht bloss „der Glänzende, in fürstlicher Pracht Schimmernde", er ist, was doch auch sein Name in erster Linie besagt [2]): „der Herrschende". Die brahmanischen

[1]) Dass diese Erscheinung einzig und allein in der hervorragenden socialen Stellung des Königs ihren Grund habe, soll damit natürlich nicht behauptet werden; zum Theil erklärt sie sich daraus, dass für das Märchen „der König" eine besonders beliebte Figur ist.

[2]) Als die Wurzel, von der *râjan* abzuleiten ist, wird bei Aug. Fick (*Vergleichendes Wörterbuch*, 4. Aufl. Th. 1, S. 117) **rez* mit der Bedeutung „recken" angesetzt. Auf diese Wurzel sind zurückzuführen u. a. skr. *râj* herrschen, griech. ὀρέγω strecken, lat. *rego* lenken, got. *uf-rakjan* ausstrecken, mhd. *recken*. Skr. *râj*, *râjan* bedeutet demnach

Quellen freilich, namentlich die Gesetzbücher, sehen in dem Könige vielfach nur „einen Appendix zum Priester"; nach ihnen ist der König dazu da die Brahmanen mit dem zu versehen, wessen sie bedürfen[1]). Anders in den Jâtaka. Von einem generellen Einfluss der Priesterkaste auf die Herrschaft ist meines Erachtens weder hier noch in der übrigen Pali-Literatur etwas zu verspüren. Wo wir auf Beispiele einer überwiegenden Macht auf Seiten des Brahmanen stossen, ist die Ursache in der individuellen Anlage des Königs und seines geistlichen Rathgebers, insonderheit des königlichen Hauspriesters, des *purohita*, zu suchen.

Im Grossen und Ganzen ist die Stellung des Königs in den Jâtaka dieselbe, wie sie uns in den älteren, von priesterlicher Umgestaltung unberührt gebliebenen Parthien des altindischen Epos erscheint. Auch hier liegt die politische und militärische Macht auf Seiten des Königs, der alles eher ist als ein willenloses Werkzeug in den Händen der Priester; denn die Macht der letzteren ist auch hier rein individuell. Die Brahmanen sind abhängig vom Könige; von ihm erhalten sie ihren Reichthum an Vieh und an Land, der indessen nur dazu dient einzelne Individuen zu grösserem Wohlstand zu bringen, nicht etwa die Kaste im Ganzen auf eine höhere Stufe zu heben[2]).

---

ebenso wie das lateinische *rex*, das gallische *rix* in *Ambio-rix*, das gotische *reiks* ursprünglich „Richter, Lenker". Die Bedeutung „glänzen" von skr. *râj* scheint sich erst sekundär entwickelt zu haben; jedenfalls entbehrt die von Georg Curtius (*Kleine Schriften*, Leipzig 1886, Th. 1, S. 65) ausgesprochene Behauptung, *râjan* bedeute „seinem Ursprunge nach den Ändern den Glänzenden, in fürstlicher Pracht Schimmernden", und dies sei „die äusserlichste und oberflächlichste, in keiner Hinsicht das Wesen, sondern nur den Schein fürstlicher Macht bezeichnende Benennung", jeder thatsächlichen Grundlage.

[1]) Vgl. Hopkins, l. c. p. 72.

[2]) Siehe Hopkins, l. c. p. 72. Der spätere priesterliche Bearbeiter des Epos stellt natürlich das Verhältniss zwischen König und Priester anders dar; nach ihm ist die Stellung beider zu einander zum mindesten die gegenseitiger Abhängigkeit. Wenn übrigens Hopkins (p. 152) als Beweis dafür u. a. auch Mahâbhârata V. 37. 52 ff. heranzieht, wo die Macht des Königs als eine fünffache und seine Hauptstärke als in der Weisheit liegend dargestellt wird, und dann hinzufügt: ‚And this wisdom is the hoard of the priests', so ist daran zu erinnern, dass man nicht zu viel aus den Quellen herauslesen darf. Wir begegnen fast

Ebenso wie im Epos durch den Firnis, mit dem die priesterlichen Bearbeiter das ursprüngliche Gemälde übertüncht und seine Farben abgeschwächt haben, das Bild des alten unumschränkten Königs, der sich von nichts anderem leiten lässt als seinen eigenen, oft recht habgierigen Wünschen, hindurchschimmert, so zeigt auch der König in den Jâtaka ein doppeltes Gesicht, das auf die buddhistische Ueberarbeitung der ursprünglichen Legenden zurückzuführen ist. Zum Theil trägt er die Züge eines frommen, die Gebote der Moral befolgenden buddhistischen Laien. Die verschiedentlich (III. 274, 320) erwähnten zehn Pflichten des Königs (*dasarâjadhamme*) sind nichts weiter als die für Laienjünger überhaupt geltenden Vorschriften der allgemeinen buddhistischen Moral:

„Almosenspenden, moralischer Lebenswandel, Aufopferung, Redlichkeit, Milde, Selbstverleugnung, Versöhnlichkeit, Nichtzufügen eines Leides, Geduld und Nachgiebigkeit."

Liess sich der König diese Vorschriften als Richtschnur dienen, so musste er allerdings viel von dem Charakter eines gewaltthätigen Despoten verlieren. Thatsächlich ist denn auch bei zunehmender Ausbreitung des Buddhismus die Lehre Buddha's nicht ohne Einfluss auf das Thun und Lassen der Könige geblieben: Candragupta's Enkel Asoka, der im dritten Jahrhundert v. Chr. regierte, „der göttergeliebte König Piyadasi", wie er sich selber in seinen Felsenedikten nennt, zeigt sich hier als ein Herrscher, der in vieler Hinsicht dem in den Jâtaka entworfenen Idealbild nahe kommt.

Diesem Ideal eines frommen buddhistischen Laien entspricht indessen der König der alten Erzählungen keineswegs immer. Sehr oft sehen wir in ihm den unumschränkten, nur von Willkür und Launen geleiteten Tyrannen, der „seine Unterthanen durch Strafen, Steuern, durch Foltern und Räubereien quält und presst, wie man den Zucker in der Zuckermühle presst, der ihnen verhasst ist,

---

denselben Worten in den Jâtaka (V. 120), wo ein Nebensinn, der auf die besondere Stellung des Priesters als des königlichen Rathgebers hindeuten könnte, ausgeschlossen ist. Die Verse sind eben nur eine sprichwörtliche, überall geläufige Einkleidung des Gedankens, dass dem König weder körperliche Stärke, noch Reichthum u. s. w. nützen, wenn es ihm an Verstand fehlt.

wie ein ins Auge gefallenes Staubkorn, wie eine Scherbe im Reiskuchen, wie ein Dorn, der in die Hand gedrungen ist" (II. 240). Den unter den *dasarâjadhamme* aufgezählten Tugenden des idealisierten Herrschers stehen fast ebensoviele Laster gegenüber, die gleichsam die Legende bilden auf der das wahre Bild des Königs tragenden Kehrseite der Münze: Trunkenheit und Grausamkeit (im Khantivâdi Jâtaka. III. 39 ff.; im Culladhammapâla Jâtaka. III. 178 ff.), Bestechlichkeit (im Bharu Jâtaka. II. 169 ff.), Unwahrhaftigkeit und Ungerechtigkeit (im Cetiya Jâtaka. III. 454 ff.). Weder die Rücksicht auf geschriebene Gesetze[1]) noch auf die durch Tradition zum Recht gewordenen Sitten scheint den König jener Zeit daran gehindert zu haben seinen Launen und Lüsten zu fröhnen. Einzig die Tugendhaftigkeit seines Berathers in geistlichen und weltlichen Dingen (*atthadhammânusâsaka amacca*), dessen geistige Ueberlegenheit zuweilen (so im Kukku Jâtaka. III. 317 ff.) über die Schwächen des Herrschers triumphiert, mochte im Stande sein diese Willkür und Tyrannei des Königs zu mildern. Wo jedoch dieses Gegengewicht fehlte und die Minister oder der *purohita* obendrein den Neigungen ihres Gebieters Vorschub leisteten, stellten sich sicherlich oft Zustände ein, die das Volk nöthigten seine Zuflucht zu dem einzigen zu seinem eignen Schutze verfügbaren Mittel zu nehmen, zur Gewalt, zur offenen Empörung. Im Padakusalamâṇava Jâtaka (III. 501 ff.) steckt möglicherweise ein historischer Kern; trotz seiner märchen-

---

[1]) Geschriebene Gesetze werden in den Jâtaka mehrfach erwähnt. Im Tuṇḍila Jâtaka lässt der Bodhisatta nach dem Tode des Königs von Benares „ein Buch über richterliche Entscheidung" schreiben (*vinicchaye potthakam likhâpetvâ*. III. 292) und ermahnt die Leute bei der Entscheidung von Rechtsfällen dies Buch einzusehen. Dem *senâpati* wird im Tesakuṇa Jâtaka von den Ministern die Nachfolge in der Herrschaft angeboten; er lehnt die Königswürde ab, lässt „die Lehre von der Rechtsprechung" auf eine goldene Tafel schreiben (*vinicchayadhammam suvaṇṇapaṭṭe likhâpetvâ*. V. 125) und fordert die Leute auf danach die Entscheidungen zu treffen. Es mag dahingestellt bleiben, ob wir aus dieser Erwähnung von „Gesetzbüchern" und „Gesetztafeln" in den Jâtaka auf die Existenz geschriebener Gesetze schon in früher vorbuddhistischer Zeit schliessen können; beide Stellen sind für den Gang der Erzählungen, worin sie vorkommen, belanglos und können darum als spätere Zusätze aufzufassen sein.

haften Einkleidung mag es die Erinnerung an thatsächliche Vorgänge bewahrt haben. Es wird dort erzählt, wie ein junger Brahmane, nachdem er die vom Könige und seinem *purohita* gestohlenen und bei Seite geschafften Schätze durch einen Zauber entdeckt hat, dem versammelten Volke den König als den Dieb bezeichnet und ausruft:

„Es mögen mich hören die Bauern und Städter, die versammelten; was Wasser sein sollte, ist Feuer, von wo Sicherheit erwartet wird, von da droht Gefahr.

Der König plündert das Land und der Brahmane, der *purohita*. Schützt euch selber, von eurem Beschützer ist euch Unheil erwachsen."

Die Leute erkennen, dass der König, der sie beschützen sollte, selbst ein Dieb ist und, um von sich die Schuld abzuwälzen, den Schatz versteckt hat und den Dieb suchen lässt; sie beschliessen den bösen König, damit er sie nicht länger ausplündert, zu töten. Mit Stöcken und Hammern in der Hand erheben sie sich und schlagen den König zusammen mit dem *purohita* tot. Der junge Brahmane wird zum König gewählt und in die Herrschaft eingesetzt.

Ein anderes Beispiel einer solchen gewaltsamen Beseitigung des ungerechten Herrschers findet sich im Saccaṃkira Jâtaka (I. 326). Auch hier wird der König von den erzürnten *khattiya*, Brahmanen und andern Einwohnern der Stadt erschlagen, und an seiner Statt ein Brahmane zum König geweiht.

Ob wir nun in diesem willkürlichen, launen- und lasterhaften Despoten der Jâtaka ein getreues Abbild des *râjan* der älteren buddhistischen Zeit zu sehen haben, lässt sich mit Sicherheit kaum entscheiden. Individuelle Anlage, die den Herrscher seine schrankenlose Gewalt bald ausschliesslich für seine eigenen Zwecke ausbeuten, bald mehr zum Wohle seiner Unterthanen verwenden liess, kommt dabei ebenso sehr in Betracht — wenn schon nicht vergessen werden darf, dass wir es überall in der Literatur nicht bloss, sondern auch in der Geschichte Indiens mehr mit Typen als mit Individuen zu thun haben — wie das Bestreben des Erzählers seinen in grauer Vorzeit spielenden Legenden einen möglichst alterthümlichen, primitiven Charakter zu verleihen. Jedenfalls aber scheint mir dieses wenig schmeichelhafte Bild des *râjan* der Wirklichkeit näher zu kommen als das an andern Stellen entworfene, unter dem Einfluss der buddhistischen Morallehre stark idealisierte Herrscherportrait.

Die vorher genannten zehn Pflichten des Königs geben uns, so wenig wie sie ein wahrheitsgetreues Bild des Königs überhaupt entwerfen, auch von dem Inhalt der königlichen Gewalt, von den Obliegenheiten und Funktionen des *râjan*, keine Vorstellung, weil sie, wie gesagt, eben nur allgemeine, auch für jeden andern buddhistischen Laien geltende Moralvorschriften enthalten. Von diesen *dasarâjadhamme* sind natürlich die besonderen, durch die Stellung als Herrscher bedingten Obliegenheiten des Königs wesentlich verschieden: die traditionellen Herrscherpflichten, denen auch die Könige der Jâtaka unterworfen sind, bestehen vor allem im Schutz der Unterthanen gegen äussere und innere Feinde und in der Gewährung von Sicherheit der Person und des Eigenthums durch Bestrafung von Verbrechen.

Häufige Kriege scheinen auch in der von den Jâtaka geschilderten Periode dem Könige Gelegenheit gegeben zu haben seine Pflicht als Beschützer des Volks auszuüben. Zwar ist er nicht mehr der Räuber und Plünderer, wie ihn uns die älteste epische Erzählung schildert[1], der sich seinen Lebensunterhalt durch Beutezüge erwirbt; er weilt nicht mehr beständig an den Grenzen seines Landes, jederzeit bereit seinen Nachbar zu überfallen, sondern lebt in einer mitten im Lande gelegenen befestigten Stadt, mit seinem Hofstaate durch regelmässige Abgaben des Volks unterhalten. Die Völkerschaften sind in ihren neuen Wohnsitzen zur Ruhe gekommen und haben die Grenzen ihrer Länder festgelegt; in Folge dessen treten bei wachsender Civilisation andere als rein kriegerische Interessen in den Vordergrund: das Land wird urbar gemacht, Städte werden gegründet, Handel und Gewerbe blühen mächtig empor. Trotzdem fehlt es nicht an kriegerischen Unternehmungen, die zum Theil durch Streitigkeiten benachbarter Reiche — so zwischen Kosala und Kâsi (I. 262, 409) —, meistens aber durch Empörungen der unterjochten Grenzbewohner veranlasst werden. Von solchen Aufständen lesen wir des Oefteren (I. 437; II. 74); die in das Gebirge zurückgedrängten, vielleicht nur dem Namen nach

---

[1]) Vgl. Hopkins, l. c. p. 76.

unterworfenen Stämme der Eingeborenen machten ihren arischen Besiegern sicher viel zu schaffen. Nicht immer reichen die an der Grenze stationierten Truppen (*paccante ṭhitayodhā*) aus den Aufruhr zu dämpfen. Nachdem sie, wie im Bandhanamokkha Jātaka erzählt wird, mit den Aufständischen (die als *corā*, Räuber, bezeichnet werden) verschiedene Kämpfe bestanden haben, schicken sie Meldung an den König, sie könnten den Kampf nicht durchführen. Nun zieht der König ein Heer zusammen (*balakāyaṃ saṃharitvā*. I. 437) und rückt ins Feld.

In Friedenszeiten scheint die Hauptthätigkeit des Königs in seiner Theilnahme an der Rechtspflege bestanden zu haben, und zwar gewinnen wir nach unsern Texten den Eindruck, dass diese Betheiligung keine bloss formelle war. Wenn im Râjovâda Jâtaka vom Könige gesagt wird: „er leitete in Rechtsfällen die Entscheidung“ (*vinicchayaṃ anusāsi*. II. 2), so liegt darin doch wohl ausgesprochen, dass dem Könige die oberste Leitung der Gerichtsverhandlungen, dass ihm als der höchsten Instanz die letzte Entscheidung in Processen oder bei der Bestrafung von Verbrechen zustand. Damit stimmt überein, was wir aus andern Pali-Texten über die Praxis der Rechtsprechung erfahren. Nach den im Commentar zum Mahâparinibbâna Sutta enthaltenen Angaben über die in Vesâlî, der Hauptstadt der Licchavi, übliche Rechtspflege war der Instanzenweg, den ein Rechtsfall bis zu seiner endgültigen Entscheidung zu durchlaufen hatte, ziemlich complicıert[1]). Aber auch hier ruht die letzte Entscheidung in

[1]) Der Inhalt der betreffenden Stelle ist nach der von G. Turnour im *Journal of the Asiatic Society of Bengal*. Vol. 7. Part 2. 1838, p. 993 note, gegebenen englischen Uebersetzung folgender: Wenn in alter Zeit ein Verbrecher vor die Beherrscher der Vajji (d. h. die Licchavi) gebracht wurde, so überwiesen sie ihn zunächst den *vinicchayamahāmatta*. Diese verhörten ihn, und wenn sie zu der Ueberzeugung kamen, er sei unschuldig, liessen sie ihn frei. Wenn sie ihn dagegen für schuldig hielten, so übergaben sie ihn, ohne auf eine Strafe zu erkennen, den *vohārika*. Diese untersuchten die Sache ebenfalls und entliessen ihn im Fall seiner Unschuld; wenn er dagegen schuldig war, brachten sie ihn zu den *suttadhāra* (soll vermuthlich *suttadhara* „Kenner der Sutta, der Gesetze“ heissen), die in analoger Weise mit ihm verfuhren. Von diesen wurde er den *aṭṭhakūlaka* (doch wohl *aṭṭhakulaka*, worunter nach Lassen's Vermuthung ein aus acht Familienhäuptern

den Händen des Königs. In den Jâtaka, wo anscheinend die primitiveren Zustände einer viel früheren Zeit, die einen weniger umständlichen Apparat der Rechtsprechung voraussetzen lassen, geschildert werden, wird der Verbrecher direkt vor den König gebracht und von diesem in der Regel ohne vorherige Einholung des Rathes seiner Minister abgeurtheilt. Ein Asket, der auf den falschen Verdacht hin, er habe gestohlen, von den Eigenthümern des gestohlenen Geldes ergriffen ist, wird zum König geführt, und dieser entscheidet, ohne den Fall weiter geprüft zu haben: „Geht und spiesst ihn auf einen Pfahl" (IV. 29). Auch in andern Erzählungen (z. B. in der Einleitung zum Vaṭṭaka Jâtaka. I. 433, im Avâriya Jâtaka. III. 232) trifft der König selbständig die Entscheidung; doch kommt es vor, dass gegen ein ungerechtes Urtheil des Königs von Seiten des Justizministers (*vinicchayâmacca*) Einspruch erhoben wird. Dazu mochte dieser oft genug Gelegenheit haben, zumal wo es sich um Anklagen handelte, die von hochgestellten, beim Könige beliebten Persönlichkeiten gegen Leute aus dem Volk erhoben wurden. Ein charakteristisches Beispiel hierfür bietet die folgende Erzählung: „In alter Zeit" — so beginnt das Rathalaṭṭhi Jâtaka (III. 104 ff.) — „als Brahmadatta in Benares regierte, war der Bodhisatta sein Justizminister (*vinicchayâmacca*). Einst nun begab sich der *purohita* des Königs auf seinem Wagen in das Dorf, aus dem er seine Einkünfte bezog (*bhogagâma*), und als er an eine Enge des Weges kam, begegnete ihm eine Karawane. „Fahrt euren Wagen aus dem Wege, fahrt ihn aus dem Wege", schrie er. Da niemand auswich, wurde er zornig und warf mit seinem Stachelstock [1]) nach dem Fuhrmann des vordersten Wagens. Der Stock schlug auf die Deichsel des Wagens, sprang zurück und traf ihn selber an der Stirn, so dass er eine

---

zusammengesetztes Gericht zu verstehen ist) übergeben, welche ihrerseits die Entscheidung an den *senâpati* weitergaben; von da wurde der Angeklagte dem *uparâjan* und schliesslich dem *râjan* überwiesen. Dieser untersuchte dann den Fall nochmals und liess den Angeklagten, wenn er ihn für unschuldig hielt, endgültig frei; fand er ihn schuldig, so sprach er auf Grund des *paveṇipotthaka*, des „Buchs der Gebräuche", das Urtheil. — Vgl. auch Lassen, *Indische Alterthumskunde*, 2. Aufl., Bd. 2. S. 86 f.

[1]) *patodalaṭṭhi* ‚Stock zum Antreiben der Thiere".

Beule davontrug. Der *purohita* kehrte um und beschwerte sich beim Könige, er wäre von Fuhrleuten geschlagen. Der König, welcher selbst zu Gericht sass, liess die Fuhrleute vorladen und erklärte, ohne den Sachverhalt zu prüfen: „Ihr habt den *purohita* geworfen, so dass er eine Beule an der Stirn davongetragen hat; man nehme ihnen alle Pferde weg". Da sagte der Bodhisatta zu ihm: „O grosser König, ohne den Sachverhalt zu prüfen, lasst Ihr diesen alle Pferde wegnehmen. Nun giebt es aber Leute, die, wenn sie sich selbst geschlagen haben, sagen: Ich bin von einem andern geschlagen. Deshalb darf ein Herrscher nicht handeln ohne Prüfung; nachdem er gehört hat, soll er handeln." Nach diesen Worten recitierte er die Verse:

„Obwohl er geschlagen hat, sagt er: ich bin geschlagen; obwohl er geschunden hat, spricht er: ich bin geschunden[1]). Dem zuerst Sprechenden soll man, o König, nicht ohne Weiteres glauben.

Deshalb höre man, o Weiser, auch auf den andern; erst wenn man beider Rede vernommen hat, handle man, wie es Recht ist.

Ein träger, den Sinnesgenüssen ergebener Haushälter ist nicht gut, ein Asket, der sich nicht selbst beherrscht, ist nicht gut, ein König ist nicht gut, der ohne Prüfung handelt, ein Weiser, der zürnt, auch das ist nicht gut.

Es handle der König, nachdem er gehört hat, nicht ohne gehört zu haben, o Herrscher; eines nach Prüfung Handelnden Ehre und Ruhm wächst, o König."

Als der König die Rede des Bodhisatta vernommen hatte, entschied er gerecht, und in dem gerechten Urtheil wurde dem Brahmanen die Schuld zugesprochen."

Aus diesem einen Fall, wo der König, veranlasst durch den *vinicchayâmacca*, ein ungerechtes Urtheil aufhebt, eine generelle Befugniss dieses Ministers gegen königliche Urtheile Einspruch zu erheben, folgern zu wollen, wäre sicher zu weit gegangen. Wir werden das Richtige treffen mit der Vermuthung, dass die Minister, vor allem der *vinicchayâmacca*, ferner auch der *purohita*

---

[1]) Der Text hat: *jetvâ jino ti bhâsati* „obwohl er gesiegt hat, spricht er: ich bin besiegt"; es handelt sich indessen hier vermuthlich um Ableitungen des Verbums *jyâ* „unterdrücken, schinden" und *jino* wird in *jîno* zu ändern sein.

und der *senâpati*, die, wie wir sehen werden, beide an der Rechtsprechung betheiligt waren, dem Könige mit ihrem Rathe zur Seite standen und unter Umständen auf seine Entscheidungen Einfluss gewinnen konnten[1]). Auch sind wir nicht in der Lage die Grenze anzugeben zwischen den Rechtsfällen, welche ausschliesslich der Entscheidung des Königs vorbehalten waren und denen, welche von den Ministern allein entschieden wurden. Dass nicht das ganze Gebiet der Rechtsprechung, wie dies in den ältesten Zeiten der Fall gewesen sein mochte, in den Händen des Königs lag, ist selbstverständlich; je complicierter der Staatsorganismus bei zunehmender Bevölkerung und bei Erweiterung der Grenzen wurde, um so dringender musste sich die Nothwendigkeit der Arbeitstheilung fühlbar machen, um so mehr musste der König von seinen Befugnissen auf die Schultern seiner Minister abwälzen. Das Rechtsleben der kleineren Städte und der Dörfer entzog sich so wie so dem unmittelbaren Wirkungskreis des Königs und blieb Sache seiner Stellvertreter, so lange nicht etwa gegen die Urtheile dieser die Entscheidung des Königs als der höheren Instanz angerufen wurde. Dementsprechend begegnen wir denn auch in den Jâtaka einer Reihe von Beispielen, in denen von einer Theilnahme des Königs an der Gerichtsverhandlung nicht die Rede ist (II. 182; V. 229). In beiden Erzählungen handelt es sich um Streitigkeiten zweier Parteien, um civilrechtliche Fälle, nicht um Bestrafung von Verbrechen[2]).

---

[1]) Vgl. Manu VIII. 1: „Ein König, welcher Rechtsfälle zu untersuchen wünscht, soll zusammen mit Brahmanen und rathserfahrenen Ministern, in würdiger Haltung, die Gerichtshalle betreten."

[2]) Auch der Umstand, dass im Rathalaṭṭhi Jâtaka die Theilnahme des Königs an der Gerichtsverhandlung gegen die vom *purohita* beschuldigten Fuhrleute besonders betont wird (*râjâ sayaṃ vinicchaye nisîditvâ*. III. 105), deutet darauf hin, dass unter gewöhnlichen Umständen bei Rechtsfällen von so geringfügiger Bedeutung wie dem vorliegenden der König nicht den Vorsitz in der Gerichtsverhandlung innehatte. Doch ist zu beachten, dass nicht allein die brahmanischen Rechtsbücher an zahlreichen Stellen dem Könige die persönliche Leitung der Processe zuweisen; „die griechischen Berichte, das indische Epos, die Inschriften und die zahlreichen Werke indischer Fürsten über *vyavahâra* beweisen, dass die indischen Fürsten wirklich die Jurisdiktion häufig in Person ausübten". Jolly in der *Zeitschr. d. Deutsch. Morgenl. Gesellschaft*, Bd. 44, S. 344.

Die Criminalgerichtsbarkeit scheint nach den Jâtaka allerdings ausschliesslich Sache des Königs selbst gewesen zu sein. Dass irgend jemand anders als der König eine Strafe an Leib und Leben diktiert und vollziehen lässt, findet sich in den Jâtaka nirgends erwähnt. Schwere Verbrechen, wie Diebstahl, Ehebruch, Körperverletzung werden mit der *rājāṇā*[1]), der vom König verhängten Strafe, gesühnt.

Ueber diese Strafgewalt hinaus scheint sich nach den Jâtaka das Anrecht des Königs an der Person seiner Unterthanen nicht erstreckt zu haben. Wir lesen nirgendwo in unserm Text etwas davon, dass der König ein Recht hatte seine Unterthanen zu Kriegs- oder andern Diensten heranzuziehen; es wird im Gegentheil auf die Beschränkung der königlichen Machtbefugnisse ausdrücklich hingewiesen, wenn der König im Telapatta Jâtaka den Bitten der von ihm zu seiner Hauptgattin gemachten *yak*-

---

[1]) Das Wort bedeutet seiner Etymologie nach, da es aus Skr. *rāja* + *ājñā* zusammengesetzt ist, eigentlich „Befehl des Königs". Ob sich im Pali ein bestimmter technischer Sinn mit dem Wort verbindet, vermag ich nicht zu sagen. Im Culladhammapâla Jâtaka wird erzählt, dass der König dem Prinzen durch den Henker Hände und Füsse abschneiden lässt. Der Henker fragt, als er den Befehl ausgeführt hat: „habe ich, o König, die *rājāṇā* vollzogen?" (*kiṃ deva katā rājāṇā*. III. 180). Hier heisst möglicherweise *rājāṇā* nur „Befehl des Königs". An andern Stellen scheint dagegen der Ausdruck als ein *terminus technicus* verwendet zu sein. Ein Fährmann, der einen Asketen und seine eigene schwangere Frau geprügelt hat, wird vor den König gebracht und dieser lässt, nachdem er das Urtheil gefällt hat, die *rājāṇā* an ihm vollziehen (III. 232.). Worin die Strafe bestand, wird nicht weiter gesagt; ich vermuthe, dass entweder die Todesstrafe oder irgend eine andere schwere Leibesstrafe wie Verstümmelung darunter zu verstehen ist. Darauf weist auch die Einleitung zum Vaṭṭaka Jâtaka (I. 433) hin, wo ein *seṭṭhi*-Sohn, der im Verdacht steht eine Dirne bei Seite geschafft zu haben, zur *rājāṇā* verurtheilt wird. Die Hände werden ihm auf dem Rücken zusammengebunden, und man schleppt ihn fort, um die *rājāṇā* an ihm zu vollziehen. Die ganze Stadt geräth, als sich das Gerücht von der Verurtheilung des *seṭṭhi*-Sohnes verbreitet, in Aufregung, und eine grosse Volksmenge begleitet ihn, mit auf die Brust gelegten Händen, unter lautem Wehklagen. Da das Mädchen inzwischen wieder zum Vorschein kommt, gelangt die *rājāṇā* nicht zur Ausführung, doch deuten die erwähnten Umstände darauf hin, dass es sich um eine Hinrichtung handelt.

khinî[1]) ihr unumschränkte Gewalt über das ganze Reich zu verleihen entgegenhält: „Meine Liebe, keineswegs gehören mir alle Einwohner meines Reichs, nicht bin ich ihr Herr (*mayhaṃ sakalaraṭṭhavâsino na kiñci honti, nâhaṃ etesaṃ sâmiko.* I. 398); nur über die, welche sich gegen den König auflehnen und Unrecht thun, bin ich Herr. Darum kann ich Dir nicht unumschränkte Gewalt über das ganze Reich geben".

Doch wurden die Unterthanen des Königs nicht bloss in Kriegszeiten, wo das königliche Heer die Grenzen des Landes schützte, und durch die vom König und seinen Bevollmächtigten ausgeübte Gerichtsbarkeit an die Existenz einer über ihnen stehenden, sie alle umfassenden und schützenden Gewalt erinnert; das Volk hatte Verpflichtungen, die ihm die Zugehörigkeit zu einem Staatswesen[2]) zum Bewusstsein brachten — oft in recht empfindlicher Weise. Während nämlich der König für Sicherheit gegen äussere Feinde und für Ordnung im Innern seines Landes zu sorgen hat, muss das Volk als Gegenleistung dafür die Kosten der Staatsverwaltung, des Heeres und des Hofhaushalts durch Bezahlung von Steuern tragen. Aehnliche Verhältnisse haben wir vermuthlich schon für die vedische Periode anzunehmen; wenigstens liegt kein zwingender Grund vor unter dem vedischen *bali* etwas anderes als eine festgesetzte Abgabe zu verstehen[3]). Vielleicht dienten ausserdem gerade in der ältesten Zeit freiwillige Geschenke — nach Zimmer[4]) die einzige Abgabe, die das Volk

---

[1]) = Skr. *yakshinî*, ein weiblicher *yaksha*, ein übermenschliches Wesen, ein Dämon.

[2]) Die Annahme eines solchen scheint mir schon durch das Faktum einer im ganzen Lande erhobenen Steuer und durch das Institut der *gâmabhojaka*, die den König in ihrem Dorf vertraten und für ihn die Steuern erhoben, hinlänglich begründet, und ich verstehe nicht, wie Senart es mit diesen Thatsachen vereinigen will, wenn er dem alten Indien die Idee des Staates völlig abspricht und nicht einmal einen Ansatz zu einem Staatswesen gelten lässt. (*Revue des deux mondes*, T. 125. p. 343 f.).

[3]) Für die Brâhmaṇa-Periode ist die Existenz der Steuer mit Sicherheit durch Aitareya-Brâhmaṇa VII. 29 bezeugt, wo der *Vaiçya* als „einer, der einem andern Steuern zahlt (*anyasya balikṛit*), der von einem andern auszunutzen, nach Belieben zu bedrücken ist", charakterisiert wird.

[4]) *Altindisches Leben*, S. 166: „Festgesetzte Abgaben zahlte das

im Veda dem Könige leistete — wesentlich mit zur Bestreitung der Kosten des königlichen Haushalts, und wenn wir die Darbringung solcher Geschenke im Epos[1]) und auch in den Jâtaka hier und da erwähnt finden, so mag darin ein Ueberrest dieses alten Gebrauchs zu sehen sein. Bei Gelegenheit des im Kummâsapiṇḍa Jâtaka beschriebenen Krönungsfestes (*chattamañgala*. III. 407) befinden sich unter den um den Thron Versammelten auch die Städter, mit mannigfachen Geschenken[2]) versehen (*nânâridhapaṇṇâkârahatthe nagaramanusse*). Bittende rechneten offenbar auf geneigtere Erhörung ihres Gesuches, wenn sie nicht mit leeren Händen vor dem Könige erschienen. Der Brahmane, der sich dem Könige mit der Bitte naht ihm den zweiten gestorbenen Ochsen zu ersetzen, überreicht ihm mit den Worten: „Es siege der König" ein Geschenk (*paṇṇâkâra*. II. 166).

Zu der für uns in Frage kommenden Zeit bildeten die Steuern jedenfalls die Haupteinnahmequelle des Königs: sie sind eine gesetzlich feststehende Abgabe und werden, wenn sie nicht von selbst eingehen, durch Beamte des Königs mit Gewalt eingetrieben (II. 240; IV. 224; V. 98). Doch enthalten die Jâtaka, soweit ich gesehen habe, keine bestimmte Angabe über die Art dieser Steuer noch über die Höhe des an den König zu entrichtenden Antheils[3]). Nur die Thatsache, dass von dem geernteten

Volk an den König nicht, es brachte ihm freiwillig Geschenke". Zimmer zieht zum Vergleich die altgermanischen Verhältnisse heran, indem er auf Tacitus, Germania 15 hinweist: „*Mos est civitatibus ultro ac viritim conferre principibus vel armentorum vel frugum, quod pro honore acceptum etiam necessitatibus subvenit*".

[1]) Vgl. Hopkins, l. c. p. 90 f.

[2]) Das Wort *paṇṇâkâra* bedeutet, wenn es gleich Skr. *parṇa* + *âkâra* ist, „die Gestalt eines Blattes habend" und weist darauf hin, dass man, wie es noch heute in Indien Sitte ist, Früchte, Süssigkeiten u. s. w. in Blätter einer Banane oder eines andern Baumes eingewickelt überreichte. Ursprünglich nur von solchen Darbietungen gebraucht, erhielt das Wort später die allgemeine Bedeutung „Geschenk". — Vgl. Childers, *Pali Dictionary*, s. v.

[3]) Nach Manu VII. 130 gehört dem Könige vom Getreide der achte, sechste oder zwölfte Theil; X. 120 wird der achte Theil als die in Friedenszeiten gesetzlich erlaubte Steuer (*dharmyo bali*) bezeichnet; in Zeiten der Noth darf der König ein Viertel erheben (X. 118). Nach Gautama (X. 24) beträgt die Abgabe der Ackerbauer ein Zehntel, ein

Getreide ein bestimmter Theil an den König fiel, geht aus mehreren Stellen hervor. Ein übergewissenhafter *setthi*, der sich von seinem Reisfeld eine Hand voll Halme abgepflückt hat, um daraus einen Wisch zum Anbinden des Reises zu machen, empfindet Skrupeln über seine Handlungsweise, indem er denkt: „Von diesem Felde muss ich dem Könige seinen Antheil (*rañño bhâga*. II. 378) geben, und ich habe mir von dem Feld, obwohl ich doch den Antheil noch nicht abgeliefert habe, eine Hand voll Reishalme abgepflückt“. An derselben Stelle des Kurudhamma Jâtaka wird erzählt, wie der Steuerbeamte des Königs (*doṇamâpaka*, eigentlich „der mit dem *doṇa*, einem bestimmten Hohlmaass, messende“) vor der Thür der königlichen Kornkammer den als Antheil an den König abgelieferten Reis messen lässt (*râjabhâge vihiṃ minâpento*); und zwar verfährt er dabei in der Weise, dass er sich von dem ungemessenen Reishaufen Körner nimmt und sie als Marken hinlegt. In dem Augenblick fängt es an zu regnen. Der Beamte zählt die Marken und fegt mit den Worten: „Abgemessener Reis ist so und so viel da“ die Reiskörner, die ihm als Marken gedient haben, zusammen und wirft sie auf den abgemessenen Haufen. Dann läuft er eilends hinein und stellt sich in den Thorweg. Hier fällt ihm ein: „habe ich wohl die Marken auf den gemessenen Haufen geworfen oder auf den ungemessenen? Wenn ich sie auf den gemessenen Reishaufen geworfen habe, so habe ich ohne Grund das Eigenthum des Königs vermehrt und das der Besitzer (*gahapatika*) beeinträchtigt“ [1]).

Die hier erwähnte, in einem Theil des geernteten Getreides bestehende Abgabe von dem Ertrag des Bodens bildete nach den Gesetzbüchern und den epischen Texten zusammen mit anderen Natu-

Achtel oder ein Sechstel des Ertrages. Bei Vasishṭha (I. 42), Baudhâyana (I. 18. 1), Nârada (XVIII. 48) und Vishṇu (III. 22) wird übereinstimmend ein Sechstel als die gesetzmässige Steuer angegeben, und damit steht im Einklang, wenn im Epos der König wiederholt als *shaḍbhâgin* „ein Sechstel erhaltend“ bezeichnet wird. Vgl. Hopkins, l. c. p. 88.

[1]) Die Geschichte wird als Beispiel übertriebener Gewissenhaftigkeit erzählt. Der Beamte macht sich Vorwürfe darüber, dass er die Körner, die er sich, um zu behalten, wie viel Reis schon abgemessen ist, als Merkzeichen von dem noch nicht gemessenen Reishaufen weggenommen hat, zu dem bereits gemessenen Haufen hinzugethan hat.

ralleistungen an Vieh u. s. w. die einzige Steuer, die von einem Grundeigenthümer erhoben werden konnte. Von einer Steuer, die auf dem Lande ruhte und in Gestalt einer Pacht bezahlt werden musste, ist hier keine Rede, die Abgabe richtete sich vielmehr nach der Höhe der jährlichen Erträge. Dahingegen haben den griechischen Berichten zufolge die Ackerbauer das Land als Pächter des Königs inne. Der Ertrag der Pacht geht in den königlichen Schatz, ausserdem ein Viertel des Getreides als Steuer[1]. Wie stellen sich unsere Texte zu der Frage? Es scheint, als ob die Angaben des griechischen Gesandten durch die Jâtaka eine Bestätigung erfahren. Unter den Ministern des Königs nimmt, wie wir sehen werden, der „Feldmesser" (*rajju-gâhaka amacca*) offenbar eine wichtige Stellung ein: er folgt bei der Aufzählung des am Hofe des Kuru-Königs befindlichen Personals (II. 367) unmittelbar auf den Hauspriester (*purohita*). Ferner wird im Kâma Jâtaka erwähnt, dass Beamte des Königs (*râjakammikâ*) in ein Dorf kommen, um die Felder zu messen (*khettappamâṇagahaṇatthâya*. IV. 169), deren Eigenthümer, wie gleich darauf erzählt wird, die Bitte um Steuerbefreiung aussprechen. Höchst wahrscheinlich wurden doch diese Landmessungen vorgenommen, um die Grösse des Grundstücks und dieser entsprechend die Höhe der Abgabe, welche auf Grund und Boden lastete und unabhängig von dem Ausfall des jährlichen Ertrages als eine Grundsteuer oder Pacht an den König gezahlt werden musste, festzusetzen. Freilich ist dieser Schluss von dem blossen Faktum, dass das Land gemessen wurde, auf die Existenz der Pacht nicht unbedingt sicher. Landmessungen waren nothwendig, auch wenn die Steuer nur in einem Theil des Ertrages bestand, schon um den Beamten einen Anhalt zu gewähren, wonach sie die durchschnittlichen Erträge ungefähr berechnen konnten, und um auf diese Weise Hinterziehungen von Seiten der Grundbesitzer zu verhüten.

---

[1]) So nach Diodorus II. 40. 5: τῆς δὲ χώρας μισθοὺς τελοῦσι τῷ βασιλεῖ διὰ τὸ πᾶσαν τὴν Ἰνδικὴν βασιλικὴν εἶναι, ἰδιώτῃ δὲ μηδενὶ τὴν ἐξεῖναι κεκτῆσθαι· χωρὶς δὲ τῆς μισθώσεως τετάρτην εἰς τὸ βασιλικὸν τελοῦσι. Strabo sagt hingegen nur, dass die Ackerbauer Pächter des Königs seien und ein Viertel der Ernte als Steuer bezahlen. XV. 1. 39.: Ἔστι δ' ἡ χώρα βασιλικὴ πᾶσα· μισθοῦ δ' αὐτὴν ἐπὶ τετάρταις ἐργάζονται τῶν καρπῶν. Arrian spricht ganz allgemein von φόροι, welche die Ackerbauer den

Wer waren diese steuerzahlenden Grundbesitzer? Es scheint, dass auch in den östlichen Ländern die *khattiya* und die Brahmanen — diese trotz ihrem Reichthum, und trotzdem sich fraglos ein grosser Theil des Grundbesitzes in ihren Händen befand — von Steuern befreit waren, denn an allen in Betracht kommenden Stellen gehören die Steuerzahler der bürgerlichen Klasse an[1]). So fürchtet in dem oben citierten Kurudhamma Jâtaka der *doṇamâpaka*, der königliche Steuerbeamte, der das an den König als Steuer abgelieferte Getreide misst, er werde das Vermögen der *gahapatika* beeinträchtigen; dieser Klasse gehört auch der *seṭṭhi* an, der als Steuerzahler erwähnt wird (II. 378; IV. 169).

Befreiung von der Steuer mochte gelegentlich durch Fürsprache beim König erreicht werden. Ein an der Grenze wohnender *seṭṭhi* bittet den Bruder des Königs, er möchte an den König einen Brief schreiben und für ihn Befreiung von der Steuer (*bali*) erwirken, woraufhin der König sie ihm erlässt (IV. 169).

Die Steuern werden an den Beamten gezahlt, der die Stelle des Königs in dem ihm unterstellten Bezirk vertritt, im Dorfe an den *gâmabhojaka*, den Dorfvorsteher, eigentlich: „der die Einkünfte des Dorfes geniesst". Zahlten die Unterthanen nicht gutwillig oder fiel es dem Könige ein — was nach den erzählten Beispielen (II. 240; III. 9; IV. 224) oft genug vorkommen mochte — das Volk durch Erhöhung von Steuern auszusaugen, so schickte der König seine Beamten, denen es oblag mit Gewalt den Schatz des Königs zu füllen. Diese Steuereintreiber (*balipaṭiggâhaka, niggâhaka, balisâdhaka*) spielten nach den Jâtaka im öffentlichen Leben keine nebensächliche Rolle; wie sie im Volke angesehen waren, darauf scheint mir der Schluss des Gagga Jâtaka (II. 17) hinzudeuten, wo dem menschenfressenden Dämon (*yakkha*), den der Bodhisatta gezähmt hat, vom Könige die Stellung eines *balipaṭiggâhaka* übertragen wird. Im Gaṇḍatindu Jâtaka werden uns die Zustände eines von einem ungerechten König regierten, durch seine Beamten ausgeplünderten Landes geschildert: „Von

---

Königen oder den autonomen Städten zu entrichten hatten, ohne Genaueres über die Art der Steuer und ihre Höhe anzugeben.

[1]) Die im Epos geschilderten Verhältnisse charakterisiert Hopkins (l. c. p. 89) mit den Worten: „Die letzteren (die Krieger) sind thatsächlich von der Steuer befreit; die Priester sind es durch göttliches Gesetz".

Steuern geplagt (*balipilitâ*. V. 98) lebten die Bewohner des Reiches mit Weib und Kind im Wald wie die Thiere; wo sonst ein Dorf stand, war kein Dorf mehr. Die Menschen können aus Furcht vor den Leuten des Königs nicht mehr im Hause bleiben, sie umgeben ihre Häuser mit Dornenhecken und begeben sich nach Sonnenaufgang in den Wald. Bei Tage plündern die Leute des Königs (*râjapurisâ*), bei Nacht die Diebe". Bisweilen machten sogar die königlichen Beamten mit der letztgenannten Klasse von Menschen, zu deren Verfolgung und Ergreifung sie doch vermuthlich da waren, gemeinschaftliche Sache. Ein Minister, dem vom Könige die Stellung eines Dorfvorstehers (*gâmabhojaka*. I. 355) in einem Grenzdorf übertragen ist, und welcher dort die Steuern für den König eintreibt, trifft mit Räubern ein Abkommen dahin, er wolle mit seinen Leuten in den Wald gehen, und sie sollten unterdes das Dorf plündern und ihm die Hälfte abgeben.

Neben den Steuern trugen gewisse Vorrechte des Königs zur Vermehrung seines Schatzes bei. Der in den Gesetzbüchern[1]) ausgesprochene Grundsatz, dass herrenloses Gut dem König gehört, gelangt auch in den Jâtaka zur Anwendung. Stirbt jemand ohne Erben, so fällt seine Hinterlassenschaft dem Könige anheim. „Sieben Tage und sieben Nächte" — so lesen wir in der Einleitung zum Mahyaka Jâtaka (III. 299) — „brauchte das Heer des Königs, um die Habe des ohne Nachkommen verstorbenen Geizhalses in den Palast zu schaffen". Auch solche Fälle, wo ganze Familien Hab und Gut im Stich liessen, wenn sie der Welt entsagend sich dem hauslosen Stande zuwandten, kamen nach den Jâtaka vor, und dieser Brauch mochte zu einer Zeit, wo durch das Vorherrschen pessimistischer Anschauungen die Neigung zur Weltentsagung im Volke weit verbreitet war, für den König zu einer recht ergiebigen Einnahmequelle werden. Doch haben wir Grund anzunehmen, dass es dem moralischen Empfinden der damaligen Zeit widersprach, wenn der König von diesem seinem Rechte Gebrauch machte. Im Hatthipâla Jâtaka wird erzählt, dass der *purohita* und seine Frau unter Zurücklassung ihres ganzen Vermögens in den Wald ziehen zu ihren Söhnen, die bereits zum heimathlosen Asketenthum übergetreten sind. Der König

---

[1]) Vgl. die bei Foy, *Die königliche Gewalt nach den altindischen Rechtsbüchern*, Leipzig 1895, S. 50 angeführten Stellen.

hört davon und entscheidet: „Herrenloses Geld fällt uns zu“ (*assâmikadhanaṃ ambâkaṃ pâpuṇâti.* IV. 485)[1]), und lässt das Geld aus dem Hause des *purohita* holen. Die Königin aber klärt ihn durch eine Parabel über das von ihm begangene Unrecht auf.

Wie wir bisher bei dem Versuch, was an Angaben über Pflichten und Rechte des Königs in den Jâtaka enthalten ist, zusammenzustellen, sicher kein erschöpfendes Bild von dem thatsächlichen Wirkungskreis und der Machtsphäre des *râjan* erhalten haben, so müssen wir uns auch bei der Frage nach seiner Nachfolge mit lückenhaften, zum Theil widersprechenden Einzelheiten abzufinden suchen.

In der vedischen Zeit ging das Königthum entweder direkt auf den ältesten Sohn des Königs über, oder der neue König wurde durch die Wahl des Volks ernannt[2]). Der erste Fall ist als Regel auch in der in den Jâtaka geschilderten Periode bewahrt geblieben. Die Königswürde ist in der Familie erblich (*kulasantakaṃ rajjaṃ.* I. 395; II. 116; IV. 124), und zwar ist es, wenn mehrere Söhne vorhanden sind, der älteste[3]), der seinem Vater in der Regierung folgt (I. 127; II. 87, 212), während der nächstälteste Sohn Vicekönig (*uparâjan*) wird. Als legitim scheinen in der Regel nur die Söhne der Hauptgattin (*aggamahesi*), die der Kaste nach dem Könige ebenbürtig, also eine *khattiyâ* sein muss, gegolten zu haben; doch finden sich auch Beispiele, die vermuthen lassen, dass diese Legitimität nicht immer als *conditio sine qua non* der Nachfolge angesehen wurde: In dem bereits citierten Katthahâri Jâtaka überträgt der König dem mit einer Holzsammlerin (*katthahâri*) erzeugten Sohn das Vicekönigthum (*uparajja*), und nach dem Tode seines Vaters übernimmt dieser die Herrschaft.

Blieb der König ohne männliche Nachkommen, so wurde, wenn er im Besitz einer Tochter war, sein Schwiegersohn Erbe

[1]) Aehnlich begründet im Telapatta Jâtaka der König die Besitzergreifung der gattenlosen *yakkhinî*, indem er sagt: „Herrenloses Gut gehört dem König“ (*assâmikabhaṇḍaṃ nâma râjasantakaṃ hoti.* I. 398).

[2]) Zimmer, *Altindisches Leben*, S. 162. 172.

[3]) Um ein gegebenes Versprechen halten zu können, muss der König im Devadhamma Jâtaka (I. 127) und im Dasaratha Jâtaka (IV. 124) von dieser Sitte abweichen.

des Reichs; diesen wird er sich entweder unter seinen Verwandten ausgesucht oder aus irgend einem andern königlichen Hause geholt haben. Im Mudupâṇi Jâtaka (II. 323 ff.) bestimmt der König seinen Neffen zum Nachfolger, indem er seinen Ministern erklärt: „Nach meinem Tode wird mein Neffe König werden, meine Tochter soll seine Hauptgattin (*aggamahesî*) werden." Später ändert er seinen Entschluss und theilt seinen Räthen mit, er werde seinem Neffen ein anderes Mädchen zur Frau geben, seine Tochter aber in ein fremdes Königshaus verheirathen, um so möglichst viele Verwandte zu bekommen. Dieses Vorhaben wird indessen durch die List der beiden ineinander Verliebten, die schliesslich doch ihren Willen durchsetzen, vereitelt, und in Folge davon erfahren wir nicht, wie sich die Nachfolge gestaltet hätte, wenn der König seine Tochter an einen fremden Fürsten verheirathet hätte; vermuthlich würde doch dieser zugleich mit der Tochter auch das *uparajja* erhalten haben.

Wenn weder ein männlicher Nachkomme, noch sonst ein Verwandter da war, der die Herrschaft hätte übernehmen können, so scheint der Nachfolger von den Ministern erwählt worden zu sein; eine Wahl durch das Volk, wie sie im Veda und im Epos[1]) vorkommt, findet sich nirgends erwähnt. Die Legenden berichten von einem merkwürdigen Brauch, der in solchen Fällen mit der Ernennung des Nachfolgers verbunden war. Sieben Tage nach dem Tode des ohne Nachkommen verstorbenen Königs lässt der *purohita*, nachdem die Totenfeierlichkeiten vollzogen sind, einen Wagen, den *phussaratha*[2]) (III. 238; IV. 39; V. 248), schirren. Unter Trommelschlag wird in der Stadt verkündet: „Morgen werden wir den *phussaratha* schirren." Die fünf königlichen Insignien werden in den Wagen hineingelegt, und dieser wird von den Ministern in Bewegung gesetzt, indem sie denken: „Er wird zu einem kommen, der sich zum Könige eignet." Der Wagen verlässt dann die Stadt und bleibt, wie das im Märchen so oft der Fall ist, immer an einer und derselben Stelle stehen, nämlich am Thor des Parkes, wo er sich umdreht, bereit von dem zu-

---

[1]) Hopkins, l. c. p. 143.

[2]) = Skr. *pushparatha* „Blumen-, Vergnügungswagen"? Oder ist *phussa* = *spṛiśya* und *phussaratha* „der zu berührende, in Besitz zu nehmende Wagen"?

künftigen König bestiegen zu werden. Dieser wird denn auch von dem *purohita* sehr bald ausfindig gemacht; er besteigt den Wagen und wird vom *purohita* gesalbt. Haben wir in diesen Legenden die märchenhafte Einkleidung irgend eines thatsächlichen Vorgangs, etwa der Wahl eines neuen Königs durch den *purohita* oder die Minister überhaupt zu sehen? Oder ist der *phussaratha* nichts weiter als eine Ausgeburt der reichen Phantasie des Märchenerzählers? Darauf lässt sich keine bestimmte Antwort geben, solange sich unsere Kenntniss vom *phussaratha* auf die Jâtaka beschränkt; doch halte ich es an sich nicht für ausgeschlossen, dass in Fällen, wo der König ohne Nachkommen starb und die Minister aus ihrer Mitte oder aus einem andern königlichen Hause einen Nachfolger wählten, dieser unter einer ähnlichen wie der in den Märchen beschriebenen Ceremonie in die Residenz hineingeführt wurde und dass man von ihm im Volke das Gerücht verbreitete, er sei durch ein von den Göttern herbeigeführtes Wunder als der rechte Mann ausfindig gemacht worden.

In einem Falle, wo sich die Ernennung des Nachfolgers in der beschriebenen Weise vollzieht, ist der neue König nicht wie sonst ein *khattiya*, nicht der Sprössling eines fremden Königshauses, sondern der untergeschobene Sohn einer *setthi*-Tochter, in Wirklichkeit das an der Landstrasse geborene Kind einer armen Frau (IV. 38). Der märchenhafte Charakter dieser Erzählung gestattet nicht sie als Beleg dafür anzuführen, dass die Königswürde nicht immer nothwendigerweise in den Händen eines *khattiya* lag, sondern dass auch Angehörige anderer Kasten gelegentlich in ihren Besitz kommen konnten. Es kommen jedoch sonstige Stellen hinzu, die uns diese Annahme berechtigt erscheinen lassen. Wir haben bereits oben (S. 68) von Revolutionen gehört, durch die der bisherige König beseitigt und an seine Stelle ein Brahmane gesetzt wird. Im Pâdañjali Jâtaka (II. 264) wird der vermuthlich ebenfalls zur Brahmanenkaste gehörige Hauptminister (*atthadhammânusâsaka amacca*) des verstorbenen Königs, nicht der einfältige Prinz von den Ministern zum König gesalbt. Auch die Gesetzbücher sprechen von Königen, die nicht zur *kshatriya*-Kaste gehören und verstehen darunter offenbar Könige niedriger Abstammung, die durch Usurpation auf den Thron gekommen sind [1]).

[1]) Vgl. Foy, *Die königliche Gewalt*, S. 8.

Solche Thronusurpationen sind aus der indischen Geschichte von historischen Persönlichkeiten überliefert, z. B. vom Candragupta, dem Gründer der Maurya-Dynastie, der nach brahmanischer Tradition ein *Śûdra* war.

Wechselten nun diese Usurpatoren ihre Kaste, wenn sie auf den Thron gelangten? Wurden sie dadurch *khattiya* oder blieben sie Angehörige ihrer früheren Kaste? In den Augen des von seiner Kastentheorie durchdrungenen Brahmanen blieben sie sicher, was sie vorher gewesen waren, mochten sie nun zur brahmanischen oder zur *Śûdra*-Kaste gehört haben. In Wirklichkeit hatte diese Frage — zumal in den östlichen Ländern und zu einer Zeit, wo sich das Kastenwesen noch nicht zu seiner späteren Schärfe entwickelt hatte — für den Usurpator geringe Bedeutung, da er thatsächlich, ob er nun zur *khattiya*-Kaste gerechnet wurde oder nicht, zur herrschenden Klasse gehörte und dadurch, wie wir gesehen haben, über der Kaste stand.

Die feierliche Ceremonie, welche die Uebernahme der Regierung begleitete, war nach den Jâtaka dieselbe, wie wir sie aus dem Veda und dem Epos kennen: Der Priester — meistens der *purohita* (III. 239; IV. 40) — weiht den König, indem er ihn mit Wasser besprengt (*abhisiñcati*). Ob an dieser Sitte auch in den östlichen Ländern streng festgehalten wurde, scheint bei der Superiorität der herrschenden Klasse und ihrer Unabhängigkeit von der Priesterkaste fraglich. Denn thatsächlich liegt doch in dieser Handlung des *abhisecana*, mag auch ursprünglich ihre Bedeutung nur die eines religiösen Aktes gewesen sein, wodurch der Segen der Götter auf den König erfleht, oder richtiger gesagt, herabgezaubert wurde, eine gewisse Abhängigkeit des Königs von dem ihn weihenden Priester ausgesprochen. Die Weigerung von Seiten des Priesters das *abhisecana* zu vollziehen konnte unter Umständen die Nachfolge des rechtlichen Erben in Frage stellen. Für die Möglichkeit, dass das Vollziehen der Weihe verweigert wurde, fehlt es in unserm Text nicht an Belegen. Im Gâmaṇicaṇḍa Jâtaka wird erzählt, dass die Minister, nachdem sie die Totenceremonien für den verstorbenen König unter grossem Gepränge verrichtet und Totengaben gespendet haben, am siebenten Tage im Palasthofe zusammenkommen und beschliessen den Prinzen, weil er zu jung sei, erst dann zu weihen, nachdem sie ihn auf die Probe gestellt hätten (*kumâro atidaharo, na sakkâ rajje abhisiñcitum, vimamsitvâ tam abhisiñcissâma.* II. 297). Hier handelt es sich indessen nur um einen Aufschub der Weihe; in einem andern Falle wird dagegen die Weihe überhaupt nicht vollzogen. „In alter Zeit“ — lesen wir im Pâdañjali-Jâtaka — „als Brahmadatta in Benares regierte, war der Bodhisatta sein Rathgeber in weltlichen und geistlichen Dingen (*atthadhammânusâsaka amacca.* II. 264). Nun hatte der König einen Sohn, Namens Pâdañjali, der ein träger und einfältiger Taugenichts war. Im Laufe der Zeit starb der König. Als die Totenceremonien vorüber waren, redeten die Minister davon, sie wollten den Prinzen Pâdañjali zum König weihen. Der Bodhisatta aber sagte: „Der Prinz ist ein träger und einfältiger Taugenichts, wir wollen ihn erst prüfen und dann zum König weihen.“ Die Minister hielten eine Gerichtsverhandlung ab, liessen den Prinzen in ihrer Mitte Platz nehmen und fällten ein ungerechtes Urtheil, indem sie eine Sache dem unrechtmässigen Eigenthümer zusprachen. Dann fragten sie den Prinzen, ob sie recht entschieden hätten. Er verzog seine Lippe. Der Bodhisatta dachte: „Der Prinz ist, denke ich, ein kluger Bursche, er wird wissen, dass wir ungerecht entschieden haben“ und recitierte den ersten Vers:

„Sicherlich übertrifft Pâdañjali uns alle an Weisheit; denn darum krümmt er seine Lippe, er durchschaut uns fürwahr.“

Am folgenden Tage hielten sie wiederum eine Gerichtsverhandlung ab, entschieden aber diesmal gerecht und fragten den Prinzen, was er von dem Urtheil hielte. Wieder verzog er seine Lippe. Da sah der Bodhisatta ein, dass jener ein blinder Narr wäre, und sagte den zweiten Vers:

„Nicht weiss dieser Recht von Unrecht oder Gutes von Bösem zu unterscheiden; ausser dem Krümmen der Lippe versteht er überhaupt nichts.“

Die Minister erkannten, dass der Prinz Pâdañjali einfältig wäre, und machten den Bodhisatta zum König.“

War diese priesterliche Besprengung Bedingung für die Rechtsgültigkeit der Nachfolge, so war damit allerdings eine nicht geringe Macht auch in politischer Hinsicht in die Hände der Priester gegeben; indessen scheint sich dieser priesterliche Einfluss, ebenso wie die Mitwirkung der Minister bei der Wahl des Nachfolgers, auf aussergewöhnliche Fälle — Fehlen eines Thronerben, Minderjährigkeit oder geistige Unzurechnungsfähigkeit des Prinzen — beschränkt zu haben. Die Regel wird gewesen sein, dass der Vater, entsprechend der in epischer Zeit herrschenden Gewohnheit[1]), die auch in den Gesetzbüchern empfohlen wird[2]), schon zu Lebzeiten den Sohn in die Regierung einsetzte, wobei denn die Besprengung von Seiten des Priesters als eine äusserliche Formalität nicht viel zu bedeuten hatte. Es kommt sogar vor, dass der König seinen Sohn selber weiht (*rajje abhisiñci.* IV. 96, 105); ob dadurch ein Hinwegsetzen über das dem Priester zustehende Vorrecht angedeutet werden soll, oder ob der Ausdruck seine specielle, auf die Ceremonie der Besprengung bezügliche Bedeutung eingebüsst und den allgemeineren Sinn: „die Regierung übertragen" angenommen hat, wage ich nicht zu entscheiden.

Die Uebertragung des Vicekönigthums (*uparajja*) an den ältesten Sohn scheint in der Regel nach beendetem Studium stattgefunden zu haben (I. 259; III. 123, 407); oft wird indessen dem von der Universität heimkehrenden Prinzen sofort vom Vater die Regierung abgetreten (IV. 96, 316; V. 177). Während wir im Kummâsapiṇḍa Jâtaka (III. 407) lesen, dass der Prinz Brahmadatta, nachdem er von Takkasilâ zurückgekehrt ist, von seinem Vater, dem er eine Probe seines Könnens hat ablegen müssen und der mit seinen Leistungen zufrieden ist, zum *uparâjan* gemacht wird und erst nach dem Tode des Vaters diesem in der Regierung folgt, heisst es im Culasutasoma Jâtaka vom Prinzen Sutasoma, dass er nach seiner Rückkehr aus Takkasilâ von seinem Vater den weissen Sonnenschirm (*setacchatta*, V. 177), das Zeichen der königlichen Würde, empfing und gerecht regierte.

Solange der Sohn des Königs noch nicht erwachsen ist oder für den Fall, dass der König keine männlichen Nachkom-

---

[1]) Vgl. die oben S. 42 aus dem Râmâyaṇa citierte Stelle (II. 23. 26); ferner Mbhh. XII. 63. 19:

sthâpayitvâ prajâpâlam putraṃ râjye ca Pâṇḍava
anyagotraṃ praśastaṃ vâ kshatriyaṃ kshatriyarshabha . . .

[2]) Manu IX. 323: „Aber (ein König, der sein Ende nahen fühlt,) soll allen seinen aus Steuern aufgehäuften Reichthum den Brahmanen geben, dem Sohn die Regierung übertragen und den Tod in der Schlacht suchen."

men besitzt, hat der nächst jüngere Bruder des Königs das *uparajja* inne (I. 133. *kaniṭṭhabhâtâ uparâjâ*[1]). II. 367).

Welche Pflichten und Funktionen mit der Stellung eines Vicekönigs verbunden waren, darüber lassen uns die Jâtaka im Unklaren; ihre Angaben beschränken sich auf die Schilderung einiger Aeusserlichkeiten. Bei feierlichen Umzügen sitzt der *uparâjan* hinter dem Könige auf dem Rücken des Elephanten (II. 374), ein Sitz, der sonst auch vom *purohita* eingenommen wird. Im Kurudhamma Jâtaka wird ferner geschildert, wie sich der Vicekönig des Abends in den Dienst des Königs begiebt von einer gaffenden Volksmenge begleitet. „Wenn er im Wagen den Palasthof erreicht hat, legt er für den Fall, dass er nach dem Essen im Palast schlafen will, die Zügel und den Stachelstock in das Joch. Auf dieses Zeichen hin geht die Menge auseinander, kommt am folgenden Tage in der Frühe wieder und wartet auf die Abfahrt des Vicekönigs; auch der Wagenlenker, der das Gefährt während der Nacht bewacht hat, stellt sich am nächsten Morgen mit dem Wagen vor dem Thor des Palastes ein. Wenn dagegen der *uparâjan* gleich wieder abfahren will, legt er Zügel und Stachel in den Wagen hinein und begiebt sich in den Palast, um dem König zu dienen. An dem Zeichen erkennen die Leute, dass er sofort wieder abfahren werde, und warten am Thor des Palastes." In der That ein anschauliches Bild altindischen Hoflebens, das uns hier mit wenigen Strichen gezeichnet wird; worin aber der königliche Dienst (*râjûpaṭṭhâna*) bestand, zu dem sich der *uparâjan* begiebt, erfahren wir weder hier noch aus einer anderen Stelle der Jâtaka[2]). Auch dürfen wir ja bei der Natur unseres Textes solche Angaben, die, wo sie erscheinen, stets nur ganz beiläufig gemacht werden, nicht mit Sicherheit erwarten. Den Erzähler

---

[1]) Die beiden Ausdrücke gehören an der betreffenden Stelle eng zusammen, was Rouse in seiner Uebersetzung (Cambridge 1895, p. 251) unbeachtet gelassen hat. Ebenso wird dort mit den Worten *porohito brâhmaṇo, rajjugâhako amacco, doṇamâpako mahâmatto, nagarasobhaṇâ vaṇṇadâsî* nur je eine Person bezeichnet, wie aus dem folgenden Vers deutlich hervorgeht.

[2]) Dass nach dem Commentar zum Mahâparinibbâna Sutta der *uparâjan* an der Rechtsprechung betheiligt war, ist bereits oben S. 71 Anm. erwähnt worden.

eines Märchens gehen die thatsächlichen politischen Einrichtungen wenig an; die Vorgänge im Innern des Palastes, im Frauengemach, Verschwörungen und Palastintriguen stehen im Vordergrund seines Interesses. Dabei spielt natürlich auch der *uparâjan* häufig eine wichtige Rolle: wiederholt lesen wir von Befürchtungen des Königs, der *uparâjan* möchte zu grossen Anhang gewinnen und ihn stürzen, und von Maassregeln, die der König ergreift, um sich gegen solche Eventualitäten zu schützen. Im Succaja Jâtaka (III. 67) wird erzählt, wie der König seinen Sohn, den *uparâjan*, zum Dienst kommen sieht und wie bei seinem Anblick in ihm der Gedanke aufsteigt, er könne ihm vielleicht schaden. Er ruft den Prinzen zu sich und sagt zu ihm: „Mein lieber Sohn, so lange ich am Leben bin, darfst du nicht in der Stadt wohnen; schlage deinen Wohnsitz anderswo auf und übernimm nach meinem Tode die Regierung." Solche Verbannungen des *uparâjan* scheinen nach den Jâtaka nichts Seltenes gewesen zu sein (II. 203, 229); auch waren, wie das Thusa Jâtaka (III. 121 ff.) zeigt, die Befürchtungen des Königs nicht immer unbegründet: der sechzehnjährige Prinz macht einen Anschlag auf das Leben des Königs; er theilt den Plan seinen Dienern mit, die ihn in seinem Vorhaben bestärken: „Ihr habt Recht, o König, was nützt die Herrscherwürde, wenn man sie erst im Alter erlangt; Ihr müsst auf irgend eine Weise den König töten und die Herrschaft an Euch reissen." Der König entdeckt alle Anschläge und lässt ihn schliesslich mit Ketten fesseln, ins Gefängniss bringen und bewachen. Merkwürdigerweise — man mag darin einen Beweis dafür sehen, wie festgewurzelt im Volke die Anschauung war, dass der Sohn der rechtmässige Thronerbe sei — schliesst die Erzählung mit den Worten: „Nachdem man die Leichenfeierlichkeiten für den verstorbenen König vollzogen hatte, befreite man den Prinzen aus dem Gefängniss und übertrug ihm die Regierung."

In wie weit neben dem *uparâjan* die übrigen Mitglieder des Herrscherhauses an der Regierung betheiligt waren, geht aus den Jâtaka nicht mit Deutlichkeit hervor. Nur dass der dem Range nach auf den Vicekönig folgende Beamte am königlichen Hofe, der *senâpati*, bisweilen ein Verwandter des Königs war, erfahren wir aus dem Devadhamma Jâtaka (I. 133), wo gesagt wird, dass der König seinem jüngeren Bruder das *uparajja*, seinem Stiefbruder das Amt des *senâpati* verleiht.

Je weniger diese Betheiligung der Verwandten des Königs an der Regierung eine bloss formelle war, um so mehr musste die Staatsform den Charakter der absoluten Monarchie verlieren und sich der oligarchischen Verfassung nähern. Ob wir schon für die vedische Zeit die Existenz von Oligarchien anzunehmen haben, oder ob sich erst im Laufe der Zeit neben den Monarchien Staaten mit oligarchischer Regierungsform entwickelt haben, will ich dahingestellt sein lassen [1]. Thatsache ist, dass nach den buddhistischen und jainistischen Quellen zu Buddha's Zeit Oligarchien im Osten Indiens bestanden. „Die eigenthümliche Verfassung der Stadt Vaisâlî", die Lassen [2] anführt und von der er sagt, sie finde sich im alten Indien sonst nirgends, ist keineswegs das einzige Beispiel eines oligarchischen Regiments. Nach den Jaina [3] regierten, abhängig von Vaisâlî, neun conföderierte Licchavi-Fürsten in Kosala und neun Mallaki-Fürsten im Kâsi-Lande. Die Pali-Texte weichen von dieser Ueberlieferung insofern ab, als sie von einem aristokratischen Gemeinwesen der Licchavi nur in Vesâlî wissen und den Sitz der Malla — ich nehme an, dass diese identisch sind mit den Mallaki der Jaina [4] — nach Kusinârâ und Pâvâ verlegen; auch erscheinen nach den buddhistischen Quellen beide Fürstengeschlechter als durchaus unabhängig. Die Licchavi, die Beherrscher der Vajji [5], spielten nach den Pali-Texten im politischen Leben eine hervorragende Rolle und machten dem benachbarten Könige von Magadha viel zu schaffen: wir erfahren aus dem Mahâparinibbâna Sutta, dass Ajâtasattu, der Sohn und Nachfolger des Bimbisâra, die gewaltigen und

1) Vgl. über diese Frage Zimmer, *Altindisches Leben*, S. 176. Foy, *Die Königliche Gewalt*, S. 6.

2) *Indische Alterthumskunde*, 2. Aufl. Bd. 2, S. 86.

3) Kalpasûtra § 128 und Note. — Vgl. Jacobi, *Das Râmâyaṇa*, Bonn 1893, S. 106.

4) Als so durchaus selbstverständlich, wie dies bei Hardy, *Buddhismus*, S. 92, geschieht, möchte ich diese Identität allerdings nicht voraussetzen.

5) Die Vajji = Skr. Vṛiji waren ein nördlich vom Ganges in Videha ansässiger Volksstamm.

mächtigen Vajji auszurotten beschliesst, und zur Abwehr ihrer Einfälle von seinen beiden Ministern Sunîdha und Vassakâra eine Festung, die nachmalige Hauptstadt des Magadhareiches Pâṭaliputta, erbauen lässt. Politisch weniger bedeutend war das Geschlecht, dem Buddha selbst entstammte, die Sakya von Kapilavatthu; auch unsere Quelle erwähnt, dass sie in einem Abhängigkeitsverhältniss (*âṇâpavattiṭṭhâna*. IV. 145) zum Kosala-Könige standen.

In diesen Freistaaten haben wir auch, scheint mir, die πόλεις αὐτόνομοι, von denen Megasthenes spricht[1]), zu suchen. Dass darunter Republiken zu verstehen sind, halte ich für wenig wahrscheinlich. Was dem griechischen Gesandten aufgefallen war und was er durch das Wort αὐτόνομοι zum Ausdruck bringen wollte, war meines Erachtens nur die Thatsache, dass in unmittelbarer Nachbarschaft der grösseren Monarchien wie des Magadha-Reiches, in dessen Residenzstadt Pâṭaliputta er selber weilte, einzelne Städte oder Kleinstaaten ihre Selbständigkeit bewahrt hatten, sich selbst verwalteten, autonom waren. Dass im übrigen die Verfassung in diesen Kleinstaaten von der in den Königreichen bestehenden durchaus verschieden gewesen wäre, möchte ich nicht annehmen; der Unterschied bestand meiner Ansicht nach nur in dem grösseren oder geringeren Antheil, den die übrigen Mitglieglieder der Fürstengeschlechter neben dem Könige an der Regierung nahmen und wodurch sie seine Selbständigkeit mehr oder minder einschränkten. Ein *râjan* stand auch in Vesâlî und den übrigen Freistaaten an der Spitze der Verwaltung, doch war er, wie es scheint, nur ein *primus inter pares*[2]), der zwar im Rathe seiner Verwandten den Vorsitz hatte, neben dem aber auch diese, sei es in ihrer Stellung als *uparâjan* oder als *senâpati*, sei es als Mitglieder der Rathsversammlung keinen geringen Einfluss auf die Regierung ausübten.

---

[1]) Arriani *Indica*. Cap. XI. 9: καὶ τοὺς φόρους τοῖς τε βασιλεῦσι καὶ τῇσι πόλεσιν, ὅσαι αὐτόνομοι, οὗτοι ἀποφέρουσι.

[2]) Vgl. Oldenberg, *Buddha*, S. 101.

6. Kapitel.

Die königlichen Beamten.

In den Jâtaka, wo uns der König durchweg als der absolute Selbstherrscher, der er thatsächlich in den grossen Monarchien des Ostens gewesen sein mag, entgegentritt, wird das berathende Element der Regierung durch die Minister (*amacca*) vertreten. Von einem Antheil des Volks an der Staatsleitung, von einer Beschränkung des Königthums durch den Willen des Volks, wie wir sie im Veda vorfinden[1]), ist in buddhistischer Zeit keine Rede mehr. Wir dürfen annehmen, dass unter dem erschlaffenden Einfluss des Klimas und der langen Friedenszeit, welche auf die Niederwerfung der eingeborenen Völkerschaften folgte und die nur durch gelegentliche Streitigkeiten mit den nachbarlichen Königen oder mit den an der Grenze wohnenden, nicht völlig unterworfenen Stämmen unterbrochen wurde, die Kraft und politische Selbständigkeit des Volkes abnahm. Der gesicherte Besitz eines überreichen Landes enthob den Einzelnen der Nothwendigkeit mit der Waffe in der Hand dem Könige Gefolgschaft zu leisten und die anfangs vielfach umstrittene Heimath zu vertheidigen; da er sich vom Könige und dessen starker Heeresmacht genügend geschützt wusste, richteten sich seine Gedanken auf Vermehrung und Verbesserung seiner Habe, auf das Gedeihen seiner Familie. Dadurch hob sich der Wohlstand des Volks, ungeheure Reichthümer sammelten sich an, Ackerbau, Handel und Industrie blühten mehr und mehr auf. Doch ging mit dieser Entwickelung der Civilisation keineswegs eine Steigerung des Gemeinsinns — wie etwa in Griechenland nach den Perserkriegen — Hand in Hand: wo sich das indische Denken, von materiellen Dingen abgelenkt, höheren Interessen zuwandte, beschäftigte es sich zumeist mit metaphysischen Fragen, mit der Sorge um das Seelenheil[2]).

Die alte, in der *samiti* zur Geltung gelangende Macht des Volkes ist auf die Versammlung der Minister übergegangen und

---

[1]) Zimmer, *Altindisches Leben*, S. 172.
[2]) Vgl. Oldenberg, *Buddha*, S. 11 ff.

hat sich hier zu einem Faktor herausgebildet, der für die Regierung des Landes von ausserordentlicher, unter Umständen dominierender Bedeutung war. Wir sahen bereits oben (S. 84 ff.) bei Erörterung der Nachfolge des Königs, dass die Entscheidung über die Wiederbesetzung des Thrones sehr oft den Ministern anheimgestellt war; auch die thatsächliche Ausübung der Herrschaft von Seiten der Minister finden wir erwähnt: ausser an der (S. 47) schon citierten Stelle des Gandhâra Jâtaka überträgt auch im Ghata Jâtaka der König, des weltlichen Lebens müde, die Regierung den Ministern (*rajjaṃ amaccânaṃ niyyâdetvâ.* III. 170). Vermuthlich handelt es sich hier, ebenso wie bei der im Râjovâda Jâtaka erwähnten vorübergehenden Abwesenheit des Königs von der Residenz (*janapadaṃ pariganhissâmiti amacce rajjaṃ paṭicchâpetvâ.* II. 2), nur um eine interimistische Leitung der Staatsgeschäfte. Von solchen Ausnahmefällen abgesehen wird sich der Einfluss einzelner Minister auf den Gang der inneren und äusseren Politik sehr nach der Intelligenz und Energie des jeweiligen Staatsoberhaupts gerichtet haben. Nicht jeder König mochte so unabhängig von seinen Räthen, so willkürlich mit ihnen umzuspringen in der Lage sein wie der Magadhakönig Bimbisâra, von dem im Cullavagga des Vinaya Piṭaka (VII. 3. 5) berichtet wird, dass er einige seiner Minister (*mahâmatta*), die ihn schlecht berathen haben, ihres Amtes entkleidet, andere, mit deren Rath er ebenfalls unzufrieden ist, an niedere Stellen, diejenigen aber, deren Rath er billigt, an hohe Stellen versetzt. Auch in den Jâtaka finden sich Beispiele solcher willkürlichen Behandlung der Minister[1]); doch stehen ihnen Fälle gegenüber, wo der König einem Minister die ganze Last der Staatsgeschäfte übertragen hat und sich willig seinem überlegenen Rathe unterordnet.

Der Hof des Königs setzt sich im Epos aus einheimischen Edlen, königlichen Verbündeten, durch Verwandtschaft mit dem König Verbundenen und aus unterworfenen Königen zusammen, zu denen die Priester hinzukommen, die ebenfalls zum könig-

[1]) Unbequemer Rathgeber wird sich der König vermuthlich oft schon beim Regierungsantritt, bei welcher Gelegenheit er, wie im Darimukha Jâtaka erwähnt wird, „die Aemter der Minister, die ihnen übertragenen Obliegenheiten prüft" (*amaccânaṃ ṭhânantarâni vicâretvâ.* III. 239), entledigt haben.

lichen Rath gehören, aber erst allmählich in die ritterliche Versammlung eingedrungen zu sein scheinen[1]). Wir finden analoge Verhältnisse in den Jâtaka wieder; doch nur zum Theil. Wie der *uparâjan* stets, so war auch der *senâpati* bisweilen ein Verwandter des Königs ein *khattiya* (I. 133; IV. 168); von andern Aemtern, die sich in Händen der *khattiya* befunden hätten, erfahren wir hingegen aus den Jâtaka nichts, auch treffen wir weder besiegte noch verbündete Fürsten im Dienste des Königs. Was den Antheil der Brahmanen an der Regierung betrifft, so beschränkt sich derselbe auf vereinzelte Fälle. Ueberall, wo vom Gefolge des Königs die Rede ist, werden Minister und Brahmanen als getrennte Klassen aufgezählt, und zwar werden die letzteren zusammen mit den übrigen Bevölkerungsklassen (den *gahapati* u.s.w.) den Ministern gegenüber gestellt (*amacce ca brâhmaṇagahapatiâdayo ca*, I. 260. Ebenso im Kumbhakâra Jâtaka, wo beschrieben wird, wie der Hofetikette entsprechend zunächst der König die Mangofrucht verzehrt, dann die Minister und dann die Brahmanen, *gahapati* u. s. w. III. 376). Bei dem Krönungsfeste (*chattamaṅgala*) umstehen den Thron des Königs, räumlich getrennt (*ekato — ekato*), die Minister, die Brahmanen, die *gahapati* u. s. w., die Stadtbewohner und die Tänzerinnen (III. 408). Noch deutlicher ist der Gegensatz zwischen *amacca* und *brâhmaṇa*, die Verschiedenheit ihrer Funktionen im Mahâmora Jâtaka ausgesprochen: die Minister verweisen den König auf seine Frage nach der Bedeutung eines Traumes, da sie ihn selber nicht zu deuten verstehen, an die Brahmanen mit den Worten: „Die Brahmanen werden es wissen, o, grosser König“ (IV. 335).

Aus dem Angeführten geht hervor, dass unter dem Ausdruck *amacca* im Allgemeinen keine *khattiya* und auch keine Brahmanen zu verstehen sind. Aber welcher Kaste gehören die Minister an, wenn sie weder zu den *khattiya* noch zu den *brâhmaṇa* zu rechnen sind? Meiner Ansicht nach müssen sie durchaus nicht immer einer Kaste angehören: die *amacca* bilden einen Stand für sich, der in der Regel erblich ist und in Folge dieser Erblichkeit, zu der vielleicht wie bei den *khattiya* ein besonders ausgebildetes Standesbewusstsein hinzutrat, eine gewisse, wenn

---

[1]) Hopkins, l. c. p. 99.

auch nur entfernte Achnlichkeit mit einer Kaste besass. Nach seiner *jâti* gefragt, würde ein Minister oder einer seiner Angehörigen, wenn er weder *khattiya* noch *brâhmaṇa* war, vermuthlich geantwortet haben: „Ich stamme aus einer Ministerfamilie" (*amaccakula*. II. 98, 125).

Damit soll nun keineswegs gesagt sein, dass nicht bisweilen gerade ein Brahmane als Minister des Königs fungierte und einen überwiegenden Einfluss auf diesen und dadurch auf die Regierung ausübte. Von den beiden oben erwähnten Ministern des Bimbisâra gehört der eine, Vassakâra, den der König mit dem Bau einer Festung, also mit einer rein weltlichen Angelegenheit, beauftragt, der Brahmanenkaste an. Auch der in den Jâtaka wiederholt (II. 30, 98, 125, 264; III. 115, 317, 341) vorkommende *atthadhammânusâsaka amacca*, der „Leiter des Königs in weltlichen und geistlichen Dingen" scheint doch stets ein Brahmane gewesen zu sein. Im Sattubhasta Jâtaka ist diese Zugehörigkeit zur Brahmanenkaste ausdrücklich angegeben: der Brahmane, der sich nach vollendetem Studium an den Hof des Königs von Kâsi begeben hat, erlangt die Gunst des Herrschers und wird von ihm mit Ehren überschüttet. „Der König" — heisst es dann weiter — „machte ihn zum Minister und wurde von ihm in weltlichen und geistlichen Dingen geleitet" (*atthañ ca dhammañ ca anusâsi*. III. 342). Ueber die einzelnen Funktionen dieses *atthadhammânusâsaka amacca* erfahren wir aus unserer Quelle nichts Näheres, doch werden wir, glaube ich, nicht fehlgehen, wenn wir seine Stellung mit der ebenfalls meist im Besitz von Geistlichen befindlichen Kanzlerwürde an den mittelalterlichen europäischen Höfen vergleichen. Auch der indische „Kanzler" jener Zeit scheint zuweilen alle Fäden einer weitverzweigten Regierung in seiner Hand gehalten zu haben, denn des Oefteren wird der *atthadhammânusâsaka amacca* als mit sämmtlichen Zweigen des öffentlichen Lebens betraut (*sabbatthaka*. II. 30, 74) bezeichnet. In diesem „Leiter des Königs in weltlichen und geistlichen Dingen" der Jâtaka werden wir den *amâtyamukhya* der Gesetzbücher wiederzuerkennen haben, von dem es bei Manu (VII. 141) heisst: „Seinen ersten Minister, der des Rechts kundig, weise, selbstbeherrschend, von guter Familie sein muss, soll er auf diesem (d. h. seinem eigenen) Sitz Platz nehmen lassen, wenn er selbst in der Beaufsichtigung der Angelegenheiten seiner Unterthanen ermüdet ist"[1]).

Etwas weniger allgemein gehalten sind die Angaben der Jâtaka über den „Heerführer", den *senâpati*; doch geben sie uns auch von diesem Beamten kein scharfes Bild, sondern nur schwach angedeutete Umrisse. Oefters, wie wir sahen, dem Herrscherhause selbst angehörig, scheint er unter den Ministern eine hervorragende, bisweilen die erste Stelle eingenommen zu haben: im Cullasutasoma Jâtaka versammelt der König, entschlossen dem weltlichen Leben zu entsagen, die Minister und an ihrer Spitze den *senâpati* um sich (*senâpatipamukhâni asitiamaccasahassâni.* V. 178). Ob dieses Amt seiner wörtlichen Bedeutung entsprechend — *senâpati* heisst „Herr des Heeres" — in erster Linie ein militärisches war, geht aus unserm Text nicht hervor; vielleicht bekleidete der *senâpati* im Kriege nächst dem Könige den höchsten militärischen Posten[2]). Im Frieden spielte er anscheinend eine Rolle, die mit dem Heere wenig oder gar nichts zu thun hatte, seine Hauptthätigkeit scheint vielmehr in der Rechtsprechung bestanden zu haben. Wir lesen von einem *senâpati*, der sich bei Ausübung seines Richteramts bestechen lässt (*vinicchayaṃ karonto lañcaṃ khâdati*) und dadurch Leute zu unrechtmässigem Eigenthum verhilft (*asâmike sâmike karoti.* II. 186).

Auf eine Betheiligung des *senâpati* an der Gesetzgebung deutet die bereits citierte Stelle aus dem Tesakuna Jâtaka hin, wo ihm die schriftliche Fixierung gesetzlicher Bestimmungen zugeschrieben wird. Nachdem er die ihm von den Ministern angebotene Königswürde ausgeschlagen hat, schreibt er, bevor er in die Einsamkeit des Waldes zieht, die bei der Rechtsprechung zu befolgenden Gesetze (*vinicchayadhamma.* V. 125) auf eine

---

[1]) Manu VII. 58 ist offenbar von demselben Minister die Rede, der hier als der „beste von allen" (*sarveshâṃ vishishṭa*) und als ein Brahmane bezeichnet wird. Vgl. Foy, *Die königliche Gewalt*, S. 68 f.

[2]) Ausser dem *senâpati* wird in den Jâtaka noch ein Beamter aufgeführt, dessen Titel ebenfalls auf eine Beziehung zum Heere hindeutet, nämlich der *mahâsenagutta*. Die einzige Stelle, wo ich ihn belegt gefunden habe (Tesakuna Jâtaka. V. 115) lässt uns über seine Funktionen völlig im Unklaren, nur dass ein hochgestellter Beamter darunter zu verstehen ist, erfordert der Zusammenhang.

goldene Tafel. „Sein Rath“ — heisst es zum Schluss — „blieb vierzigtausend Jahre in Geltung.“

Neben dem hier erwähnten Umstand, dass dem *senâpati* die Königswürde angeboten wird, mag als Beweis für die Wichtigkeit seiner Stellung angeführt werden, dass sich die Einwohner der Stadt, als ihre Bitte um Hülfe von dem Könige zurückgewiesen ist, an den *senâpati* zu wenden beschliessen, indem sie denken: „Dem Könige liegt nichts an der Stadt, wir wollen es dem *senâpati* berichten“ (V. 459 f.).

Worin sich im Einzelnen die richterliche Thätigkeit des *senâpati* von der des „Justizministers“ (*vinicchayâmacca*), dessen eigentlicher Ressort — seiner Benennung nach — die Rechtspflege war, unterschied, ist aus den Jâtaka nicht ersichtlich. Nach der im Commentar zum Mahâparinibbâna Sutta enthaltenen Angabe stellten die *vinicchayamahâmatta* die erste und niedrigste Instanz des richterlichen Verfahrens dar; ihr Urtheil war nur im Falle der Freisprechung definitiv, andernfalls wurde die Entscheidung an die *vohârika*[1]) weitergegeben. Im Gegensatz hierzu erscheint in den Jâtaka der *vinicchayâmacca* als eine Persönlichkeit von ziemlichem Gewicht: seiner Einsprache gelingt es, wie wir (S. 71) sahen, ein vom König zu Gunsten der *purohita* gefälltes ungerechtes Urtheil wieder rückgängig zu machen.

Wenn es nicht überall bei der Natur unseres Textes etwas gewagt wäre aus einer einzigen Stelle irgend welche allgemeinen Schlüsse zu ziehen, so könnte man das Kurudhamma Jâtaka (II. 380) als Beleg dafür anführen, dass die „Justizminister“ nicht bloss richterliche Entscheidungen abgaben, sondern auch in Rechts- oder Gewissensfragen Rath ertheilten. Eine Hetäre hat von einem Jüngling 1000 Goldstücke erhalten und, da er ihr versprochen hat wiederzukommen, das Gelübde gethan von keinem andern

[1]) Das Vorkommen dieser *vohârika* = Skr. *vyavahârika* habe ich in den Jâtaka nicht belegt gefunden, wohl aber treffen wir sie im Vinaya Piṭaka an: Mahâvagga I. 40. 3 fragt der König Bimbisâra die *vohârika mahâmatta*, welche Strafe der verdiene, welcher einen Söldner des Königs (*râjabhaṭa*) zur Weihe zulasse; Cullavagga VI. 4. 9 sollen sie einen Rechtsstreit zwischen Anâthapiṇḍika und dem Prinzen Jeta entscheiden. Offenbar sind hier unter den *vohârika mahâmatta* „Justizbeamte“ zu verstehen.

Mann das Geringste, sei es auch nur ein Reiskorn, anzunehmen. Nachdem sie drei Jahre vergebens auf seine Wiederkehr gewartet hat, ohne ihr Gelübde zu brechen, und schliesslich arm geworden ist, begiebt sie sich zum Gerichtshof und fragt die *vinicchayamahâmatta* um Rath: „Ihr Herren, vor drei Jahren gab mir ein Mann Geld und ging fort; ob er gestorben ist, weiss ich nicht. Ich kann mir meinen Lebensunterhalt nicht verschaffen, was soll ich thun?" Sie rathen ihr zu ihrem früheren Gewerbe zurückzukehren.

Eine für den König sehr wichtige Persönlichkeit — die Vermehrung des königlichen Schatzes hing offenbar nicht wenig von seiner Tüchtigkeit ab — war der *rajjuka* oder *rajjugâhaka amacca*, wörtlich „der den Strick haltende Minister", das ist, wie aus der im Kurudhamma Jâtaka enthaltenen Beschreibung seiner Thätigkeit hervorgeht, der „Landmesser", der Katasterbeamte des Königs[1]). Wie wir bei Besprechung der Einkünfte des Königs

[1]) Bühler weist in der *Zeitschrift der Deutschen Morgenländischen Gesellschaft*, Bd. 47, 1893, S. 466 ff. auf die Identität dieses *rajjuka* mit den in Asokas Edikten vorkommenden *râjûka* oder *lajuka*, den obersten Verwaltungsbeamten des Asoka, hin.

Die durch das Kurudhamma Jâtaka gegebene Erklärung des *rajjugâhaka amacca* scheint mir so einfach, so auf der flachen Hand liegend, dass es schwer verständlich ist, warum Rouse in seiner Jâtaka-Uebersetzung (Cambridge 1895, p. 257) an der bei Childers (*Pali Dictionary* sub voce *rajju*) angeführten Bedeutung „Wagenlenker" festhält. Zweifel können doch nur darüber entstehen, ob und in welcher Weise der *rajjuka* oder *rajjugâhaka amacca* an der Festsetzung und Erhebung der Steuern betheiligt war, ob er, wie Bühler will, als ein „Steuerbeamter, der die Felder (zum Zweck der Festsetzung einer Grundsteuer) vermisst" aufzufassen ist. Für zwingend halte ich, wie gesagt, den Schluss von der Vermessung der Felder auf eine „Grundsteuer" nicht, und auch der Umstand, dass im Kâma Jâtaka (IV. 169) in unmittelbarem Zusammenhang mit der Vermessung der Felder durch königliche Beamte von einer Steuerbefreiung die Rede ist, scheint mir für die Existenz der Grundsteuer noch nicht beweisend zu sein, da auch hier mit *bali* eine Ertragssteuer, ein bestimmter an den König abzuliefernder Procentsatz des geernteten Getreides gemeint sein kann. Auch das oben S. 77 geschilderte Verfahren der Steuererhebung giebt uns für die Entscheidung der Frage keinen festen Anhalt, da unter dem Getreide, das vor der königlichen Kornkammer vermessen wurde, ebenso gut ein Theil des Ertrags der Ernte wie eine ein für alle Mal feststehende Abgabe, eine Grundrente verstanden werden kann. Gegen

sahen, wurden die Ländereien der steuerzahlenden Unterthanen gemessen, sei es um die Höhe einer von ihnen an den König zu zahlenden Pacht festzusetzen, sei es um nach der Grösse des Landes den ungefähren Durchschnitt des von den Besitzern an die königlichen Kornkammern abzuliefernden Ertrages bestimmen zu können. Ob der Minister die Landmessungen selber vornahm oder ob seiner Aufsicht unterstellte Beamte die Felder vermaassen, worauf das Kâma Jâtaka (IV. 169) hindeutet, lässt sich aus den beiden einander gegenüberstehenden Angaben nicht entnehmen; für das Wahrscheinlichere halte ich, dass die Episode des Kurudhamma Jâtaka dem Bestreben des Erzählers den von ihm geschilderten Zuständen einen möglichst primitiven Anstrich zu geben seine Entstehung verdankt.

Es wird dort erzählt, wie der *rajjugâhaka amacca* eines Tages in der Provinz mit dem Vermessen eines Feldes beschäftigt ist. Er hat das Seil an einen Stab gebunden, und während er das eine Ende des Stricks von dem Besitzer des Feldes anfassen lässt, ergreift er selbst das andere Ende (und will den Stock in den Boden hineinstossen). Dabei geräth der Stock mitten in das Loch einer Krabbe [1]). Er überlegt: „Wenn ich den Stock in das Loch hineinstosse, so wird die Krabbe umkommen, stecke ich den Stock davor, so wird der König in seinem Eigenthum geschädigt, stecke ich ihn dahinter, so wird der Bauer benachtheiligt, was ist da zu thun?"

Von solchen Erwägungen, so charakteristisch sie für das von

---

die Annahme einer solchen spricht erstens, dass weder in den Gesetzbüchern noch im Epos irgendwo darauf hingedeutet ist, dass man die Steuern, die alle nur als in einem Theil der jährlichen Erträge bestehend angegeben werden, als eine auf Grund und Boden ruhende Rente auffasste; dagegen sprechen auch die oben angeführten Befürchtungen des gewissenhaften *setthi*, die nur dann einen Sinn haben, wenn es sich um eine procentuale Abgabe handelt; denn hätte er eine Grundsteuer zu entrichten gehabt, so würde er durch das Abpflücken der Reishalme nur sich selber, nicht aber den König geschädigt haben. Dass nicht trotzdem in einigen Gegenden Indiens auch schon in der älteren buddhistischen Zeit eine Grundsteuer erhoben wurde, ist damit freilich nicht erwiesen; es ist sehr wohl möglich, dass in den verschiedenen Reichen der Modus der Besteuerung verschieden gewesen ist.

[1]) Gemeint ist hier, wie Bühler *a. a. O.* S. 469 bemerkt, die Landkrabbe, welche man in vielen Gegenden Indiens, besonders in feuchtem Boden findet.

der buddhistischen Moral beeinflusste Denken sind, wird sich schwerlich je ein Beamter des Königs haben leiten lassen; die Skrupel werden in der Erzählung selbst als übertriebene Gewissenhaftigkeit hingestellt. Eher ist, bei dem vielfach ironischen Charakter der Jâtaka, anzunehmen, dass gerade häufige Uebervortheilungen von Seiten der königlichen Feldmesser zu dieser Erzählung Veranlassung gegeben haben.

Mit dem *rajjugâhaka amacca*, „dem Landmesser“, ist die Reihe der in den Jâtaka ausdrücklich als Minister (*amacca*) bezeichneten königlichen Beamten zu Ende; von den übrigen in unserer Quelle erwähnten zahlreichen Höflingen ist es zweifelhaft, ob sie zur Kategorie der *amacca* zu rechnen sind oder nicht. Zum Theil werden sie wie der „Steuerbeamte“ (*doṇamâpaka*) als *mahâmatta*, „von grossem Gewicht, Ansehen“, bezeichnet, ein Ausdruck, der möglicherweise als eine ähnliche Amtsbezeichnung wie *amacca*[1]), vielleicht aber auch nur als ein Prädikat aufzufassen ist, dem etwa unser „Grosser am Hofe, Magnat“ entsprechen würde. Wie dem auch sei, so viel scheint mir sicher, dass sowohl die *mahâmatta* und die *amacca* wie auch die anderen Höflinge zu einer und derselben grossen Klasse, nämlich zu den „vom Könige besoldeten, in seinen Diensten stehenden Leuten“, den *râjabhogga*[2]) gehörten, die im Pâtimokkha (Nissaggiya 10) neben den *khattiya*, *brâhmaṇa* und *gahapati* als eine besondere Klasse aufgezählt werden. An der betreffenden Stelle des Pâtimokkha ist die Rede davon, dass einem Mönch durch einen Boten ein Werthobjekt zugeschickt wird, wogegen er sich Gewänder eintauschen solle; als Spender eines solchen Geschenks, das sich vermuthlich nur wohlhabende und vornehme Leute zu erlauben pflegten, werden der

---

[1]) Gleichbedeutend mit *amacca* wird *mahâmatta* offenbar an der oben S. 92 citierten Stelle des Vinaya Piṭaka gebraucht. Auch die Inschriften verwenden es in diesem Sinne; vgl. *Zeitschr. d. Deutschen Morgenl. Ges.*, Bd. 37, S. 267, 275.

[2]) *râjabhogga* wird im Suttavibhaṅga, Nissaggiya 10. 2. 1 (Vinaya Piṭaka ed. Oldenberg, Vol. 3, p. 222) erklärt als „einer, der vom König Lebensunterhalt und Lohn empfängt“ (*yo koci rañño bhattavetanâhâro*). Ein ähnlicher Begriff wird durch *râjabhaṭa* (Mahâvagga I. 40. 3 ff.; 66. 1; 76. 1) zum Ausdruck gebracht, nur scheint mir *râjabhaṭa* eine engere Bedeutung zu haben und speciell einen im königlichen Heere dienenden Söldner zu bezeichnen.

Reihe nach genannt: der König, der vom König lebende, der Brahmane, der Hausherr (*rājā vā rājabhoggo vā brāhmaṇo vā gahapatiko vā*). Der Vergleich mit dieser Stelle des Pātimokkha hat mich auf die Vermuthung gebracht — über deren Unsicherheit ich mir übrigens völlig klar bin —, dass auch unter den im Assalâyana Sutta[1]) vorkommenden *rājañña*, auf die oben (S. 12) hingewiesen wurde, „königliche Beamte“ zu verstehen sind. Auch hier werden die angesehensten Klassen der Bevölkerung aufgezählt, ähnlich wie im Pâtimokkha, nur mit dem Unterschiede, dass die *gahapati* fortgelassen werden: zunächst die *khattiya*, entsprechend dem *rājā* des Pâtimokkha, dann — vielleicht aus Höflichkeit gegen Assalâyana an zweiter Stelle vor den *rājañña* — die Brahmanen, und drittens die *rājañña*, von denen ich glaube, dass sie mit den *rājabhogga* identisch sind, und dass darunter „Leute in königlichen Diensten, hohe Beamte des Königs, Höflinge“ zu verstehen sind[2]).

[1]) ed. Pischel, p. 13 f.: *khattiyakulā brāhmaṇakulā rājaññakulā uppannā.*

[2]) Die Etymologie von *rājañña* spricht allerdings gegen diese Auffassung. Im Skr. bedeutet *rājanya* „fürstlich, königlich“ und einen „Angehörigen des fürstlichen Stammes“, und wenn *rājañña* im Pali diese Bedeutung beibehalten hätte, müsste allerdings *rājaññakula*, wie es in der Uebersetzung von Pischel geschieht, mit ‚royal family‘ wiedergegeben werden. Doch haben bekanntlich Pali-Wörter ihre Bedeutung gegenüber dem entsprechenden Sanskrit-Etymon oft sehr verändert, und dass *rājañña*, wenigstens an dieser Stelle des Assalâyana Sutta, nicht den Sinn von Skr. *rājanya* haben kann, scheint mir ganz zweifellos, weil im andern Fall derselbe Begriff „fürstlich, königlich“ doppelt, nämlich einmal durch *khattiya* und das andere Mal durch *rājañña* wiedergegeben wäre. *Khattiyakula* als „Kriegerfamilie“ aufzufassen und in der Reihenfolge *khattiyakula, brāhmaṇakula, rājaññakula* eine Steigerung zu erblicken ist dem sonstigen, auch im Assalâyana Sutta beobachteten Sprachgebrauch der Pali-Texte durchaus zuwider, die unter *khattiya* stets den Angehörigen eines fürstlichen oder königlichen Geschlechts verstehen und bei der Aufzählung der Kasten stets dem *khattiya* den Vorrang, die erste und wichtigste Stelle einräumen.

Vielleicht wird man mir vorhalten, dass ich dieser Stelle des Assalâyana Sutta zuviel Gewicht beilege, und dass möglicherweise die Erwähnung der *rājañña* auf einer stilistischen Nachlässigkeit beruhe. Letzteres halte ich indessen für ausgeschlossen, weil dieselbe Aufzählung der drei *kula* in genau derselben Form drei Mal wiederkehrt, und weil gerade in Bezug auf genaue Terminologie die buddhistischen Verfasser so ausserordentlich sorgfältig sind.

Seinem Berufe nach steht dem *rajjugâhaka* am nächsten der „Getreidemesser“; entsprechend seinem Namen *doṇamâpaka*[1]), wörtlich „einer, der mit dem *doṇa*, einem Hohlmaass, misst“, fällt ihm die Aufgabe zu das von den Grundbesitzern (*gahapati*) als Antheil des Königs (*râjabhâga*) abgelieferte Getreide zu messen. Er ist also, während der *rajjuka* meiner Auffassung nach mit der Erhebung der Steuer direkt nichts zu thun hatte, der eigentliche Steuerbeamte des Königs. Obschon seine oben (S. 77) geschilderte Thätigkeit weder sehr schwierig noch besonders vornehm genannt werden kann, muss er doch zu den einflussreichen Persönlichkeiten am Hofe gehört haben, da auch ihm das Prädikat *mahâmatta* „von grossem Gewicht, Ansehen“ beigelegt wird (II. 378). Wahrscheinlich ist, dass auch diese Erzählung, ebenso wie die Schilderung der Thätigkeit des Landmessers, absichtlich die primitiven Zustände früherer Zeiten, von denen im Volke noch eine dunkle Erinnerung zurückgeblieben war, schildert, und dass in Wirklichkeit, etwa zu Buddha's Zeit, nur der Titel *doṇamâpaka*, nicht aber die darin angedeutete Funktion, das eigenhändige Abmessen des Getreides, beibehalten war. Diese wird sich vermuthlich auf ein Heer von Unterbeamten, zu denen auch die schon besprochenen Steuereintreiber zu rechnen sind, vertheilt haben, über die dem hochgestellten Beamten nur die Aufsicht zufiel.

Eine aus dem Epos und der klassischen Sanskritliteratur wohlbekannte Figur, der Wagenlenker (*sârathi*) des Königs, begegnet uns auch in den Jâtaka (II. 377), tritt indessen hier gegenüber dem sonstigen Gefolge des Königs mehr in den Hintergrund.

Ebenfalls nur gelegentlich erwähnt finden wir den Verwalter des königlichen Schatzes, den *heraññika* (III. 193), und den Aufseher der königlichen Waarenhäuser, den *bhaṇḍâgârika* (IV. 43; V. 120). Das seltene Vorkommen dieser beiden Beamten berechtigt indessen nicht zu der Annahme, dass ihre Stellung am Hofe von untergeordneter Bedeutung gewesen sei; der *bhaṇḍâgârika* wenigstens scheint nach dem Nigrodha Jâtaka, wo Pottika, der Schneiderssohn, seinen Freunden prophezeit, dass am folgenden Tage der eine von ihnen König, der

[1]) Auch zu *doṇa* abgekürzt. II. 367.

andere *senâpati*, er selber aber *bhaṇḍâgârika* werden würde, eine für das öffentliche Leben, vor allem für den Handelsverkehr, nicht unwichtige Rolle gespielt zu haben: denn es heisst zum Schluss, dass der König dem Pottika, der die *senâpati*-Würde ausschlägt, das Amt eines Waarenaufsehers verlieh, und dass dieses „der Beachtung aller Gilden werth sei" (*sabbaseṇinaṃ vicâraṇâraham bhaṇḍâgârikaṭṭhânaṃ*. IV. 43).

So ziemlich auf der untersten Stufe der Höflinge scheint der Thürhüter, der *dovârika*, gestanden zu haben; er begegnet uns unter dem im Kurudhamma Jâtaka aufgeführten Personal, aus dem sich der Hofstaat des Königs zusammensetzt, an vorletzter Stelle, vor der Hetäre (*gaṇikâ*), und im Mahâpiṅgala Jâtaka werden die Thürhüter bei Aufzählung des königlichen Gefolges erst hinter den „Unterthanen im Allgemeinen" genannt (*amaccâ ca brâhmaṇagahapatiraṭṭhikadovârikâdayo ca*. II. 241). Zwar wird er im Sonaka Jâtaka als „edler Pförtner" (*ayyadovârika*. V. 250) angeredet, doch mochte er nur, wie hier, einem armen Holzsammler, der eine Audienz beim Könige wünscht, als eine vornehme und gewichtige Persönlichkeit erscheinen. Nach dem Mâtaṅga Jâtaka war es seine Aufgabe *Caṇḍâla* und ähnliches Gesindel, das sich im Palast blicken liess, mit Stöcken oder Bambusrohr zu prügeln, bei der Kehle zu packen und hinauszuwerfen (IV. 382). Auch spricht die Behandlung, die der Thürhüter im Mahâpiṅgala Jâtaka zu Lebzeiten des grausamen Königs erfahren hat, nicht gerade für einen besonders hohen Rang des *dovârika*. Während alles Volk über den Tod des Mahâpiṅgala frohlockt und Freudenfeste feiert, steht einer der Thürhüter laut schluchzend da. Auf Befragen des jungen Königs, warum er allein, während alle Leute jubelten, weine, ob vielleicht sein Vater gegen ihn lieb und gut gewesen sei, entgegnet er: „Nicht weine ich aus Kummer, dass Piṅgala tot ist. Für meinen Kopf ist sein Tod ein wahres Glück. Denn der König Piṅgala pflegte mir jedesmal, wenn er vom Palast herabstieg oder wenn er hinaufstieg, acht Schläge mit der Faust wie mit dem Hammer eines Schmiedes auf den Kopf zu versetzen. So wird er auch, wenn er ins Jenseits kommt, in der Hölle die Pförtner des Yama mit Faustschlägen traktieren, in dem Glauben, dass er sie mir austheilt, und dann werden sie rufen: „Er peinigt uns zu sehr" und werden ihn hierher zurückschicken. Er wird, fürchte ich, wiederkommen und mir wie früher Faustschläge auf den Kopf versetzen; deshalb weine ich."

Anscheinend hatte der *dovârika* des Königs auch die Pflicht des Abends die Thore der Stadt zu schliessen. Nach dem Kurudhamma Jâtaka verkündet er zur Zeit des Thorschlusses dreimal (vermuthlich durch Blasen auf einer Muschel) das Schliessen der Stadtthore; einen armen Menschen, der mit seiner Schwester in den Wald gegangen ist, um Holz zu sammeln und sich dabei verspätet hat, fährt er mit den Worten an: „Weisst du nicht, dass sich der König in der Stadt befindet, und dass das Thor der Stadt zur rechten Zeit geschlossen wird?" (II. 379.) Fremde, die in der Stadt nicht Bescheid wissen, hat er zurechtzuweisen. Im Mahâassâroha Jâtaka verspricht der König dem *dovârika*, wenn er ihm einen Grenzbewohner, der sich bei ihm nach dem Haus des Mahâassâroha erkundigen würde, zuführte, 1000 Geldstücke als Belohnung (III. 9).

Möglicherweise ist aber dieser Schliesser der Stadtthore von dem Palastpförtner verschieden und unter die Beamten zu rechnen, die für Ordnung und Sicherheit in der Stadt Sorge zu tragen hatten; doch gehörten auch diese wahrscheinlich zu den *rājabhogga*, den königlichen Beamten, da sie vom Könige ernannt und besoldet wurden und seinem Befehl unterstellt waren. Hierher ist auch der Stadtwächter zu zählen, der *nagaraguttika*, der die Stadt von Verbrechern zu säubern hatte. Wenn ein gefährlicher Räuber die Stadt unsicher machte, so wandten sich, wie im Kaṇavera Jâtaka (III. 59) erzählt wird, die Einwohner der Stadt an den König mit der Bitte den „grossen Räuber" ergreifen zu lassen, worauf der König den *nagaraguttika* mit der Festnahme und späterhin mit der Hinrichtung desselben beauftragt. Dass er vom Könige ernannt wurde, geht aus dem (S. 28) angeführten Gespräch zwischen dem Könige und dem *Caṇḍâla* hervor; scherzweise bezeichnet hier der König den *nagaraguttika* als den „König zur Nachtzeit." Bei der Unsicherheit, die nach dem häufigen Vorkommen der Räuber und Diebe in den Jâtaka und der übrigen volksthümlichen Literatur zu urtheilen in den indischen Städten früherer Zeiten geherrscht haben muss, war er sicherlich keine unwichtige Persönlichkeit.

Als letzter der königlichen Beamten, die nach den Jâtaka

in der Residenz des Königs ein öffentliches Amt[1]) bekleideten, sei hier der **Scharfrichter**, der *coraghâtaka*, dem *nagaraguttika*, der, wie wir sahen, zuweilen seine Stelle vertrat, angeschlossen. Nach den Gesetzbüchern[2]) lag das Amt des Henkers ausschliesslich in Händen von Angehörigen der verachteten Kasten, von *Caṇḍâla* und *Śrapaca*; sonach hatte auch im alten Indien — zu gewissen Zeiten und in bestimmten Gegenden — dieser Beruf denselben verächtlichen Beigeschmack, der ihm bei uns im Mittelalter, wo man den Scharfrichter unter die „unehrlichen Leute" verwies, anhaftete. Die Jâtaka wissen von einer solchen verachteten Stellung des *coraghâtaka* nichts; eher lässt der feierliche und prunkvolle Aufzug, worin er vor dem Könige erscheint, auf ein gewisses Ansehen, dessen sich der Vollstrecker der königlichen Urtheile erfreute, schliessen. Herbeigerufen kommt er mit einem Beil und einem stacheligen Strick in der Hand, in ein gelbes Gewand gekleidet und mit einem Kranz von rothen Blumen geschmückt, begrüsst den König und fragt nach seinen Befehlen (III. 41; ähnlich III. 179).

Mit den bisher aufgezählten Beamten ist die grosse Klasse der *râjabhogga* ihrem Inhalt nach keineswegs erschöpft; abgesehen davon, dass auch die Jâtaka nicht alle Verhältnisse des öffentlichen Lebens berühren — von den Rangabstufungen im Heere erfahren wir beispielsweise so gut wie garnichts —, ist zu bedenken, dass sich der Apparat der Verwaltung, obschon alle Fäden der centralistischen Staatsleitung an diesem einen Punkte zusammenliefen, doch in den grossen Monarchien nicht etwa auf die Hauptstadt des Reiches beschränkte: um die grossen Gebiete eines Landes wie des Magadha-Reiches unter der Botmässigkeit eines einzelnen Herrschers zu erhalten, mussten überall in den kleineren Städten (*nigama*) und in den Dorfgemeinschaften (*gâma*) Beamte die königliche Gewalt vertreten.

Wenn die im Kharassara Jâtaka geschilderten Verhältnisse als typisch gelten können, so war der **Vorsteher des Dorfes**, der

[1]) Die sonstigen am königlichen Hof beschäftigten Personen, deren Dienstleistungen privater Natur waren, werden im elften Kapitel behandelt werden.

[2]) Manu X. 56; Vishṇu XVI. 11.

gâmabhojaka, ein *amacca* des Königs; er erhebt für ihn die Steuer (*râjabalim labhitvâ*. I. 354) und wird vom König, als er die Bewohner des Dorfes dadurch, dass er selber mit seiner Mannschaft in den Wald zieht, den Gewaltthaten der Räuber ausliefert, seiner Schuld entsprechend bestraft[1]). Andere Erzählungen lassen freilich den Beamtencharakter des Dorfvorstehers weniger deutlich oder garnicht erkennen. Im Kulâvaka Jâtaka (I. 198 ff.) verleumdet der *gâmabhojaka* die Einwohner seines Dorfes beim König: da sich jedoch ihre Unschuld herausstellt, spricht ihnen der König die ganze Habe des Verleumders zu, macht ihn zu ihrem Sklaven und schenkt ihnen ausserdem das Dorf. Von der Einsetzung eines neuen Oberhauptes ist nicht die Rede, vielmehr erweckt der weitere Verlauf der Erzählung den Anschein, dass die Dorfbewohner von da ab ihre Angelegenheiten selber besorgen. Auch wenn wir an andern Stellen lesen, dass der *gâmabhojaka* die Gerichtsbarkeit im Dorfe ausübt, indem er Streitigkeiten schlichtet und den schuldigen Theil eine Busse zahlen lässt (I. 483), dass er Verbote erlässt, z. B. gegen das Schlachten von Thieren (*mâghâtam kârâpesi*. IV. 115) und gegen den Verkauf von geistigen Getränken (*majjavikkayam vâretvâ*. IV. 115), dass er in Zeiten, wo durch Misswachs oder Ueberschwemmung die Ernte vernichtet und Hungersnoth eingetreten ist, den Dorfbewohnern Fleisch liefert, wogegen sie ihm einen Theil ihrer nächsten Reisernte versprechen müssen (II. 135), so deuten alle diese Angaben zwar auf eine mit Macht und Ansehen[2]) verbundene amtliche Stellung des *gâmabhojaka* unter den Dorfbewohnern, nöthigen indessen keineswegs dazu in ihm einen königlichen Beamten zu sehen; sie lassen sich sehr wohl mit einem gewählten Oberhaupt, dem die Leitung der Gemeindeangelegenheiten von der Dorfgemeinde selber über-

[1]) In der einleitenden Erzählung setzt der König ihn ab und schickt einen andern *gâmabhojaka*.

[2]) Dieses Ansehen wurde freilich nicht immer respektiert, wie das Gahapati Jâtaka zeigt: der ehebrecherische *gâmabhojaka* wird von dem Ehemann beim Haarschopf gefasst, in den Hausflur geschleppt, hier niedergeworfen, und trotzdem er mit dem Ausruf: „Ich bin der Dorfvorsteher" (*gâmabhojako 'mhi*. II. 135) lebhaft gegen diese Behandlung protestiert, windelweich geprügelt und aus dem Hause geworfen.

tragen war, mit einer Selbstverwaltung der Dorfgemeinschaften vereinigen. Dass in Indien zu alter Zeit in den Dörfern Selbstverwaltung bestanden hat, ist sehr wahrscheinlich[1]), und in einzelnen Gegenden Indiens mag sich eine solche noch bis in die von den Jâtaka geschilderte Periode erhalten haben. Durch das Erstarken der königlichen Gewalt wurde jedoch vermuthlich mit diesen Resten der Selbstverwaltung mehr und mehr aufgeräumt; im Magadha-Reiche standen zu Buddha's Zeit die Dorfvorsteher jedenfalls unter der persönlichen Aufsicht des Königs, wie sich aus einer Stelle des Vinaya Piṭaka (Mahâvagga V. 1. 1 ff.) ergiebt: dem König Bimbisâra, dem Zeitgenossen Buddha's, wird hier die Oberherrschaft über 80000 Dorfschaften zugeschrieben (*asitiyâ gâmasahassesu issarâdhipaccaṃ rajjaṃ kâreti*); er versammelt die Oberhäupter (*gâmika*) dieser Dorfgemeinden um sich und unterweist sie in weltlichen Dingen (*diṭṭhadhammike aṭṭhe anusâsitrâ*). Ungefähr zwei Jahrhunderte später ordnete der König Aśoka an, dass zur Ueberwachung der Verwaltungsbeamten in den Städten der Provinz von hohen Beamten Inspektionsreisen unternommen werden sollten. „Zu diesem Zweck" — heisst es im ersten Separat-Edikt[2]) — „werde ich in Uebereinstimmung mit dem Gesetze (*dhaṃmate*) alle fünf Jahre (einen Beamten) aussenden, der nicht hart, nicht heftig, (sondern) milde in seiner Handlungsweise sein wird." Diese Anordnung des Aśoka entspricht, wie er wahrscheinlich selber durch den Ausdruck *dhaṃmate* andeuten wollte[3]), den Angaben der Rechtsbücher: bei Manu heisst es (VII. 120 ff.), nachdem vorher die Rangabstufungen der Verwaltungsbeamten[4]) auseinander gesetzt sind: „Die Geschäfte dieser (Beamten), die sich auf Dorfangelegenheiten beziehen, und ihre besonderen Obliegenheiten soll ein anderer Be-

[1]) Dafür lässt sich u. a. der Umstand anführen, dass nur in den späteren Rechtsbüchern die Dorfvorsteher als königliche Beamte erwähnt werden. Vgl. Foy, *Die königliche Gewalt*, S. 65.

[2]) Nach der von Bühler in der *Zeitschrift der Deutschen Morgenländischen Gesellschaft*, Bd. 41, S. 18 gegebenen Uebersetzung.

[3]) Bühler *a. a. O.* S. 19.

[4]) Manu VII. 115: „Er (der König) soll einen Beamten einsetzen über (jedes einzelne) Dorf (*grâmasyâdhipati*), ebenso über zehn Dörfer (*daśagrâmapati*), über zwanzig Dörfer (*viṃśatiśa*), über hundert Dörfer (*śateśa*) und über tausend Dörfer (*sahasrapati*)."

amter (*sacira*) des Königs prüfen, der milde und unermüdlich ist. Und in jeder Stadt soll er einen Oberaufseher über alle Geschäfte einsetzen, einen hochstehenden, ansehnlichen, einem Planeten unter den Sternen ähnlichen. Der soll alle diese (Beamten) der Reihe nach immer selbst aufsuchen; er soll ihr Verhalten in ihren Distrikten durch dazu (bestimmte) Spione genau erforschen."

---

7. Kapitel.

Der Hauspriester des Königs.

Nicht eigentlich zu den königlichen Beamten gehörig und doch zum Theil mit ähnlichen Funktionen betraut und ihnen in mancher Hinsicht an Bedeutung und Einfluss überlegen, nimmt der Hauspriester des Königs, der *purohita*, eine ganz eigenartige Stellung am Hofe ein. Wir müssen uns, wenn wir zu einer klaren Vorstellung von dem Wesen des *purohita* gelangen wollen, die geschichtliche Entwickelung seiner Machtstellung vergegenwärtigen[1]).

Schon in vorvedischer Zeit war der Verkehr mit den Göttern nicht jedem Einzelnen gestattet, es bedurfte der Vermittelung „bestimmter, mit besonderer Kenntniss und besondern Zaubereigenschaften ausgestatteter Personen"[2]). Dieses Privileg, der auf Wissen und übernatürliche Fähigkeiten gegründete Anspruch allein im Verkehr mit der Welt der Dämonen und Götter zu stehen und auf sie durch Opfer und Zauberei Einfluss zu üben führte zur Bildung eines Priesterstandes, einer abgeschlossenen Priesterkaste, der eben durch dieses Privileg ein Uebergewicht den anderen Bevölkerungsklassen, selbst der herrschenden Klasse gegenüber gesichert war. Gerade diese bedurfte der priesterlichen

---

[1]) Vgl. hierüber: Weber, *Indische Studien*, Bd. 10, S. 30 ff. Pischel und Geldner, *Vedische Studien*, Bd. 2. Heft 1, S. 143 ff. Pischel in den *Göttingischen gelehrten Anzeigen*, 1894. Bd. 1, S. 420 ff. Oldenberg, *Religion des Veda*, S. 372 ff. Für das Epos vgl. Hopkins, *Ruling Caste*, p. 151 ff.

[2]) Oldenberg, *Religion des Veda*, S. 372.

Vermittelung, sei es zur Schädigung ihrer Feinde, sei es zur Abwehr drohenden Unheils.

Auch die *khattiya* des Ostens, mochten sie sich im Uebrigen den Brahmanen durch Herkunft und Macht überlegen, an geistiger Bildung gleichstehend fühlen, waren in diesem einen Punkte genöthigt den Priestern eine Macht über sich selbst einzuräumen; nicht etwa der Brahmanenkaste als solcher, denn diese war, wie wir sehen werden, durch ihre Verweltlichung zu Buddha's Zeit zu etwas anderem geworden als was sie ihrer eigenen Literatur zufolge zu sein beanspruchte und auch thatsächlich ursprünglich gewesen sein mag, wohl aber einzelnen Vertretern dieser Kaste und in erster Linie ihrem Hauspriester, dem *purohita*.

Der Satz des Aitareya Brâhmaṇa (VIII. 24), dass jeder König, der opfern will, einen *purohita* haben muss, da die Götter seine Opfergabe sonst nicht annehmen, wird auch in den östlichen Ländern, solange wenigstens das Opfer hier in Ansehen stand, seine Geltung gehabt haben. Ein König ohne *purohita* war auch hier, ehe der Buddhismus den Glauben an die Wirksamkeit von Opfer und Zaubersprüchen ins Wanken gebracht hatte, undenkbar. Selbst nicht in Stande — eben weil es ihm an den übernatürlichen Fähigkeiten, dem ausschliesslichen Vorrecht der Priestergeschlechter, fehlte — Götter und Dämonen für sich günstig zu stimmen, noch auch der Mittel kundig, die ihm die Zukunft nicht allein offenbarten, sondern auch zu seinen Gunsten wendeten, bediente er sich zur Beeinflussung der transcendentalen Welt des Zauberpriesters, des indischen Schamanen. In seinem Auftrage muss der *purohita* zusammen mit den Brahmanen, die seiner Leitung unterstellt sind, Opfer vollziehen, um das Unglück, das sich dem Könige durch böse Träume (im Mahâsupina Jâtaka. I. 334 ff.) oder durch unheimliche Klagelaute (im Lohakumbhi Jâtaka. III. 43 ff.) angekündigt hat, abzuwenden; wenn unerklärliche Naturerscheinungen, wie das Aufleuchten der Waffen im Sarabhaṅga Jâtaka (V. 127), das Gemüth des Königs ängstigen[1].

[1] Aus der späteren Sanskritliteratur sei hier eine Stelle des Raghuvaṃśa (XI. 58 ff.) angeführt, wo der König Daśaratha durch widrige Winde und andere seltsame Naturerscheinungen erschreckt sich an seinen *guru*, den *purohita* Vasishṭha um Rath wendet; dieser zerstreut seine Besorgniss, indem er die Vorzeichen für günstig erklärt. Be-

weiss der *purohita* sie aus der Constellation der Gestirne zu deuten; Waffen und Thiere, deren sich der König bedient, muss er durch Zaubersprüche (z. B. den Staatselephanten durch das *hatthisutta.* II. 46) weihen, damit ihr Gebrauch glückbringend werde. War aber dies alles Sache des *purohita*, so war damit das Schicksal des Königs in seine Hand gegeben: an ihm lag es, ob er die Gunst der Götter auf den König, seinen Opferherrn, herabzaubern wollte, in seiner Macht stand es das Gegentheil zu bewirken; an ihn musste sich der König wenden, wenn er den Ausfall eines Unternehmens aus irgend welchen Vorzeichen oder Sternbildern vorher zu wissen wünschte, vor allem wenn er die Frage, ob er den Feind im Kriege zu überwinden Aussicht habe, sich nicht selber zu beantworten getraute oder des Beistands der Götter zu benöthigen glaubte[1]). Diese Stellung des *purohita* zum König führte nothwendiger Weise zu einem persönlich sehr nahen Verhältniss zwischen beiden, es konnte sich unter Umständen — bei schwachem Charakter des Königs und grosser Energie des *purohita* — eine weltliche Machtstellung des letzteren, die thatsächlich mit der Führung der Regierung gleichbedeutend war, entwickeln. Für beides giebt unser Text Belege.

Die drei Priester, die im Epos als besonders heilig gelten, der *guru*, der den König in der Jugend unterrichtet hat, der Opferpriester und der Hauspriester[2]), erscheinen nach den Jâtaka in der Person des *purohita* vereinigt. Er ist der Lehrer, der *guru* oder, wie er in unserm Text gewöhnlich genannt wird, der

---

zeichnend für die Auffassung, die der Dichter von dem Verhältniss des Königs zum *purohita* hat, ist der Ausdruck *krityavit* (XI. 62), womit Kâlidâsa sagen will, dass der König wusste, wie er sich in solchen Fällen zu benehmen hätte, dass er den einzig richtigen und möglichen Ausweg aus der vermeintlich drohenden Gefahr wählte, indem er sich die Hülfe seines priesterlichen Rathgebers erbat.

1) Vgl. Weber. *Indische Studien*, Bd. 10, S. 31: „Wenn ein König ein feindliches Heer besiegen will, muss er sich an seinen *brahman* um Beistand wenden. Stimmt der bei, so weiht er den Streitwagen des Königs durch allerlei Sprüche und verhilft ihm so zum Siege: ebenso wenn ein König aus seinem Lande vertrieben ist." Ait. Br. VIII. 10; Vs. XI. 81.

2) Die drei Persönlichkeiten erscheinen auch im Epos nicht immer scharf getrennt. Vgl. Hopkins. *Ruling Caste*, p. 155.

âcariya des Königs und wird als solcher von ihm angeredet. „Gebt ihm dem *âcariya*,“ mit diesen Worten lässt der König dem *purohita* durch seine Umgebung einen kostbaren Wagen überreichen (II. 376). Als der König, wie im Sarabhamiga Jâtaka erzählt wird, den *purohita* mit der Spitze seines Nagels an die Thür klopfen hört, fragt er: „Wer ist da“, und auf die Antwort: „Ich bin es, o König, der *purohita*!“ öffnet er ihm die Thür und sagt zu ihm: „Komm herein, mein Lehrer“ (*âcariya*. IV. 270). Auch an der bereits erwähnten Stelle des Sarabhaṅga Jâtaka (V. 127) redet ihn der König mehrfach als *âcariya* an. Auf die Frage des *purohita*, ob er gut geschlafen habe, entgegnet er: „Wie sollte ich wohl gut geschlafen haben, mein Lehrer, heute leuchteten im ganzen Palast die Waffen!“ Der Priester beruhigt ihn, indem er auf die Geburt seines Sohnes als die Ursache dieser Erscheinung hinweist. „Was aber, mein Lehrer, wird mit einem unter solchen Umständen geborenen Knaben geschehen?“ „Nichts, o grosser König, er wird nur in ganz Indien der vorzüglichste Bogenschütze werden.“ „Gut, mein Lehrer, dann ziehe ihn gross, und wenn er herangewachsen ist, magst du ihn mir vorstellen.“

Oft wird der *purohita* in den Jugendjahren des Königs sein Lehrer und Leiter gewesen sein: im Tilamuṭṭhi Jâtaka lesen wir, dass der König den Lehrer, der ihn in Takkasilâ unterrichtet hat, zum *purohita* macht und ihn wie seinen Vater ansieht, seinem Rathe folgend (II. 282). Doch hatte der *purohita* den Titel eines *âcariya* nicht etwa nur von seiner Thätigkeit als Prinzenerzieher beibehalten, er fungierte vielmehr, auch wenn sein Zögling zur Herrschaft gelangt war, thatsächlich noch als sein Lehrer; denn ein König betrachtete anscheinend seine geistige Ausbildung mit Beendigung des Studiums nicht als abgeschlossen, sondern liess sich auch weiterhin von seinem *purohita* belehren und im Veda[1])

---

[1]) Dass an dieser Stelle unter *mante* nothwendigerweise die Veden zu verstehen sind, will ich nicht behaupten; es können auch Zaubersprüche gemeint sein, deren Erlernung sich der König, wie aus andern Stellen hervorgeht, angelegen sein liess. Von solchen von einem *khattiya* erlernten Zaubersprüchen werden in den Jâtaka erwähnt: der Zauberspruch, mit dessen Hülfe man die Erde erobert (*paṭhavîjayamanta*. II. 243); der Zauber, durch den man alle Stimmen, auch Thierstimmen, verstehen kann (*sabbarâvajânanamanta*. III. 415); der Zauberspruch,

unterrichten (*Bārāṇasirājā purohitassa santike mante gaṇhāti.* III. 28).

Schon diese Stellung als Lehrer machte den *purohita* in vielen Fällen zum väterlichen Freund und Berather des Königs. Zur Erhöhung und Befestigung des Vertrauens, das der Hauspriester am Hofe genoss, trug wesentlich der Umstand bei, dass sein Amt in der Regel erblich war (I. 437; II. 47; III. 392, 455; *purohitakula* IV. 200) und sich oft Generationen hindurch in derselben Familie erhielt, die dadurch natürlich mit festen Banden an das Herrscherhaus gekettet war. „Durch sieben Generationen war das Vollziehen der Elephantenweihe (*hatthimaṅgala*) in unserer Familie erblich," so klagt im Susīma Jātaka (II. 47) die Mutter des jungen *purohita*-Sohns, dem die Brahmanen auf Grund seiner Jugend und seiner Unkenntniss der Veden und des Elephantenbuches (*hatthisutta*) das einträgliche Geschäft streitig machen wollen, „der alte Brauch wird uns entgehen und unser Reichthum wird dahinschwinden". Bisweilen datierte eben in Folge dieser Erblichkeit des *purohita*-Amts die Freundschaft zwischen König und *purohita* aus früher Jugend. Der mit dem Königssohn an einem Tage geborene Sohn des *purohita* wird mit dem Prinzen zusammen grossgezogen, sie tragen dieselben Kleider und essen und trinken gemeinschaftlich; als sie herangewachsen sind, begeben sie sich zusammen zum Studium nach Takkasilā (III. 31). Dieses Freundschaftsverhältniss dauert fort, auch als nach der Rückkehr von der Universität dem Prinzen das *uparajja* übertragen wird: sie theilen auch fernerhin Essen, Trinken und ihr Lager, und ein festes Vertrauen herrscht zwischen beiden, und da der Prinz nach dem Tode seines Vaters zur Herrschaft gelangt ist, wünscht er seinem Freunde die *purohita*-Würde zu übertragen. Zwar zieht in diesem Fall der *purohita*-Sohn das hauslose Leben vor, doch wird uns im Susīma Jātaka (III. 392) erzählt, dass zugleich mit dem Regierungsantritt des jungen Fürsten auch der Sohn des *purohita* in das Amt des Vaters eingesetzt wird.

So schon von Jugend an oft aufs Engste befreundet, bleiben auch späterhin *purohita* und König unzertrennliche Gefährten.

---

der zur Entdeckung verborgener Schätze verhilft (*nidhiuddharaṇamanta.* III. 116).

Wir treffen sie zusammen beim Würfelspiel (im Aṇḍabhûta Jâtaka. I. 289); wir sehen den *purohita* bei feierlichen Umzügen hinter dem Könige, der selbst auf der Schulter des Staatselephanten sitzt, auf dem Rücken des Elephanten seinen Sitz einnehmen (III. 392). Der König überschüttet ihn mit Ehren und Reichthümern; von solchen Gunstbezeugungen finden wir erwähnt: die Schenkung eines Wagens (im Kurudhamma Jâtaka. II. 376), eines Dorfes (im Nânacchanda Jâtaka. II. 429). Letzteres scheint in der Regel die Einnahmequelle des *purohita* gewesen zu sein, denn mehrfach (III. 105; IV. 473) lesen wir, dass er nach seinem *bhogagâma* fährt, d. h. dem Dorf, aus dem er seine Einkünfte bezieht.

Wie er den Glanz der Herrschaft mit dem Könige theilt, so theilt er auch das Unglück seines Herrn. Auf der nächtlichen Flucht aus der belagerten Stadt nimmt der verkleidete König ausser der Königin und einem Diener nur den *purohita* mit sich (III. 417). Da er, wie im Padakusalamâṇava Jâtaka (III. 513 f.) erzählt wird, zusammen mit dem Könige das Land ausgeplündert hat, wird er auch mit ihm zusammen von der erzürnten Volksmenge erschlagen.

Aber der *purohita* ist nicht bloss der väterliche Berather, der Freund und unzertrennliche Gefährte des Königs, er erscheint uns bisweilen als ein Beamter von durchaus weltlichem Charakter. Auf seine Betheiligung an der Rechtsprechung wurde bereits (oben S. 72) hingewiesen; das Kiṃchanda Jâtaka schildert uns einen verleumderischen, bestechlichen *purohita*, der zu Gericht sitzend falsche Urtheile abgiebt (*kûṭaṭṭinicchayiko ahosi*. V. 1). In besserem Lichte lässt uns das Dhammaddhaja Jâtaka (II. 186 f.) die richterliche Thätigkeit des königlichen Hauspriesters erscheinen. Hier wird erzählt, wie ein Mann, der von dem bestechlichen *senâpati* verurtheilt in einem Rechtsstreit unterlegen ist, die Hände ringend und weinend den Gerichtshof verlässt und dem *purohita* begegnet, als er sich in den Dienst des Königs begiebt. Er fällt ihm zu Füssen und klagt ihm, dass er seinen Process verloren habe: „Während Leute wie Ihr, o Herr, den König in weltlichen und geistlichen Dingen berathen, lässt sich der *senâpati* bestechen und beraubt rechtmässige Besitzer ihres Eigenthums.“ Der *purohita* fühlt Mitleid und sagt zu ihm: „Komm nur, ich will deinen

Process entscheiden"; sie gehen zusammen in den Gerichtshof, wo sich eine grosse Volksmenge versammelt. Der *purohita* hebt das Urtheil auf (*uttaṃ paṭivinicchinitvâ*. II. 187) und verhilft dem rechtmässigen Besitzer zu seinem Eigenthum. Die Volksmenge ruft laut Beifall, so dass ein grosser Lärm entsteht. Der König hört es und fragt, was es gäbe. „O König, der weise Dhammaddhaja hat eine ungerecht entschiedene Sache gerecht entschieden, daher das Beifallsgeschrei." Der König lässt erfreut den *purohita* rufen: „Man sagt, mein Lehrer, du habest einen Process entschieden?" fragt er ihn. „Jawohl, o grosser König, ich habe eine vom *senâpati* ungerecht entschiedene Sache gerecht entschieden." „Dann sollst du von jetzt an die Processe entscheiden, das wird meinen Ohren Freude und der Welt Gedeihen bringen."

Dass die Verwaltung des königlichen Schatzes mit zu seinen Obliegenheiten gehören konnte, erfahren wir aus dem Bandhanamokkha Jâtaka, wo der in Ungnade gefallene *purohita* die Leute des Königs, die ihn zum Hinrichtungsplatz führen wollen, bittet ihn vorher zum König zu bringen: „Denn" — so begründet er seine Bitte — „ich bin ein Beamter des Königs (*ahaṃ râjakammiko*. I. 439) und habe ihm viele Dienste geleistet, auch weiss ich, wo grosse Schätze verborgen sind. Das Vermögen des Königs (*râjakuṭumba*) habe ich verwaltet; wenn ihr mich nicht zum Könige bringt, wird viel Geld verloren gehen".

Doch liess sich an der gelegentlichen Besorgung von Staatsgeschäften offenbar nicht jeder *purohita* genügen; Habgier und Herrschsucht mochten ihn oft genug verleiten den Einfluss, den er auf die Entschliessungen eines schwachen und abergläubischen Königs ausübte, zur Erreichung weltlicher Pläne auszunutzen. War ein ehrgeiziger Priester erst im Besitz völliger Herrschaft über den Willen des Königs, so lag es in der Natur der Sache, dass sich sein Sinn auf die Erlangung der höchsten Machtstellung am Hofe richtete, dass er der Leiter des Königs in weltlichen und geistlichen Dingen (*atthadhammânusâsaka*. V. 57) zu werden und als solcher die Führung der gesammten Staatsgeschäfte in seine Hand zu bringen suchte. Wenn auch oft, im Falle dass der *purohita* selbst weltlichen Bestrebungen abhold war, ein Minister oder einer der übrigen Brahmanen das höchste Ziel ehrgeiziger

Höflinge erreicht haben wird, so war doch der *purohita* in erster Linie zu der Rolle des *atthadhammânusâsaka* prädestiniert. Damit nicht zufrieden strebte mancher *purohita* nach noch höherem Ziel und suchte die Hauspriesterwürde mehrerer Königreiche in sich zu vereinigen. Beispiele der Art finden sich in der Sanskritliteratur mehrfach erwähnt, so im Śatapatha Brâhmaṇa (II. 4. 4, 5), wo vom Devabhâga Śrautarsha gesagt wird, dass er *purohita* zweier Reiche, der Kuru und der Sṛiñjaya, war[1]). Ein solcher *purohita* mag dem im Dhonasâkha Jâtaka vorkommenden harten und grausamen Piṅgiya als Vorbild gedient haben: „Ich will" — so denkt er aus Ruhmbegierde — „diesen König alle Könige von ganz Indien gefangen nehmen lassen; auf die Weise wird er alleiniger König und ich alleiniger Hauspriester (*ekapurohita*. III. 159) werden."

Immer aber müssen wir uns, wenn wir zu einer richtigen Würdigung des *purohita* gelangen wollen, gegenwärtig halten, dass eine derartige weltliche Machtstellung weder nothwendigerweise mit seiner Würde als Hauspriester verbunden noch auch nach bestimmten rechtlichen Normen geregelt war; die politische Macht des *purohita* war rein individuell und hatte ihren Grund einzig und allein in dem persönlichen Uebergewicht, das er unter Umständen durch seine Eigenschaft als Opferer und Zauberer über den König gewinnen konnte. Nach dieser Seite hin lag jedenfalls wie die Hauptstärke so auch die Hauptthätigkeit des *purohita*. Wie bei dem Standpunkt der Jâtaka nicht anders zu erwarten, erhalten wir keine unparteiische Würdigung noch überhaupt eine eingehende Schilderung seiner Thätigkeit als Opferpriester; unsere Quelle lässt den *purohita* sein priesterliches Amt hauptsächlich von dem Gesichtspunkte der Einträglichkeit aus ansehen. Als im Lohakumbhi Jâtaka (III. 45) beim Beginn des Opfers[2]) der älteste Schüler an den *purohita* herantritt und fragt: „Steht nicht, o Lehrer, in unseren Veden, dass das Töten eines andern Menschen keine glückbringende Handlung ist?"

---

[1]) Weber, *Indische Studien*, Bd. 10, S. 34.

[2]) Es handelt sich um ein *sabbacatukkayañña*, d. i. ein vollständiges vierfaches Opfer, bestehend aus vier Elephanten, vier Pferden, vier Stieren, vier Menschen und je vier Exemplaren von allen andern Kreaturen, Wachteln u. s. w.

schiebt dieser ihn zurück mit den Worten: „Du bringst das Geld des Königs, wir werden viel Fleisch zu essen bekommen, sei still!“ In ähnlicher Weise fertigt der *purohita* im Mahâsupina Jâtaka (I. 343) den weisen und verständigen Schüler, der ebenfalls Bedenken gegen das Töten eines lebenden Wesens äussert, ab, indem er zu ihm sagt: „Mein Sohn, hierbei wird für uns viel Geld abfallen, du aber scheinst mir darauf bedacht den Schatz des Königs zu schonen.“ Während in diesen beiden Erzählungen das Opfer dazu dienen soll den König vor drohendem Unheil zu schützen, will im Dhonasâkha Jâtaka der herrschsüchtige *purohita* dem König durch ein Opfer zur Eroberung einer schwer einnehmbaren Stadt verhelfen. Er schlägt seinem Gebieter vor den tausend gefangenen Königen die Augen ausreissen, den Bauch aufschlitzen und die Eingeweide herausnehmen zu lassen und damit einer Baumgottheit eine *bali*-Spende darzubringen (III. 159 f.).

Nicht minder wie das Opfer wird der *purohita* auch andere Zauberkünste zu seiner Bereicherung und zur Förderung ehrgeiziger Pläne benutzt haben. Das Weihen des Staatselephanten brachte nach dem Susîma Jâtaka dem *purohita* jedesmal zehn Millionen (*koṭi*. II. 46) ein, da alles zur Weihe nöthige Geräth und der ganze Schmuck des Elephanten dem Vollzieher des *hatthimaṅgala* zufiel. Dass er seine Kunst aus Vorzeichen die Zukunft zu deuten zu eigennützigen Zwecken ausbeutete, lag nur zu nahe; um einen schwachen König seinem Willen gefügig zu machen, brauchte er nur aus den Zeichen herauszulesen, was seinen Wünschen entsprach. In der bekannten Erzählung vom König Leidelang und seinem Sohn Lebelang[1]) spielt die Zeichendeuterei des *purohita* eine Rolle, die man füglich, wenn schon sie nicht gerade zu schlechten Zwecken benutzt wird, doch nicht anders als einen Betrug nennen kann. Der Kosala-König Dîghîti, „Leidelang“, ist von seinem Nachbarn, dem König Brahmadatta von Kâsi, besiegt und aus seinem Reiche vertrieben worden. Zusammen mit der Königin wandert er von Ort zu Ort und kommt schliesslich nach Benares, der Residenz seines Feindes Brahmadatta, wo er sich im Hause eines Töpfers,

[1]) Sie findet sich im Mahâvagga des Vinaya Piṭaka (ed. Oldenberg, Vol. I, p. 342 ff.). Der Schluss der Erzählung ist auch in der Jâtaka-Sammlung enthalten, nämlich im Dîghîtikosala Jâtaka (III. 211 ff.).

als bettelnder Asket verkleidet, verborgen hält. Nicht lange darauf wird seine Frau schwanger; sie bekommt Schwangerschaftsgelüste und wünscht bei Sonnenaufgang ein viergliedriges[1]), schlachtfertiges, in voller Rüstung auf glückverheissendem Boden stehendes Heer zu sehen und das Wasser, worin die Schwerter gewaschen sind, zu trinken. Sie erzählt dem Dîghîti davon und erklärt ihm, da er ihr etwas extravagantes Gelüste bei seiner Armuth nicht zu befriedigen weiss, wenn sie ihren Wunsch nicht erfüllt sähe, würde sie sterben. Nun ist der *purohita* des Königs Brahmadatta mit dem Dîghîti befreundet; zu ihm begiebt sich der Kosala-König und erzählt ihm, in welcher Verlegenheit er sich befände. „Lasst auch mich die Königin sehen", entgegnet der *purohita*, und da er die Königin erblickt, ruft er aus: „Wahrlich, ein Kosala-König weilt in deinem Mutterleibe! Verzweifle nicht, bei Sonnenaufgang wirst du ein viergliedriges, schlachtfertiges, in voller Rüstung auf glückverheissendem Boden stehendes Heer zu sehen und das Wasser, worin die Schwerter gewaschen sind, zu trinken bekommen." Er geht zum Brahmadatta und sagt zu ihm: „O König, die Zeichen (*nimittâni*) verlangen, dass morgen bei Sonnenaufgang ein viergliedriges, schlachtbereites Heer in voller Rüstung auf glückverheissendem Boden stehe und dass die Waffen gewaschen werden." Der Kâsi-König befiehlt seinen Leuten die Anordnungen des *purohita* auszuführen. So wird das Schwangerschaftsgelüste der Königin durch die Betrügerei des *purohita* befriedigt.

Auf Zauberei, Zeichendeuterei und ähnliche Dinge scheint im Wesentlichen die Thätigkeit der *purohita* beschränkt gewesen zu sein, die nicht am königlichen Hofe, sondern in der Provinz weilten und hier zu den Stellvertretern des Königs vermuthlich in einem ähnlichen Verhältniss standen wie der höfische Hauspriester zum König, denen es aber zur Entfaltung irgend welcher politischer Thätigkeit an Gelegenheit gefehlt haben wird. Diese nicht im Dienste des Königs beschäftigten *purohita* werden, auch in der brahmanischen Literatur, nur selten erwähnt[2]), doch weist

---

[1]) *caturangini senâ*, d. i. ein aus Elephanten, Reiterei, Wagen und Fusstruppen bestehendes Heer.

[2]) Ueber die *purohita* im weiteren Sinne vgl. Oldenberg, *Religion des Veda*, S. 374 f.

auf ihre Existenz ein Vers des Dasabrâhmaṇa Jâtaka (IV. 364) hin, der ihre Wirksamkeit mit den Worten schildert:

„Hinausgebrachte Speise geniessen in den Dörfern einige *purohita*, viele Leute fragen sie (nach der Bedeutung von Sternbildern u. s. w.), Thiere kastrieren sie, (günstige) Zeichen verfertigen sie.

Auch werden dort (in den Häusern der *purohita*) Schafe geschlachtet, Büffel, Schweine und Ziegen; Schlächtern sind sie ähnlich, o grosser König, auch sie nennen sich Brahmanen."

8. Kapitel.

Die Brahmanen.

Wir haben den *purohita* seiner oft rein weltlichen Stellung wegen den Beamten des Königs angereiht, dabei aber betont, dass die eigentliche Quelle seiner politischen Macht in seinem Brahmanenthum zu suchen ist, in seiner Zugehörigkeit zur Brahmanenkaste; mit dieser wollen wir uns nunmehr eingehender beschäftigen.

Während wir bei den *khattiya* hervorzuheben genöthigt waren, dass auf sie der Ausdruck „Kaste" keine strikte Anwendung finden kann, weder in der modernen Bedeutung noch im Sinne der brahmanischen Theorie genommen, liegt die Sache bei den Brahmanen anders. Sie sind keine Klasse und vertreten nicht etwa ein besonderes Element der indischen Gesellschaft, das sich wie die *khattiya* als „das herrschende" so als „das geistige" bezeichnen liesse; auch sind sie kein erblicher Stand wie beispielsweise die Minister des Königs, denn wie wir sehen werden, ist Brahmane und Priester keineswegs identisch. Die Brahmanen sind eine Kaste und zwar ungefähr in dem Sinne, den sie in ihrer eigenen Theorie mit dem Begriff verbinden. Jemand ist ein Brahmane durch seine Geburt[1]), nicht etwa durch seinen Beruf; er mag seinen Beruf wechseln, er mag die niedrigsten

[1]) So wird ein Brahmane auch im Vinaya Piṭaka (Nissaggiya X. 2. 1) definiert: *brâhmaṇo nâma jâtiyâ brâhmaṇo*

Verrichtungen ausüben, er bleibt ein Brahmane, ein Mitglied seiner Kaste. Was dieser Gemeinschaft der Brahmanen ihre Geschlossenheit verleiht, was sie mit festen Schranken umgiebt und von der übrigen Gesellschaft absondert, ist zunächst das Bewusstsein als erste, als einzige mit dem Privileg des Opfers ausgestattete Kaste, als alleinige Vermittlerin des Verkehrs mit den Göttern über allen andern zu stehen, ferner die daraus entspringende Verachtung aller ihrer Geburt nach Niedrigstehenden, deren Berührung ängstlich gemieden wird, und schliesslich die Beobachtung gewisser allgemein gültiger, besonders das *connubium* und den Genuss unreiner Speise betreffender Satzungen, deren Verletzung *ipso iure* die Ausschliessung aus der Kaste zur Folge hat. Natürlich existiert die Geschlossenheit der Brahmanenkaste nur in der Idee. Die grosse Menge der zu Buddha's Zeit über den ganzen Norden Indiens verbreiteten Brahmanen bildet nicht etwa eine wohlorganisierte, mit einem Haupt, einem Rath ausgestattete Körperschaft; ein solcher äusserer Zusammenhang, wie wir ihn bei den modernen Kasten finden, scheint in jener Zeit gänzlich zu fehlen[1]). Auch die Jurisdiktion, der die Mitglieder der Brahmanenkaste unterworfen waren werden wir uns nicht als von einer förmlichen Instanz ausgehend zu denken haben, welcher Fälle des Verstosses gegen die Kastenvorschriften zur Entscheidung vorgelegt worden wären; sie wird vielmehr in dem Druck der öffentlichen Meinung bestanden haben, der stark genug war, um eine strikte Aufrechterhaltung der Satzungen zu erzwingen. Hatte beispielsweise — wie in den oben (S. 31 und 33) citierten Fällen — ein Brahmane von einem *Caṇḍâla* übrig gelassene Speise genossen, so hörte er damit auf Brahmane zu sein; um nicht der Verachtung seiner früheren Kastengenossen ausgesetzt zu sein, verlässt er seinen Wohnsitz (IV. 388) oder giebt sich selber den Tod (II. 84).

Wenn wir den Versuch machen uns ein Bild von dieser Kaste nach einer volksthümlichen Quelle wie den Jâtaka zu entwerfen, so darf es uns nicht Wunder nehmen, wenn es wesent-

[1]) Nur wo die Brahmanen auf dem Lande in Dörfern, die nur von ihnen bewohnt werden, vereint leben, ist das Vorhandensein einer Organisation denkbar. Solche Brahmanen-Dörfer (*brâhmaṇagâma*) werden in den Jâtaka erwähnt: II. 368; III. 293; IV. 276. Ferner Mahâvagga V. 13. 12. Dîgha Nikâya III. 1. 1; V. 1.

lich anders ausfällt als bei Zugrundelegung brahmanischer Quellen, beispielsweise der Brâhmaṇa-Texte und der Gesetzbücher. Losgelöst von seinen irdischen Beziehungen erscheint hier der Brahmane gleichsam in eine ideale Welt entrückt, als deren Centrum er gedacht wird, über den Göttern oder doch zum mindesten ihnen gleichstehend[1]). Anders in den Jâtaka, die uns den Brahmanen mitten im täglichen Leben und Treiben schildern: wir sehen ihn bald als Lehrer den neu ankommenden Schüler nach dem mitgebrachten Honorar fragen, bald am Hofe des Königs Zeichen und Träume deuten oder aus Sternbildern die Zukunft des neugeborenen Prinzen weissagen; bald begegnet er uns hinter dem Pfluge, bald als reicher Handelsherr inmitten seiner aufgespeicherten Schätze oder an der Spitze einer grossen Karawane.

Nun mag man einwenden, dass die Jâtaka, wenn sie nicht idealisieren, vielleicht an dem entgegengesetzten Fehler leiden, dass sie ein tendenziös entstelltes und verschlechtertes Bild von den Brahmanen entwerfen. Manche Erzählungen scheinen diese Ansicht zu rechtfertigen, denn vielfach werden die Brahmanen als habgierig, unverschämt und sittenlos geschildert und müssen dem *khattiya*, der die Rolle des tugendhaften und edlen Menschen im Märchen spielt, als Folie dienen. Recht deutlich scheint mir eine solche beabsichtigte Gegenüberstellung im Juṇha Jâtaka (IV. 96 ff.) zum Ausdruck zu kommen.

„In alter Zeit, als Brahmadatta in Benares regierte, studierte sein Sohn „Prinz Juṇha" mit Namen in Takkasilâ. Eines Nachts, als er in der Dunkelheit das Haus seines Lehrers, dem er sich gewidmet hatte, verliess und sich eilends in seine Wohnung begab, begegnete er unterwegs einem Brahmanen, der von einem Bettelgang zurückkehrend sich ebenfalls nach Haus begab, und da er ihn nicht sah, stiess er ihn mit dem Arm, so dass der Almosentopf des Brahmanen entzwei brach. Der Brahmane fiel hin und lag laut jammernd am Boden. Mitleidig kehrte der Prinz um, fasste ihn bei der Hand und hob ihn auf; jener aber rief: „Du hast

[1]) Manu IX. 316: „Die der Stützpunkt sind für die Welten und für die Götter alle Zeit, deren Reichthum das *brahman* (Opfer, Gebet, Veda) ist, wer möchte die verletzen, wenn ihm sein Leben lieb ist?" Vgl. ferner die bei Weber, *Indische Studien*, Bd. 10, S. 35 aus den Brâhmaṇa-Texten angeführten Stellen.

mir meinen Almosentopf entzwei gebrochen, mein Lieber, bezahle mir das Essen." Der Prinz entgegnete: „Brahmane, ich kann dir jetzt das Geld nicht geben, aber ich bin der Sohn des Königs von Kâsi und heisse Juṇha; wenn ich zur Regierung gelangt bin, dann komm und bitte dir das Geld von mir aus." — Der Prinz vollendete seine Studien, verabschiedete sich von seinem Lehrer und kehrte nach Benares zurück, wo er seinem Vater zeigte, was er gelernt hatte. Der Vater erfreut, dass er den Sohn noch vor seinem Tode wiedergesehen hatte, wollte ihn auch als König sehen und übertrug ihm die Regierung, die dieser als „König Juṇha" gerecht ausübte. Der Brahmane hörte davon und dachte: „Jetzt will ich mir das Geld für das Essen holen"; er begab sich nach Benares, und da er den König gerade während eines feierlichen Umzuges in der geschmückten Stadt erblickte, stellte er sich an einen erhöhten Platz und rief: „Es siege der König." Der König zog vorüber, ohne ihn zu sehen. Da der Brahmane erkannte, dass er unbeachtet bliebe, erhob er seine Stimme und rief:

„Höre mein Wort, o Herrscher der Männer! In bestimmter Absicht, Juṇha, bin ich hierher gekommen; nicht soll man an wandernden, (am Wege) stehenden Brahmanen (ohne sie zu beachten) vorübergehen, so sagt man, o bester unter den Menschen."

Als der König diese Worte hörte, hielt er den Elephanten mit seinem von Diamanten besetzten Haken an und sagte den zweiten Vers:

„Ich höre, ich stehe, sprich o Brahmane, zu welchem Zweck bist du hierhergelangt; welche Sache von mir begehrend kamst du hierher, o Brahmane, das sage mir bitte."

Darauf wurden im Zwiegespräch zwischen dem Könige und dem Brahmanen die übrigen Verse recitiert:

„Gieb mir fünf ausgezeichnete Dörfer, hundert Sklavinnen, siebenhundert Kühe und mehr als tausend Goldstücke und zwei ebenbürtige Gattinnen gieb mir."

„Hast du, o Brahmane, eine Busse von gewaltiger Kraft, oder besitzest du, Brahmane, verschiedene Zaubersprüche, sind irgendwelche Dämonen dir gehorsam, oder weisst du einen mir geleisteten Dienst?"

„Nicht besitze ich eine Busse noch auch Zaubersprüche, nicht sind mir irgendwelche Dämonen gehorsam, auch eines dir geleisteten Dienstes entsinne ich mich nicht. Es handelt sich fürwahr nur um ein früheres Zusammentreffen."

„Zum ersten Mal sehe ich dich meines Wissens, nicht kenne ich dich von früher her. Erkläre mir auf meine Frage die Sache, wann und wo war unser Zusammentreffen?"

„In des Gandhâra-Königs lieblicher Stadt weilten wir, in Takkasilâ, o König. Dort in der Dunkelheit, in tiefer Nacht, stiessen wir Schulter gegen Schulter zusammen.

Dort stehend tauschten wir beide, o Fürst, freundliche Worte aus; dies eine Mal nur sind wir zusammengetroffen, weder seitdem noch vorher jemals."

„Wenn jemals unter den Menschen, o Brahmane, ein Zusammentreffen mit einem guten Menschen stattfindet, so machen weise Männer aus flüchtiger Begegnung oder längerem Verkehr herrührende Bekanntschaften oder früher Gethanes nicht ungültig.

Thörichte Menschen nur machen solche Bekanntschaften oder früher Gethanes ungültig. Selbst Grosses, was unter Thoren geschieht, wird zu nichte; denn so sind die Thoren, undankbar von Natur.

Zuverlässige aber machen vorübergehende oder längere Bekanntschaften oder früher Gethanes nicht ungültig. Auch Geringes, was unter zuverlässigen Menschen geschieht, wird nicht zu nichte; denn so sind die Zuverlässigen, eingedenk von Natur.

Ich gebe dir fünf vorzügliche Dörfer, hundert Sklavinnen, siebenhundert Kühe und mehr als tausend Goldstücke und zwei ebenbürtige Gattinnen gebe ich dir."

„So pflegt es unter Guten zu sein, wenn sie zusammengekommen sind, o König, wie der Mond mit den Sternen; er wird voll, o Herr von Kâsi, wie ich, denn heute habe ich das bei unserm Zusammentreffen Versprochene bekommen."

Der Bodhisatta" — damit schliesst das Junha Jâtaka — „überhäufte ihn mit Reichthümern und Ehren."

Wie hier die Unverschämtheit eines Brahmanen verspottet wird, so bietet auch an anderen Stellen die Habgier der Brahmanen dem Erzähler willkommenen Anlass sich über sie lustig zu machen. „Die Brahmanen sind geldgierig" (*brâhmanâ dhanalolâ honti.* I. 425), so denkt im Sigâla Jâtaka der Schakal, der sich des Nachts in die Stadt gewagt hat und weil er eingeschlafen und vom Tagesanbruch überrascht ist, nicht unbemerkt entschlüpfen zu können fürchtet. Er bietet einem Brahmanen zweihundert *kahâpaṇa*, wenn er ihn unter der Achsel mit dem Obergewand verbergend ungesehen aus der Stadt brächte. Der Brahmane willigt ein, wird indessen für seine Geldgier in recht empfindlicher, nicht gut wiederzugebender Weise bestraft.

Besonders sind es die im Dienste des Königs stehenden Brahmanen, deren Habsucht immer wieder hervorgehoben wird. Im Susîma Jâtaka wird erzählt, dass die Brahmanen nach dem Tode des *purohita*, der, wie erwähnt, für das Weihen des Staatselephanten jedes Mal zehn Millionen bezog, zum Könige gehen und ihm sagen, sie wollten, da der *purohita*-Sohn noch zu jung sei und weder die drei Veden noch das *hatthisutta* kenne, selber die Elephantenweihe vornehmen. Der König ist damit einverstanden, und die Brahmanen sind hocherfreut das Geld für das *hatthimaṅgala* einstreichen zu können.

Die Thätigkeit der Brahmanen aus Vorzeichen über die Zukunft eines Menschen oder die Güte einer Sache ein Votum abzugeben, barg die Versuchung in sich dieses Gutachten von dem zu erwartenden Lohn abhängig zu machen, und die Jâtaka machen es wahrscheinlich, dass die Brahmanen dieser Versuchung vielfach nicht widerstanden. Ein *asilakkhaṇapâṭhakabrâhmaṇa*, d. h. ein Brahmane, der an bestimmten Merkmalen (z. B. am Geruch) die Güte eines Schwertes erkennt, sagt zu Leuten, die ihn dafür entsprechend bezahlen: „Das Schwert hat günstige Vorzeichen, es ist glückbringend" (*asi lakkhaṇasampanno maṅgalasaṃyutto*. I. 455), wenn er aber keinen Lohn dafür bekommt, so erklärt er das Schwert für *avalakkhaṇa*, „mit schlechten Merkmalen versehen".

Zu den Feinden, die der Hund des als Jäger verkleideten Sakka töten soll (IV. 184), gehören auch die gewinnsüchtigen Brahmanen:

> „Wenn die Brahmanen, kundig der Veden, der *sâvitrî*[1]) und der Opferlitanei, um des Lohnes willen opfern werden, dann wird der Hund losgelassen werden."

Auch mit der Sittlichkeit der Brahmanen scheint es nach den Jâtaka nicht immer zum Besten bestellt gewesen zu sein. Wir lesen im Sambhava Jâtaka (V. 57 ff.), wie der *purohita* Sucîrata von seinem König, dem Beherrscher des Kuru-Landes, Dhanañjayakorabya, ausgeschickt wird, um auf die Frage nach

---

[1]) Der Vers aus dem Rigveda (III. 62. 10): *tat savitur vareṇyam*.

dem *dhammayâga*[1]), die er ihm selber nicht beantworten kann, beim Brahmanen Vidhura in Benares Antwort zu holen. Er begiebt sich von Indapatta aus nicht geraden Weges nach Benares, sondern sucht erst, nachdem er in ganz Indien überall bei den Weisen angefragt und keine Antwort erhalten hat, den Vidhura auf. Dieser kann ihm seine Frage nicht beantworten, weil er mit anderen Gedanken beschäftigt ist, und schickt ihn zu seinem Sohn, Bhadrakâra. „Mein Lieber", entgegnet dieser dem *purohita* auf seine Bitte, „ich bin in diesen Tagen damit beschäftigt das Weib eines anderen zu verführen, mein Geist ist voll davon, so dass ich deine Frage nicht werde beantworten können; aber mein jüngerer Bruder Sañjaya ist reineren Sinnes als ich, ihn frage, er wird dir Antwort geben können." Aber auch beim Sañjaya geht es dem *purohita* nicht besser, denn auch dieser ist in die Frau eines anderen verliebt und schwimmt täglich durch die Gaṅgâ zu der Geliebten: „Abends und morgens, wenn ich den Fluss durchschwimme, kann mich der Tod verschlingen, davon ist mein Geist voll." Er weist ihn an den siebenjährigen Bruder, und erst dieser beantwortet ihm die Frage.

Doch wäre es verkehrt, wollten wir aus diesen Beispielen auf eine brahmanenfeindliche Tendenz der Jâtaka schliessen. Wie überall in der Pali-Literatur[2]) wird der „wahre" Brahmane —

---

[1]) *dhammayâga* bedeutet wörtlich ein Opfer, das dem *dhamma*, der Lehre oder dem Gesetz, entspricht. Eine bestimmte Art von Opfer wird darunter nicht zu verstehen sein, vielmehr scheint so etwas wie „ein allen Anforderungen genügendes, ein ideales Opfer" gemeint zu sein. In der Antwort, die dem Sucirata schliesslich zu Theil wird, ist erklärlicherweise von einem Opfer im brahmanischen Sinne überhaupt nicht die Rede; für den Buddhisten besteht eben der *dhammayâga*, das ideale Opfer, in tugendhaftem, dem *dhamma* entsprechendem Wandel.

[2]) So im Brâhmaṇavagga des Dhammapada (ed. Fausböll, p. 79):
„Nicht das geflochtene Haar, nicht die Familie, nicht die Kaste machen den Brahmanen aus;
Wer Wahrheit, wer Tugend besitzt, der ist glücklich und der ist ein Brahmane".
Vgl. ferner das Brâhmaṇadhammika Sutta im Sutta Nipâta (ed. Fausböll, p. 51 ff.) und die Antwort, die im Vinaya Piṭaka Buddha dem hochmüthigen Brahmanen auf die Frage nach den charakteristischen Merkmalen eines Brahmanen ertheilt (Mahâvagga I. 2. 3): „Der Brah-

das ist nach buddhistischer Anschauung der Brahmane, welcher weder auf Geburt noch auf Veda-Studium noch auf Opfer, sondern allein auf frommen Wandel Werth legt — durchaus gewürdigt. Bei dem Gewicht, das in der Lehre Buddha's dem tugendhaften Leben beigemessen wird, kann von einem Gegensatz, einem feindlichen Auftreten des Buddhismus gegen den weltentsagenden brahmanischen Asketen keine Rede sein. Nur gegen die äusserliche Auffassung der brahmanischen Pflichten (*brâhmaṇadhamma*. IV. 301 f.), wie sie beispielsweise Uddâlaka seinem Vater auf dessen Frage (siehe oben S. 16. f.) entwickelt, richtet sich die Tendenz der buddhistischen Schriften und auch der Jâtaka. Während Uddâlaka unter den *brâmaṇadhamma* das Umwandeln des Feuers, das Besprengen mit Wasser und das Errichten des Opferpfahls versteht, giebt der *purohita*, der das Ideal eines Brahmanen im besitzlosen, weltentsagenden Heiligen sieht, der buddhistischen Auffassung Ausdruck mit den Worten:

„Ohne Feld, ohne Verwandte, unbekümmert um die Sinneswelt, frei von Wünschen, losgelöst von schlechten Gelüsten, gleichgültig gegen die Existenz, so handelnd erreicht der Brahmane die Seelenruhe, darum nannte man ihn einen Frommen."

Dass dieser besitz- und wunschlose Brahmane auch dem buddhistischen Erzähler eine durchaus ehrwürdige Person ist, geht aus zahlreichen Stellen der Jâtaka hervor, z. B. aus dem Saccaṃkira Jâtaka (I. 323 ff.), wo dem hartherzigen und grausamen Prinzen ein gutmüthiger und mitleidiger brahmanischer Einsiedler gegenübersteht. Die häufige Nebeneinanderstellung von *samaṇa* und *brâhmaṇa*[1]) zeigt, dass der heimathlose Asket

mane, welcher alle Sünde von sich entfernt hat, welcher frei von Hochmuth, frei von Unreinheit, voll Selbstbeherrschung ist, der die Wissenschaft vollkommen beherrscht, der die Pflichten der Heiligkeit erfüllt hat, ein solcher Brahmane kann sich mit Recht einen Brahmanen nennen, für den es keinen Wunsch irgendwo auf der Welt mehr giebt."

[1]) Auch in den Edikten des Asoka findet sich diese Zusammenstellung von *samaṇa* und *brâhmaṇa*: im vierten Edikt wird unter den von Asoka geforderten Pflichterfüllungen auch das geziemende Betragen gegen Brahmanen und Asketen (*bambhanasamanânam sampatipati*) genannt. Vgl. *Zeitschrift d. Deutschen Morgenl. Gesellschaft*, Bd. 37, S. 255.

und der Brahmane insofern auch für den Buddhisten identisch sind, als auch für ihn die Attribute eines heimathlosen Asketen, Besitz- und Wunschlosigkeit, dem Begriff eines „wahren“ Brahmanen inhärieren.

„Lass tugendhafte Asketen und Brahmanen (*sīlavante samaṇabrāhmaṇe*. I. 187) sich in dem Stalle des (bösartigen) Elephanten niedersetzen und von tugendhaftem Wandel reden“, räth der Minister dem Könige, indem er hofft dadurch den Elephanten, der durch das Anhören räuberischer Anschläge wild geworden ist, zu besänftigen. Mit den Worten: „Weisst du nicht, dass du ein Heiliger oder ein Brahmane bist“ (*tava samaṇabhāvaṃ vā brāhmaṇabhāvaṃ vā na jānāsi*. I. 305), bringt die Königin den verliebten Asketen wieder zur Besinnung.

Wir haben meiner Ansicht nach zwischen zwei Arten von Brahmanen zu unterscheiden, die, wennschon wir sie uns nicht etwa äusserlich irgendwie getrennt zu denken haben[1]), doch ihrem Wesen nach grundverschieden sind und miteinander nicht mehr gemein haben als den Namen und die Zugehörigkeit zu derselben Kaste, nämlich zwischen den „eigentlichen“ und den „weltlichen“ Brahmanen. Die ersteren entsprechen nahezu dem in ihren eigenen Schriften entworfenen Ideal. Ihr Lebensgang spielt sich gewöhnlich in den drei oder vier Etappen ab, in die sich nach den Gesetzbüchern das Leben eines Brahmanen eintheilt, und deren Innehaltung hier empfohlen, zum Theil sogar, wie es scheint, für unerlässlich angesehen wird[2]).

---

[1]) Ein Zerfallen der Brahmanenkaste in verschiedene Unterkasten, ein Sichvereinigen der aus ihrer Kaste Ausgestossenen zu neuen Kasten, wie es im heutigen Indien besteht, ist, glaube ich, für die ältere buddhistische Periode nicht anzunehmen, da wir nirgends in den Pali-Texten eine Spur davon finden. Auch dass die brahmanischen Gesetzbücher davon nichts wissen, möchte ich nicht mit Senart (*Revue des deux mondes*, T. 122, p. 98) auf das Bestreben der Verfasser die Kaste in ihrer idealen Integrität darzustellen zurückführen, vielmehr daraus schliessen, dass erst in neuerer Zeit, wo die Kasten mehr und mehr den Charakter von Berufsgemeinschaften angenommen haben, die alte, wenn auch nur in der Idee bestehende Einheit der Brahmanenkaste zerstückelt worden ist.

[2]) Āpastamba II. 21. 1 ff.: „Es giebt vier Lebensstadien (*āśrama*), die Haushälterschaft, die Schülerschaft, das Stadium des Asketen und

Der Brahmane begiebt sich, herangewachsen, zu einem Lehrer, studiert hier die Veden, gründet dann einen Hausstand, entsagt nachher dem weltlichen Leben und zieht hinaus in den Wald, wo er entweder als Einsiedler oder umgeben von einer Schaar von Schülern und Asketen weilt, und den er gelegentlich verlässt, um sich auf einem Bettelgange mit Salz und Essig zu versehen (*Bodhisatto Kāsiraṭṭhe brāhmaṇakule nibbattitvā vayappatto Takkasilaṃ gantvā sabbasippāni uggaṇhitvā gharāvāsaṃ pahāya isipabbajjaṃ pabbajitvā gaṇasatthā hutvā Himavantapadese ciraṃ vasitvā loṇambilasevanatthāya janapadacārikaṃ caramāno Bārāṇasiṃ patvā rājuyyāne vasitvā punadivase dvāragāme sapariso bhikkhācāraṃ cari.* II. 85. Aehnlich II. 394, 411; III. 147, 352). Hier haben wir die vier *āśrama* der Gesetzbücher: die Zeit der Schülerschaft, die Zeit des häuslichen Lebens und die Zeit des Aufenthalts im Walde und des Umherwanderns als Bettler. Die angeführte Formel, durch die der Lebenslauf eines „echten" Brahmanen charakterisiert werden soll, kehrt am Beginn einer grossen Anzahl von Jâtaka mit fast denselben Worten wieder. Doch finden wir bei genauerer Vergleichung Abweichungen: bald entsagt der Brahmane gleich, nachdem er herangewachsen ist, dem häuslichen Leben und wird, anscheinend ohne die Pflichten eines Schülers und eines Hausvaters erfüllt zu haben, heimathloser Asket (I. 333, 361, 373, 450; II. 131, 232, 262.), bald lesen wir von der Gründung eines Hausstandes und dem späteren Aufgeben des weltlichen Lebens, aber nichts von einer vorhergehenden Schülerschaft (II. 41, 145, 269, 437; III. 45), bisweilen folgt dem vollendeten Studium unmittelbar die Ergreifung des hauslosen Standes, das Weilen im Walde oder das Umherziehen als Bettler (II. 72; III. 64, 79, 110, 119, 228, 249, 308; V. 152, 193). Zwischen diesen beiden letzten Arten der Lebensführung wird in den Jâtaka überhaupt nicht als zwischen zwei aufeinanderfolgenden Stufen unterschieden, und es ist wahrscheinlich, dass auch

---

das des Waldeinsiedlers. Wer in allen diesen der Vorschrift gemäss unbeirrt lebt, erreicht die Seelenruhe." Manu VI. 37 wird ausdrücklich gefordert, dass dem Hinausgehen in den Wald die Schülerschaft und das Leben als Hausvater vorangehen muss: „Ein zwiefach Geborener, welcher Befreiung zu erlangen sucht, ohne die Veden studiert, ohne Söhne gezeugt und ohne geopfert zu haben, sinkt herab."

in der Praxis kein Unterschied zwischen beiden bestand, da die Unbilden des Wetters und die Nothdurft des Lebens jeden Einsiedler nöthigten zu Zeiten den Aufenthalt im Walde mit der Lebensweise eines wandernden Bettlers zu vertauschen. Wenn wir nicht annehmen wollen, dass die Jâtaka absichtlich bei der Aufzählung der verschiedenen Lebensstufen eines Brahmanen variieren, um nicht dieselben Worte immer von neuem zu wiederholen — eine Annahme, der die sonst in den Pali-Texten ganz gebräuchliche, bis zur Ermüdung übertriebene Wiederholung derselben und zwar genau derselben Worte widerspricht —, so können wir meiner Meinung nach aus diesen Abweichungen entnehmen, dass von einer schematischen Eintheilung des Lebensganges der Brahmanen in der Wirklichkeit keine Rede war. Oft mochten sich im Leben eines orthodoxen Brahmanen die vier Stufen aneinander anschliessen, und es lag für die Verfasser der Gesetzbücher nahe, dass sie diesem Ideal in ihrer Theorie vorbildliche Geltung zu verschaffen suchten: wir würden indessen weit fehlgehen, wenn wir uns alle Brahmanen als einmüthig dem Studium und der Askese hingegeben denken und annehmen wollten, sie hätten ihre Laufbahn in vier Stufen getheilt und die beiden letzten dem Einsiedlerleben und dem Beruf des wandernden Bettlers gewidmet[1]).

Wenn wir diesen durch den schematisierenden Einfluss der brahmanischen Gesetzgeber hervorgerufenen Unterschied zwischen Theorie und Praxis mit berücksichtigen, so kommt doch im Grossen und Ganzen der „eigentliche" Brahmane der Jâtaka dem Brahmanen, wie wir ihn aus den Brâhmaṇa-Texten und den Gesetzbüchern kennen, nahe, und zwar nicht bloss hinsichtlich der äusseren Eintheilung des Lebensganges, sondern auch dadurch, dass er die Pflichten eines Brahmanen erfüllt und seine Vorrechte geniesst.

Als die vier Pflichten eines Brahmanen werden im Śatapatha-Brâhmaṇa (XI. 5. 7, 1) aufgezählt[2]): brahmanische Abstammung

---

[1]) Senart, *Revue des deux mondes*, T. 122, p. 102. Die oben S. 3 Anm. citierten Artikel Senart's in der *Revue* sind inzwischen als Buch erschienen unter dem Titel: *Les Castes dans l'Inde. Les faits et le système.* Paris 1896. Ich verweise von jetzt ab auf diese Ausgabe.

[2]) Vgl. Weber, *Indische Studien*, Bd. 10, S. 41, 69 ff.

(*brâhmaṇyam*), angemessenes Benehmen (*pratirûpacaryâ*), Ruhmerlangung (*yaśas*), Belehrung der Leute (*lokapakti*). Wir dürfen bei der Natur unserer Quelle nicht erwarten, dass sie bis ins Einzelne eine Illustration dieses Schemas bietet, schon darum nicht, weil die genannten Pflichten zum Theil in der Ausführung von Dingen bestehen, die dem buddhistischen Erzähler völlig fern liegen oder für die ihm jedes Verständniss fehlt. So enthalten die Jâtaka über das Opfer, das zusammen mit dem Studium die im Schema an dritter Stelle genannte Pflicht der Ruhmerlangung ausmacht, kaum irgend welche Angaben: sie erwähnen es nur, um es als werthlos oder gar als eine von habgierigen Brahmanen zur Füllung ihres Geldbeutels ins Werk gesetzte Schwindelei hinzustellen. Die Bereicherung der Brahmanen durch das Opfer scheint im Volke sprichwörtlich gewesen zu sein: Wie ein König beim Opfer den Brahmanen das Geld, so freudig will — nach einem Vers des Ummadantî Jâtaka (V. 221) — der *senâpati* seinem Herrn die Gattin überlassen. Auch für die Erfüllung der ersten Pflicht, des *brâhmaṇya*, vermag ich aus den Jâtaka selbst keine Belege beizubringen, doch dürfen wir schon aus der Polemik gegen die Werthschätzung der Geburt, der wir hier und in den Pali-Texten überhaupt begegnen, schliessen, dass auch in den östlichen Ländern von Seiten der Brahmanen, zum Theil wenigstens, grosses Gewicht auf tadellose Abkunft gelegt wurde. Was ein echter Brahmane hierunter verstehen mochte, erfahren wir beispielsweise aus einer Stelle der Nidânakathâ (I. 2), wo es von dem ersten Bodhisatta, d. h. Buddha in seiner ersten Existenz als Brahmane Sumedha, heisst: „Beiderseits von guter Familie, sowohl mütterlicher- wie väterlicherseits, von reiner Empfängniss bis zum siebenten Gliede, unbescholten und vorwurfsfrei hinsichtlich der Geburt.“ Es sind dieselben Worte, die auch sonst im Pali-Canon wiederkehren[1]), und mit denen im Dîgha Nikâya (IV. 4) die Brahmanen den Soṇadaṇḍa, indem sie ihn auf seine brahmanische Abkunft hinweisen, von seinem Vorhaben den *samaṇa* Gotama aufzusuchen zurückhalten wollen: „Weil du, o Soṇadaṇḍa, beiderseits von guter Familie bist u. s. w., darum musst nicht du

---

[1]) Siehe die unten S. 143 citierte Stelle des Vâseṭṭha Sutta.

den *samaṇa* Gotama, sondern muss der *samaṇa* Gotama dich aufsuchen".

Dass Beispiele tugendhafter Brahmanen, die es mit der zweiten Pflicht, dem angemessenen Lebenswandel (*patirûpacaryâ*), ernst nahmen, in den Jâtaka nichts Seltenes sind, ist bereits erwähnt worden; hier mag noch die Antwort citiert werden, womit im Samiddhi Jâtaka (II. 56 ff.) der junge brahmanische Eremit die Lockungen der Nymphe zurückweist, die ihn ermahnt, er solle, solange er jung sei, sein Leben geniessen und nicht die Zeit verstreichen lassen:

„Nicht weiss ich die Zeit (meines Todes), verborgen ist die Zeit meinen Blicken, deshalb führe ich das Leben eines Bettlers, ohne genossen zu haben; nicht möge mir die (rechte) Zeit (des frommen Wandels) vorübergehen."

Am ausführlichsten sind die in den Jâtaka enthaltenen Angaben über das Studium, worin neben dem Opfer die dritte Pflicht des Brahmanen, die Ruhmerlangung (*yaśas*), besteht.

Wenn der junge Brahmane herangewachsen ist, verlässt er das Elternhaus und begiebt sich zu einem Lehrer[1]). In der Regel

---

[1]) Eine andere Möglichkeit der Lebensführung, für die ich in brahmanischen Quellen ein Analogon nicht habe finden können, wird gelegentlich (I. 285, 494; II. 43) dem jungen Brahmanen von seinen Eltern freigestellt. Diese haben an dem Tage seiner Geburt ein Feuer (*jâtaggi*) angezündet und seitdem unterhalten. Als der Knabe sechzehn Jahre alt geworden ist, sagen seine Eltern zu ihm: „Sohn, wir haben an dem Tage deiner Geburt ein Feuer angezündet und seitdem nicht ausgehen lassen; wenn du ein häusliches Leben zu führen wünschest, so lerne die drei Veden, wenn du aber in die Welt des Brahma eingehen willst, so nimm dies Feuer mit in den Wald und bediene es, damit du Mahâbrahma's Gunst gewinnst und die Brahma-Welt erreichst." Der hier erwähnte Agni-Dienst ist vermuthlich identisch mit der „Bedienung des Feuers" (*aggiparicariyâ*), dem dritten unter den vier falschen Wegen (*apâyamukhâni*), von denen im Dîgha Nikâya (III. 2. 3) gesagt wird, dass sie nicht zur Erreichung der höchsten Vollendung in Wissen und Wandel führen.

Zur Erklärung des *jâtaggi* sei hier auf das bei Hiraṇyakeśin (Gṛihyasûtra II. 3) erwähnte Wöchnerinnenfeuer (*sûtikâgni*), das an Stelle des häuslichen Opferfeuers herbeigebracht wird, hingewiesen. Vgl. Oldenberg, *Die Religion des Veda*, S. 338. Die Gesetzbücher wissen von einem bei der Geburt eines Sohnes angezündeten Feuer nichts, sprechen dagegen von einem *vaivâhika agni*, einem bei der Hochzeit angezündeten Feuer, das zur Vollziehung der häuslichen Ceremonien,

wird als Zeitpunkt des Beginns der Studien ganz allgemein das Ende der Knabenzeit angegeben: „Nachdem er herangewachsen (*vayappatta*) war" — heisst es im Tittira Jâtaka (I. 431) und ähnlich an zahlreichen anderen Stellen (I. 436, 505; II. 52; III. 18, 171, 194, 228, 248; V. 193, 227) — „lernte er in Takkasilâ alle Wissenschaften." Als herangewachsen aber galt nach den Jâtaka der brahmanische Jüngling offenbar ebenso wie der *khattiya* mit dem sechzehnten Lebensjahr[1]), wie dies deutlich im Sarabhaṅga Jâtaka ausgesprochen ist, wo von dem *purohita*-Sohn gesagt wird, dass er in seinem sechzehnten Lebensjahre von ausserordentlicher Schönheit war, und dass ihn sein Vater, da er seine körperliche Vollendung (*sarîrasampatti*. V. 127) sah, zum Studium nach Takkasilâ schickte. Ebenso ist auch in den drei Jâtaka, wo erzählt wird, dass die Eltern ihrem Sohn die Wahl lassen entweder im Walde das „Geburtsfeuer" (*jâtaggi*) zu verehren oder zu studieren, der junge Brahmane sechzehn Jahre alt.

Wie bei den *khattiya* wird auch, wenn von dem Studium der Brahmanen die Rede ist, fast immer Takkasilâ als der Ort genannt, wo die brahmanischen Jünglinge ihren Studien obliegen; seltener wird Benares als der Wohnsitz eines weltberühmten Lehrers erwähnt (II. 260; III. 18). Letzteres scheint nach den Jâtaka — wie oben (S. 62) schon bemerkt wurde — an wissenschaftlicher Bedeutung hinter Takkasilâ zurückgestanden zu haben, da sich sonst der in einem Kâsi-Dorfe geborene junge Brahmane des Âsaṅka Jâtaka (III. 248) zum Zweck des Studiums schwerlich nach der entfernten Stadt des Gandhâra-Reiches, sondern nach der Hauptstadt seines eigenen Landes, nach Benares, begeben haben würde.

Als Hauptgegenstand des Studiums der Brahmanen gilt natürlich auch in unserer Quelle der Veda. „In den drei Veden[2]) völlig

---

zum Opfern und zum Kochen der täglichen Nahrung diente und darum ständig unterhalten werden musste. Manu III. 67.

[1]) Nach den Gesetzbüchern ist für einen Brahmanen die Vollendung des sechzehnten Lebensjahres der Zeitpunkt, bis zu dem die *sâvitrî*, d. i. die durch das Hersagen der *sâvitrî* erfolgende feierliche Einführung in die Kaste, vor sich gegangen sein muss. Das *upanayana* hingegen, die Aufnahme des Schülers in die Lehre, also der Beginn des Studiums, konnte schon im achten, unter Umständen sogar im fünften Lebensjahr erfolgen. Manu II. 36 ff.

[2]) Bemerkenswerth ist, dass überall in unserm Text nur von drei

bewandert" (*tiṇṇaṃ vedânaṃ pâragû* oder *pâraṃ gato*. I. 38. 43. 166 u. s. w.), „in den drei Veden zur Vollendung gelangt" (*tîsu vedesu nipphattim patto*. I. 285) sind die ständigen Epitheta eines echten Brahmanen. Statt der drei Veden wird bisweilen von *mante* gesprochen, die der Lehrer seine Schüler lernen lässt (*mante vâcesi*. I. 402; II. 100, 260). „Früher war auch ich ein Brahmane wie Ihr die heiligen Verse studierend" (*mantajjhâyakabrâhmaṇa*. I. 167), sagt die Ziege, die sich ihrer früheren Geburten erinnert, zu dem brahmanischen Lehrer. Auch wenn von einem Brahmanen ganz allgemein gesagt wird: „Er erlernte die Wissenschaft" (*sippaṃ uggaṇhi*. III. 18; *uggahitasippa*. III. 249; V. 193), so mag damit die brahmanische Wissenschaft κατ' ἐξοχήν, das Studium des Veda, gemeint sein. Doch waren die drei Veden offenbar nicht der einzige Gegenstand, worin die Brahmanen während der Zeit ihrer Schülerschaft unterrichtet wurden: mehrfach ist von „allen Wissenschaften" (*sabbasippâni*. I. 463; II. 53; III. 219, 229), die der Brahmane zu erlernen hat, die Rede, und darunter sind, wie aus anderen Stellen hervorgeht, neben den drei Veden noch achtzehn verschiedene Wissenszweige zu verstehen. Der im Sabbadâṭha Jâtaka vorkommende *purohita* ist in den drei Veden und den achtzehn Wissenschaften bewandert (*tiṇṇaṃ vedânaṃ aṭṭhârasannaṃ sippânaṃ pâraṃ gato*. II. 243), und der *uddiccabrâhmaṇa* des Bhîmasena Jâtaka erlernt bei einem weltberühmten Lehrer in Takkasilâ die drei Veden und achtzehn Wissenszweige (*tayo vede aṭṭhârasa vijjaṭṭhânâni*. I. 356. Aehnlich I. 463). Genaueres über diese *aṭṭhârasa vijjaṭṭhânâni* erfahren wir aus den Jâtaka selbst nicht, doch ist es nicht unwahrscheinlich, dass sie sich ungefähr mit den achtzehn Abtheilungen decken, die in den brahmanischen Systemen aufgeführt werden und in die noch heutzutage die Hindus ihre Wissenschaft eintheilen[1]).

Veden die Rede ist. Mir scheint hierin ein Beweis dafür zu liegen, dass der Atharvaveda in der ältern buddhistischen Zeit, obwohl er als Sammlung existierte — wie aus dem Sutta Nipâta, Vers 927, hervorgeht — und von den Brahmanen vielfach bei der Ausübung ihrer Zauberkünste benutzt sein wird, doch in religiöser Hinsicht nicht als gleichwerthig neben den drei andern Veden anerkannt wurde.

[1]) In einem vermuthlich ziemlich modernen Werke eines orthodoxen Brahmanen, dem Prasthânabheda (Mannigfaltigkeit der Methoden) des Madhusûdana Sarasvatî werden folgende achtzehn Wissenschaften

Die Schüler (*anterâsika*) wurden von ihrem Lehrer nicht immer auf gleichem Fusse behandelt, sondern zerfielen nach dem Tilamuṭṭhi Jâtaka in zwei Klassen: in die *dhammantevâsika*, das sind solche, die am Tage für den Lehrer (als Entgelt für den Unterricht) Dienste verrichteten und ihre Studien während der Nacht betreiben mussten, und in solche, die dem Lehrer Honorar zahlten (*âcariyabhâgadâyaka*); diese leben — so heisst es II. 278 — wie älteste Söhne im Hause des Lehrers. Auf das mitgebrachte Honorar[1]) wurde anscheinend von Seiten des Lehrers grosses Gewicht gelegt. Die im Tilamuṭṭhi Jâtaka erzählte Begrüssung zwischen dem neu angekommenen Schüler, einem Prinzen von Benares, und dem Lehrer in Takkasilâ vollzieht sich in folgender Weise: Der junge Prinz hat sich nach der Wohnung seines Lehrers erkundigt und trifft diesen an, wie er nach Beendigung des Unterrichts vor der Thür seines Hauses auf und ab geht. Wie er den Lehrer erblickt, macht er seine Schuhe los, legt seinen Sonnenschirm bei Seite und bleibt mit ehrfurchtsvollem Grusse stehen. Jener sieht,

---

aufgezählt: 1. die vier Veden: *Ṛigveda*, *Yajurveda*, *Sâmaveda* und *Atharvaveda*; 2. die sechs *Vedâṅga* (Veda-Glieder), nämlich: *sikshâ* (Lautlehre), *kalpa* (Ritual), *vyâkaraṇa* (Grammatik), *nirukta* (Wortbedeutung), *chandas* (Metrik) und *jyotisha* (astronomische Kalenderkunde); 3. die vier *Upâṅga* (Nebenglieder), nämlich: die *purâṇa* (Erzählungen aus der Vorzeit), der *nyâya* (Logik), die *mîmâṃsâ* (vedische Dogmatik) und die *dharmaśâstra* (Rechtsbücher). Zu diesen vierzehn auch bei Yâjñavalkya (I. 3) aufgeführten Wissenschaften rechnet dann Madhusûdana noch die vier *Upaveda* (Nebenvedas) hinzu, nämlich den *âyurveda* (Gesundheitslehre), den *dhanurveda* (Waffenkunde), den *gândharvaveda* (Musiklehre) und das *arthaśâstra* (praktische Unterweisung), so dass im Ganzen achtzehn Wissenschaften herauskommen. Hiermit können freilich die *aṭṭhârasa vijjaṭṭhânâni* unseres Textes schon darum nicht völlig identisch sein, weil in diesen die drei Veden nicht mit einbegriffen sind. — Vgl. Bühler im *Indian Antiquary*, 1894, p. 247.

[1]) Nach Manu III. 156 gehört der gegen festgesetztes Honorar unterrichtende Lehrer (*bhṛitakâdhyâpaka*) zu den von der Theilnahme am Somaopfer ausgeschlossenen Brahmanen. Das Unterrichten zum Zwecke des Gelderwerbs galt somit für unwürdig; der Schüler durfte nur nach vollendetem Studium dem Lehrer ein Geschenk machen, dessen Höhe sich nach seinen Vermögensverhältnissen richtete und in einem Feld, in Gold, in einer Kuh, einem Pferd, einem Sonnenschirm, in Schuhen, in einem Stuhl, einem Sitz, in Getreide, in Kleidern und selbst in Gemüse bestehen konnte. Manu II. 245 f.

dass der Ankömmling von der Reise müde ist und bewillkommnet ihn freundlich. Nachdem der Jüngling gegessen und ein wenig geruht hat, naht er sich wiederum ehrerbietig grüssend dem Lehrer, der sich nunmehr eingehend nach seinen Verhältnissen erkundigt. „Woher bist du gekommen, mein Lieber?" fragt er ihn. „Von Benares." „Wessen Sohn bist du?" „Des Königs von Benares Sohn." „Zu welchem Zweck bist du gekommen?" „Um die Wissenschaft zu erlernen." „Hast du Honorar für den Lehrer (*âcariyabhâga*) mitgebracht oder willst ein *dhammantevâsika* werden?" „Ich habe das Honorar für den Lehrer mitgebracht," antwortet der Prinz und legt dem Lehrer eine Börse mit 1000 Geldstücken zu Füssen.

Diese Summe von 1000 *kahâpana*[1]) wird stehend als der an den Lehrer beim Beginn des Studiums einzuhändigende Betrag angegeben. Natürlich können wir derartige Zahlen unseres Textes nicht als Angaben der wirklichen Höhe des Honorars auffassen, dürfen aber vielleicht den Schluss ziehen, dass die Einnahmen der brahmanischen Lehrer nicht unbedeutend waren. Auch die armen Brahmanenschüler, die den Unterricht kostenlos empfangen hatten, suchten ihren Lehrer später zu entschädigen, indem sie sich das Geld zusammenbettelten (*dhammena bhikkham caritvâ âcariyadhanam âharissâmi.* IV. 224); bisweilen übernahmen reiche Einwohner der Stadt, wie sie für den Unterhalt armer Brahmanenjünglinge sorgten, so auch die Bestreitung der Kosten des Unterrichts (*Bârâṇasivâsino duggatânaṃ paribbayaṃ datvâ sippaṃ sikkhâpenti.* I. 239).

Von anderen Lehrern, denen es um das Honorar weniger zu thun sein mochte, wird erzählt, dass sie, um ungestört sein zu können, die Stadt verlassen und mit ihren Schülern in den Wald ziehen. Diese müssen das zum Leben Nothwendige (Sesam, Reis, Oel, Kleider u. s. w.) mitnehmen und nicht weit von der Strasse für den Lehrer und sich Laubhütten errichten. Vor Entbehrungen schützt sie überdies der grosse Ruf des Lehrers, denn nicht nur die Verwandten der Schüler schicken Reis u. s. w., auch

[1]) = Skr. *kârshâpaṇa*. Es bedeutet ursprünglich ein bestimmtes Gewicht und wird sowohl von kupfernen, wie von silbernen und goldenen Münzen gebraucht, so dass wir schon deshalb keine Vorstellung von dem reellen Werth der 1000 *kahâpaṇa* haben. Vgl. Childers, *Pali Dictionary*, s. v.

andere Einwohner des Landes versorgen sie mit Lebensmitteln (III. 537).

Die Lehrmethode wird dieselbe gewesen sein, wie wir sie aus den brahmanischen Quellen kennen[1]) und wie sie noch heute in Indien gebräuchlich ist: der Lehrer sagt Strophe für Strophe vor, und der Schüler wiederholt das Vorgesprochene. So ist es auch verständlich, wenn im Tittira Jâtaka erzählt wird, dass das Rebhuhn nach dem Tode des Lehrers die Schüler damit tröstet, es wolle den Unterricht übernehmen, und da sie erstaunt fragen, woher es das könne, erwidert: „Ich habe, als euer Lehrer euch vorsprach, zugehört und die drei Veden auswendig gelernt." Das Rebhuhn erklärt den Schülern eine schwierige (wörtlich „knotige") Stelle nach der andern (*ganthiganthitthânam osâresi.* III. 538).

Der äussere Verkehr zwischen Lehrer und Schüler vollzog sich natürlich auf Seiten des letzteren in den ehrerbietigsten Formen. Charakteristisch für die Auffassung, dass der Lehrer unter allen Umständen über dem Schüler steht, mag dessen Rang sein, welcher er wolle, ist das Chavaka Jâtaka (III. 27 ff.), wo dem Könige, wie oben (S. 28) erwähnt wurde, von einem *Caṇḍâla* ein Vorwurf daraus gemacht wird, dass er den *purohita*, der ihn die Veden lehrt, auf einem niedrigen Sitz Platz nehmen lässt, während er selbst einen höheren Sitz inne hat. Die Handlungsweise des Königs wie des *purohita* wird von dem *Caṇḍâla* als *adhammika*, ungesetzlich, dem *dhamma* widersprechend bezeichnet: wir sehen, dass die Vorschrift der Gesetzbücher[2]), wonach der Schüler stets einen niedrigeren Sitz einnehmen muss als sein Lehrer, auch im Osten Indiens Geltung hatte.

Manches von dem bisher bei Erörterung des Verhältnisses zwischen Schüler und Lehrer Gesagten fällt mit unter die Kategorie der im Schema an vierter Stelle aufgeführten Pflicht, der *lokapakti*, eigentlich Reifmachung, d. i. Belehrung der Leute. Ihr genügt der Brahmane den Brâhmaṇa-Texten zufolge in dreifacher Stellung, als Lehrer, als Opferpriester und als *purohita*[3]). Da wir aus den Jâtaka über den Opferpriester, soweit er nicht

[1]) Vgl. Weber, *Indische Studien*, Bd. 10, S. 129. Zimmer, *Altindisches Leben*, S. 210 f.

[2]) Âpastamba I. 2. 21; Vishṇu XXVIII. 12; Manu II. 198.

[3]) Vgl. Weber, *Indische Studien*, Bd. 10, S. 120.

in Diensten des Königs steht, kaum irgend etwas erfahren, der *purohita* aber seiner politischen Stellung wegen ausserhalb seiner Kaste behandelt worden ist, so erübrigt es noch das Bild des brahmanischen Lehrers durch einige den Jâtaka entnommene Züge zu vervollständigen. Unser Text ist voll von Stellen, die den Brahmanen als „weltberühmten Lehrer“ (*disâpâmokkha âcariya*. I. 166, 239, 299, 317, 402, 436; II. 137, 260, 421; III. 215) auftreten lassen, umgeben von einer grossen Schaar von Schülern, deren Zahl stehend auf fünfhundert angegeben wird. Der Schauplatz ihrer Thätigkeit sind Städte wie Benares und Takkasilâ; hier lehren sie die Veden und alle Wissenschaften, indem sie sich und ihre Familie, an deren Spitze sie als *gṛihastha* stehen, von dem Honorar der Schüler ernähren. Von anderen Brahmanen lesen wir, dass sie gleich nach Beendigung ihres Studiums den hauslosen Stand ergreifen und in den Himâlaya ziehen, wo sie eine Schaar von Asketen um sich versammeln (I. 450; II. 145) und als deren Berather und Lehrer (*orâddâcariya*. I. 431. *gaṇasatthâ*. II. 41, 72, 85, 131; III. 143) fungieren.

Wir führten das Chavaka Jâtaka als ein Beispiel dafür an, ein wie hohes Ansehen auch in den östlichen buddhistischen Ländern der Stand der brahmanischen Lehrer genossen zu haben scheint. Dass andererseits im Volk gelegentlich kleine Schwächen der „weltberühmten“ Männer erkannt und verspottet wurden, können wir aus der wohl sprichwörtlichen Redensart unseres Textes entnehmen: *âcariyamuṭṭhiṃ na karonti* (II. 221, 250), d. h. „sie machen nicht die geschlossene Faust eines Lehrers, sie behalten nichts für sich,“ wie die Lehrer es anscheinend gelegentlich zu thun pflegten, um ihren Schülern gegenüber etwas voraus zu haben. Sie mochten die Befürchtung hegen, es könne ihnen so ergehen, wie dem Brahmanen des Mûlapariyâya Jâtaka (II. 260) mit seinen fünfhundert Schülern, die ebenso viel zu wissen glauben wie ihr Lehrer und in Folge dessen nicht mehr zu ihm gehen und seine Fragen nicht beantworten.

Wie sie die Pflichten ihres Standes erfüllten, so wurden diesen „echten“ Brahmanen zweifelsohne auch in den östlichen Ländern gewisse Vorrechte[1]) eingeräumt. Standen sie auch an

[1]) Als solche werden im Śatapatha Brâhmaṇa (XI. 5. 7, 1) angeführt: 1. *arcâ* (die den Brahmanen schuldige Ehrerbietung), 2. *dâna*

Ansehen den *khattiya* nach, die es nicht immer der Mühe werth hielten sich vor einem Brahmanen zu erheben und ihm einen Sitz anzubieten, und mochte auch der Anspruch, den der junge Brahmane Ambaṭṭha im Dîgha Nikâya (III. 1. 15) erhebt, dass von den vier Kasten drei — die *khattiya, vessa* und *sudda* — dazu da wären dem Brahmanen zu dienen, in der Praxis nicht so unbedingte Anerkennung finden, wie er selber meint: es hat ihnen sicher nicht an der *arcâ*, der schuldigen Ehrerbietung, gefehlt. Werden die Brahmanen bei Aufzählung der Kasten doch stets an zweiter Stelle genannt; den Buddha selbst lässt das Kaṇṇakatthâla Sutta[1]) den Ausspruch thun, dass neben den *khattiya* die Brahmanen in Bezug auf Ehrenbezeugungen vor den anderen Kasten den Vorrang einnehmen.

Auch das Vorrecht des *dâna*, der zu empfangenden Geschenke, geniessen die Brahmanen der Jâtaka in reichlichem Maasse. Die Freigebigkeit der Könige, die wohl den Grund gelegt haben wird zu dem uns in unserm Text so oft entgegentretenden Reichthum einzelner Brahmanen, scheint auch in den östlichen Ländern, wenn nicht als eine Verpflichtung, so doch als anerkannte Sitte bestanden zu haben. Wir sahen (oben S. 121), wie bereitwillig der König Juṇha die nicht gerade bescheidenen Ansprüche des Brahmanen erfüllt; im Somadatta Jâtaka wird erzählt, dass der König einem Brahmanen sechzehn Kühe, Schmuckgegenstände und ein Dorf als Wohnort schenkt. Das Ganze wird als ein Brahmanengeschenk (*brahmadeyya*, II. 166) bezeichnet, ein Ausdruck, der auf einen stehenden Brauch hindeutet und dem wir auch sonst in der Pali-Literatur begegnen. Im Dîgha-Nikâya ist verschiedentlich (III. 1; IV. 1; V. 1) von Dörfern die Rede, die Brahmanen als *brahmadeyya* vom Könige geschenkt worden sind.

Aber nicht bloss der König kommt der Verpflichtung oder dem Brauche der Freigebigkeit gegen die Brahmanen nach, auch sonst lesen wir von Spenden, die ihnen zu Theil werden. Wie noch heute in Indien[2]) der Brahmane eine Persönlichkeit ist, von

---

(Geschenke an die Brahmanen), 3. *ajjeyatâ* (Unbedrückbarkeit), 4. *abadhyatâ* (Untötbarkeit). Vgl. Weber, *Indische Studien*, Bd. 10, S. 40 ff.

[1]) Siehe oben S. 11 f.

[2]) Vgl. Nesfield, *The functions of modern Brahmans in Upper India*, *Calcutta Review*, Vol. 84, 1887, p. 257 ff.

deren Gunst für den Einzelnen sehr viel abhängt, da er ihn nicht bloss zum Opfer, sondern bei allen Vorkommnissen des täglichen Lebens braucht, sei es zur Abwehr eines aus den Sternen drohenden Unheils, sei es dass er wissen will, ob ein Tag für eine Reise oder für eine Hochzeit günstig ist, sei es zur Einweihung eines neuen Haus- oder Ackergeräthes, so suchte man offenbar auch damals die Gunst der Brahmanen, deren Dienste man zu ähnlichen Zwecken benöthigte, zu gewinnen. Man veranstaltete Feste und lud zu ihnen brahmanische Lehrer mit ihren Schülern ein (*brâhmaṇavâcanaka*. I. 318); ein solches von einem Dorfbewohner gegebenes *brâhmaṇavâcanaka* wird uns im Citta-Sambhûta Jâtaka (IV. 391) ausführlicher geschildert. Weil es in der Nacht vorher geregnet hat und die Wege voll Wasser stehen, giebt der *âcariya* einem seiner Schüler den Auftrag zusammen mit den übrigen Schülern hinzugehen, den Segensspruch (*maṅgala*) zu sagen, den eigenen Antheil an dem Geschenkten zu verzehren und ihm das Seinige mitzubringen. Ehe sich die Schüler zum Essen hinsetzen, baden sie und waschen sich ihr Gesicht; unterdes nehmen die Leute den Reisbrei vom Feuer und stellen ihn hin, damit er abkühlt. Als die Schüler versammelt sind, reicht man ihnen das „Gastwasser“ (*dakkhiṇodaka*) und setzt Schüsseln vor sie hin.

Ob sich die Brahmanen auch der übrigen Vorrechte, die sie den Brâhmaṇa-Texten zufolge beanspruchten, nämlich der *ajyeyatâ*, der völligen Unbedrückbarkeit, und der *abadhyatâ*, der Untötbarkeit, in den östlichen Ländern erfreuten, lässt sich an der Hand des geringen Materials, das die Jâtaka über diese Frage enthalten, kaum mit Bestimmtheit entscheiden. Sehr wahrscheinlich waren die Brahmanen steuerfrei, denn überall, wo von Steuern die Rede ist, werden als Besteuerte nur die *gahapati* aufgeführt; hingegen scheint der Anspruch der Brahmanen auf Untötbarkeit, vorausgesetzt, dass er überhaupt in älterer Zeit mehr als bloss theoretische Geltung hatte, doch nur lokale Anerkennung gefunden zu haben. Die Pali-Texte wissen von einer bevorzugten Stellung der Brahmanen vor dem Gesetze nichts; vielmehr wird die Behauptung des Madhura Sutta[1]), dass ein Ver-

[1]) *Journal of the Royal Asiatic Society*, 1894, p. 355. Vgl. Spence Hardy, *Manual of Budhism*, p. 81.

brecher, einerlei ob er ein Brahmane oder ein Angehöriger einer andern Kaste wäre, hingerichtet würde, durch eine Anzahl von Stellen der Jâtaka erhärtet, wo von der Hinrichtung eines Brahmanen gesprochen wird (z. B. I. 371, 439).

Neben den „eigentlichen“ Brahmanen begegnet uns in den Jâtaka eine andere Sorte, die ich als „weltliche“ Brahmanen bezeichnen möchte und von denen ich glaube, dass durch sie die Brahmanenkaste in den östlichen Ländern zur Zeit von Buddha's Auftreten in erster Linie vertreten wurde. Als Grund für diese Annahme gilt mir einmal der Umstand, dass von einem der bisher beschriebenen, dem brahmanischen Ideal entsprechenden Brahmanen in der Regel besonders hervorgehoben wird, dass er ein aus dem Norden oder Nordwesten stammender Brahmane, ein *udiccabrâhmaṇa*[1]) ist (I. 324, 356, 361, 373, 406, 431, 436, 450, 494, 505; II, 83; III. 232; V. 193, 227). Unter diesen *udiccabrâhmaṇa* haben wir meiner Ansicht nach im Kâsi- oder Magadha-Lande ansässige Brahmanen zu verstehen, die ihren Ursprung von einer früher in den nordwestlich von den Centren des Buddhismus liegenden Ländern, etwa im Gebiet der Kuru und Pañcâla, wohnhaften Brahmanenfamilie herleiteten, auf diese Herkunft besonderen Werth legten und sich durch strenge Innehaltung der Kastenvorschriften als wahre Mitglieder ihrer Kaste zu dokumentieren bemüht waren. Dem Stolz, womit der Brahmane dem *Caṇḍâla* auf die Frage, welcher Kaste er angehöre, entgegnet: „Ich bin ein Brahmane aus dem Nordwesten“ (*ahaṃ udiccabrâhmaṇo*. II. 83), entspricht die Verzweiflung, die ihn ergreift, als er seines Vergehens gegen

---

[1]) Skr. *udîcya* bedeutet als Adjektiv „im Norden wohnend“ und als Substantiv „das im Nordwesten gelegene Land bis zum Fluss Śarâvatî“, im Plural „die Bewohner dieses Landes“. Dass unter den *udiccabrâhmaṇa* unseres Textes nicht, wie ich glaube, „aus dem Norden stammende“, sondern „im Norden wohnende Brahmanen“ gemeint seien — wie dies Chalmers (Jâtaka-Uebersetzung. Cambridge 1895, p. 178, 274, 308, 317) anzunehmen scheint —, ist doch schon deshalb unwahrscheinlich, weil der Schauplatz dieser Erzählungen, in denen die *udiccabrâhmaṇa* vorkommen, in der Regel das Kâsireich ist. Ueberdies heisst es im Saccaṃkira Jâtaka (I. 321) wörtlich: *Bodhisatto pi kho tasmiṃ kâle Kâsiraṭṭhe udiccabrâhmaṇakule nibbattitvâ*: „nun wurde auch der Bodhisatta zu jener Zeit im Kâsireiche in einer nördlichen (oder nordwestlichen) Brahmanenfamilie wiedergeboren“.

die Kastenvorschriften inne wird. Im Maṅgala Jâtaka (I. 371 ff.) wird ein solcher *udiccabrâhmaṇa* in direkten Gegensatz zu einem weltlichen Brahmanen gebracht. Dieser, ein *sâṭakalakkhaṇabrâhmaṇa*, d. h. ein Brahmane, der aus Vorzeichen, die sich an Kleidungsstücken befinden, die Zukunft zu deuten versteht, erfährt eines Tages, dass ein Anzug, der in einer Schachtel gelegen hat und den er anzuziehen wünscht, von einer Maus angefressen ist. Er denkt bei sich: „Wenn dieses von einer Maus benagte Kleidungsstück im Haus bleibt, so wird es ein grosses Unglück geben; denn es ist ein Omen von schlechter Vorbedeutung. Auch kann man es unmöglich einem der Kinder oder einem der Sklaven geben, weil, wer dies trägt, für seine ganze Umgebung unheilbringend wird. Ich will es auf eine Leichenstätte werfen lassen; aber einem der Sklaven darf ich es nicht einhändigen, denn diese würden lüstern darnach werden, es für sich behalten und dann zu Schaden kommen. Ich will es meinem Sohn übergeben." Er ruft seinen Sohn, und indem er ihm den Sachverhalt auseinandersetzt, schärft er ihm ein die Kleider nicht mit der Hand zu berühren, sondern sie auf einem Stock zu tragen und auf der Leichenstätte wegzuwerfen; dann solle er sich von Kopf bis zum Fuss baden und wiederkommen. Kurz bevor der Sohn bei der Leichenstätte angelangt ist, hat sich auch der als *udiccabrâhmaṇa* wiedergeborene Bodhisatta dorthin begeben und beim Thor niedergesetzt. Als der Jüngling das Gewand wegwirft, nimmt jener es auf. Der junge Brahmane erzählt es seinem Vater, und dieser geht zum Bodhisatta und dringt in ihn das Gewand wegzuwerfen, da er sonst umkommen würde. Der *udiccabrâhmaṇa* aber belehrt ihn, dass für ihn auf einer Leichenstätte weggeworfene Lumpen gut genug seien; er glaube nicht an Vorzeichen, und kein weiser Mann dürfe solchen Aberglauben hegen.

Auch im Mahâsupina Jâtaka (I. 334 ff.) ist es ein *udiccabrâhmaṇa*, der den König über die wahre Bedeutung seiner Träume und über die Betrügereien der in seinem Dienste stehenden Brahmanen aufklärt.

Dieses Hervorheben der nordwestlichen Brahmanen im Gegensatz zu denen der östlichen Länder bildet ein Complement zu den Angaben, die wir in brahmanischen Quellen über die Brahmanen von Magadha finden — und darin möchte ich eine weitere

Stütze für meine Behauptung erblicken, dass im nordöstlichen Indien zu Buddha's Zeit nicht die orthodoxen Brahmanen die hauptsächlichen Vertreter ihrer Kaste gewesen sind, sondern nach brahmanischer Auffassung unwürdige Brahmanen. Der Name für diese ist in den Brâhmaṇa-Texten (Aitareya-Br. VII. 27) *brahmabandhu*, und als solche werden ausdrücklich die *mâgadhadeśîya brahmabandhu* genannt[1]). Die hierin ausgesprochene Geringschätzung der Magadha-Brahmanen mag zum Theil ihren Grund haben in dem geringen Ansehen, worin das nicht völlig brahmanisierte, ihnen fernliegende Land Magadha bei den westlichen Brahmanen stand[2]); zum Theil aber werden die Brahmanen selbst durch ihr Thun und Treiben zu ihrem schlechten Ruf beigetragen haben.

Unwürdige Brahmanen sind es in der That, die uns im Dasabrâhmaṇa Jâtaka (IV. 361 ff.), wo ein Gesammtbild von ihnen entworfen wird, entgegentreten — unwürdig nach streng brahmanischen Begriffen gemessen, unwürdig auch in den Augen des über Kastenvorschriften erhabenen, vom Standpunkte seiner Moral urtheilenden Buddhisten:

„In alter Zeit regierte in der Stadt Indapatta im Kuru-Reiche der König Koravya aus dem Geschlechte Yuddhiṭṭhila. Ihn unterwies sein Minister Vidhûra in weltlichen und geistlichen Dingen. Der König veranstaltete, indem er ganz Indien in Bewegung setzte, grosse Schenkungen, aber kein einziger unter den Empfängern hielt die fünf moralischen Vorschriften, sondern alle führten einen schlechten Lebenswandel, so dass der König keine Freude an seiner Mildthätigkeit hatte. Da er erkannte, dass Gaben nur bei (richtiger) Auswahl (der Empfänger) Erfolg haben könnten, beschloss er von da ab nur tugendhaften Leuten zu spenden und mit dem weisen Vidhûra (über die Auswahl der zu Beschenkenden) zu berathschlagen. Als daher dieser zur Audienz kam, liess er ihn Platz nehmen und fragte ihn um seinen Rath:

„Suche Brahmanen, o Vidhûra, tugendhafte, gelehrte, die sich der Fleischeslust enthaltend meine Spenden geniessen

---

[1]) Kâtyâyana XXII. 4. 22. Lâṭyâyana VIII. 6. 28. Vgl. Weber, *Indische Studien*, Bd. 10, S. 99.

[2]) Vgl. Oldenberg, *Buddha*, S. 408 Anm.

würden; Gaben, o Freund, wollen wir spenden, wo das Gegebene reiche Frucht trägt."

„Schwer zu finden sind Brahmanen, o König, tugendhafte, gelehrte, die sich der Fleischeslust enthaltend deine Spenden geniessen würden.

Zehn Klassen von Brahmanen giebt es fürwahr, o grosser König; höre, wie ich sie ausführlich unterscheide und klassificiere:

Mit Säcken versehen, die mit Wurzeln angefüllt und zugebunden sind, sammeln sie Kräuter, baden und murmeln Sprüche.

Aerzten (*tikicchaka*) gleichen sie, o König, auch sie heissen Brahmanen; sie sind dir nun bekannt, o grosser König, an solche wollen wir uns (mit unsern Gaben) wenden."

„Abgewichen sind sie vom Brahmanenthum" — entgegnet der König Koravya — „nicht heissen sie (mit Recht) Brahmanen; suche andere, o Vidhûra, tugendhafte und gelehrte,

Die sich der Fleischeslust enthaltend meine Spenden geniessen würden; Gaben, o Freund, wollen wir geben, wo das Gegebene reiche Frucht trägt."

„Glöckchen tragen sie vor dir her und lassen sie ertönen, Botschaften auch verrichten sie, die Kunst Wagen zu lenken verstehen sie,

Dienern (*paricâraka*) gleichen sie, o König, auch sie heissen Brahmanen; sie sind dir nun bekannt, o grosser König, an solche wollen wir uns wenden."

„Abgewichen sind sie" u. s. w. (wie oben — trägt).

„Mit einem Wassertopf versehen und einem krummen Stab laufen sie hinter den Königen her in den Dörfern und in den Flecken, (indem sie sagen:)

‚Wenn nichts gegeben wird, werden wir nicht aufstehen im Dorf und im Walde.' Steuereintreibern[1]) (*niggâhaka*) gleichen sie" u. s. w. (wie oben — wenden).

„Abgewichen sind sie" u. s. w. (wie oben).

„Mit langgewachsenen Nägeln und Körperhaaren, schmutzigen Zähnen, staubigem Haupthaar, bestreut mit Staub und Schmutz, gehen sie als Bettler umher.

Holzhauern (*khâṇughâta*) gleichen sie" u. s. w. (wie oben).

---

[1]) Wie die Steuereintreiber sich vor den Thüren der Steuerzahler hinsetzen und sich nicht eher entfernen, als bis die Steuer entrichtet ist, so hören auch die Brahmanen nicht eher auf zu betteln, als bis sie beschenkt worden sind.

„Abgewichen sind sie" u. s. w. (wie oben).

„Myrobalanen[1]), Mango- und Jambu-Früchte, *ribhitaka*-Nüsse[2]), Lakuca-Früchte[3]), Zahnstocher, Bilva-Früchte[4]) und Bretter, *râjâyatana*-Holz[5]), Körbe aus Zuckerrohr, Rauchpfeifen, Honig und Salbe, die verschiedenartigsten Waaren verkaufen sie, o Herrscher.

Kaufleuten (*vânijaka*) gleichen sie" u. s. w. (wie oben).

„Abgewichen sind sie" u. s. w. (wie oben).

„Ackerbau und Handel treiben sie, sie züchten Ziegen und Schafe, ihre Töchter geben sie weg (gegen Geld), Heirathen stiften sie für ihre Töchter und Söhne.

Den *Ambattha*[6]) und *vessa* gleichen sie" u. s. w. (wie oben).

„Abgewichen sind sie" u. s. w. (wie oben).

„Hinausgebrachte Speise geniessen in den Dörfern einige *purohita*, viele Leute fragen sie (nach Vorzeichen u. a.), Thiere kastrieren sie und günstige Zeichen verfertigen sie.

Schafe auch werden dort (in den Häusern der *purohita*) geschlachtet, Büffel, Schweine und Ziegen; Schlächtern (*goghâtaka*) gleichen sie" u. s. w. (wie oben).

„Abgewichen sind sie" u. s. w. (wie oben).

„Mit Schwert und Schild versehen, die Axt in der Hand, stehen sie an den Wegen der *vessa* (d. h. an den Handelsstrassen), führen die Karawanen (durch von Räubern gefährdete Gegenden).

Hirten (*gopa*) gleichen sie und *Nisâda*" u. s. w. (wie oben).

„Abgewichen sind sie" u. s. w. (wie oben).

---

[1]) *harîtaka* und *âmalaka* sind die Früchte von Terminalia chebula und Emblica officinalis. Beide waren als Heilmittel im Gebrauch. Der Verkauf von Früchten und Heilkräutern war nach Manu X. 87 den Brahmanen verboten. Auch Honig und Salbe gehörten zu den Gegenständen, mit denen zu handeln einem Brahmanen nach dem Gesetz nicht erlaubt war.

[2]) Die Frucht von Terminalia Bellerica Roxb. Die Kerne derselben berauschen.

[3]) Ein zu den Citraceen gehöriger Baum, dessen Früchte unreif in der Medicin verwendet werden.

[4]) Artacarpus Lacucha Roxb.

[5]) Buchanania Latifolia?

[6]) = Skr. *Ambashtha*, Name eines Volksstamms. Nach der brahmanischen Kastentheorie: Sohn eines Brahmanen von einer Frau aus der dritten Kaste. Siehe oben S. 4.

„Im Walde Hütten bauend legen sie Schlingen: Hasen, Katzen, Eidechsen, Fische und Schildkröten jagen sie.

Jäger (*luddaka*) sind sie, o grosser König, auch sie“ u. s. w. (wie oben).

„Abgewichen sind sie“ u. s. w. (wie oben).

„Andere liegen aus Liebe zum Gelde unter dem Bett der Könige; diese baden darüber, nachdem ein Somaopfer bereitet ist[1]).

Badern (*malamajjana*) gleichen sie“ u. s. w. (wie oben).

„Abgewichen sind sie“ u. s. w. (wie oben).

Ein Seitenstück zu dem Dasabrâhmaṇa Jâtaka bietet die Schilderung, die im Vâseṭṭha Sutta (No. 35 des Sutta Nipâta) — indirekt wenigstens — von den weltlichen Brahmanen entworfen wird. Zwischen den beiden Jünglingen Vâseṭṭha und Bhâradvâja entsteht ein Streit darüber, ob jemand ein Brahmane durch seine Geburt oder durch sein Thun sei. Während Bhâradvâja behauptet: „Wenn jemand beiderseits, mütterlicher- und väterlicherseits, von vornehmer Geburt ist, von reiner Abstammung bis zum siebenten Gliede seiner Vorfahren, unbescholten und vorwurfsfrei hinsichtlich der Geburt, so ist er damit ein Brahmane,“ sieht Vâseṭṭha das echte Brahmanenthum in der Tugend und in guten Werken. Da sie einander nicht überzeugen können, beschliessen sie den *samaṇa* Gotama die Streitfrage entscheiden zu lassen. Dieser weist in seiner Antwort darauf hin, dass im Gegensatz zu allen anderen lebenden Wesen, die durch angeborene Merkmale in viele Spezies zerfielen, der Mensch sich nicht durch äussere Merkmale unterscheide: der Unterschied zwischen den Menschen beruhe nur auf ihrer Benennung.

---

[1]) Der Vers schildert in aphoristischer Kürze den Hergang eines Opferbades, wodurch sich der König bei Gelegenheit eines von den Brahmanen veranstalteten Somaopfers von Schuld und Sünde reinigt. Er setzt sich — so erklärt der Commentator — auf ein mit Edelsteinen geschmücktes Lager und badet über demselben, während Brahmanen darunter liegen. Hierdurch geht die Unreinheit und Schuld des Königs auf die unten liegenden Brahmanen über, die sich dann, nach Vollendung des Opfers, selbst auf das Lager setzen und durch andere Brahmanen von der Schuld rein waschen lassen. Als Lohn fällt ihnen das kostbare Bett und der ganze Schmuck des Königs zu. — Ueber das Opferbad und seine ursprüngliche Bedeutung vgl. Oldenberg, *Religion des Veda*, S. 407 ff.

„Denn wer auch immer unter den Menschen sich von Rinderzucht ernährt, — das wisse, o Vâseṭṭha, — der ist ein Ackerbauer (*kassaka*), kein Brahmane [1]).

Und wer auch immer unter den Menschen sich durch verschiedenartige Kunstfertigkeiten seinen Lebensunterhalt erwirbt, — das wisse, o Vâseṭṭha, — der ist ein Künstler (*sippika*), kein Brahmane.

Und wer auch immer unter den Menschen vom Handel lebt, — das wisse, o Vâseṭṭha, — der ist ein Kaufmann (*vâṇija*), kein Brahmane.

Und wer auch immer unter den Menschen sein Leben fristet durch Dienste, die er andern leistet, — das wisse, o Vâseṭṭha, — der ist ein Diener (*pessika*), kein Brahmane.

Und wer auch immer unter den Menschen sich vom Diebstahl ernährt, — das wisse, o Vâseṭṭha, — der ist ein Dieb (*cora*), kein Brahmane.

Und wer auch immer unter den Menschen sich vom Waffenhandwerk ernährt, — das wisse, o Vâseṭṭha, — der ist ein Krieger (*yodhâjiva*), kein Brahmane.

Und wer auch immer unter den Menschen sich als *purohita* seinen Lebensunterhalt erwirbt, — das wisse, o Vâseṭṭha, — der ist ein Opferer (*yâcaka*), kein Brahmane.

Und wer auch immer unter den Menschen aus Dörfern oder Ländern seine Einkünfte bezieht, — das wisse, o Vâseṭṭha, — der ist ein König (*râjan*), kein Brahmane.“

Beide Citate zeigen, dass sich die Kaste der Brahmanen thatsächlich aus einer sehr bunten Gesellschaft zusammensetzte und alles eher war als eine nur aus Priestern, die den Veda studierten oder lehrten und den Göttern Opfer darbrachten, bestehende Gemeinschaft. Ob alle dort angegebenen Berufe wirklich von ihnen ausgeübt wurden, ist eine andere Frage. Namentlich das von Vidhûra entworfene Bild mag tendenziös entstellt und übertrieben sein, auch ist zu beachten, dass der *purohita* nur sagt: „sie gleichen Aerzten, Dienern, Steuereintreibern u. s. w.“, nicht aber, dass sie es wirklich waren. Indessen erfahren manche Einzelheiten ihre Bestätigung durch andere Stellen der Jâtaka, wo eine subjektive Färbung von Seiten des Erzählers schon deshalb

---

[1]) Folglich — ist hier und sinngemäss bei den folgenden Versen zu ergänzen — nennen sich die Viehzucht und Ackerbau treibenden Brahmanen mit Unrecht Brahmanen, sie sind (in Buddha's Augen) Ackerbauer, aber keine Brahmanen.

ausgeschlossen ist, weil die Angaben über Kaste und Beruf ganz beiläufig gemacht werden und für den Gang der Erzählung von durchaus nebensächlicher Bedeutung sind.

Nach dem Commentar des Sâyaṇa zum Aitareya Brâhmaṇa [1]) werden in der Smṛiti des Śâtâtapa sechs Kategorien von Brahmanen unterschieden, die obwohl *brâhmaṇa* von Geburt, doch der Brahmanenschaft nicht würdig seien, und an erster Stelle wird zu diesen uneigentlichen Brahmanen der Diener eines Königs (*râjabhṛitya*) gerechnet [2]). Vermuthlich richtet sich die Tendenz dieser Stelle nicht gegen den Dienst des Königs an sich — galt doch die Thätigkeit des *purohita* in den Augen der Brahmanen als eine völlig legitime Beschäftigung —, sondern gegen die Ausübung solcher Dienste, wie sie im Dasabrâhmaṇa Jâtaka den Brahmanen zugeschrieben werden. Freilich müssen wir in diesem Falle dem Vidhûra die Verantwortung für seine Behauptungen überlassen, da sich weitere Belege, aus denen wir schliessen könnten, dass die Brahmanen wirklich die niedrigen Verrichtungen, wie sie ihnen vom Vidhûra nachgesagt werden, ausgeübt hätten, in den Jâtaka nicht finden. Schwerlich werden solche Individuen, die als Diener, Boten, Wagenlenker des Königs fungierten — wennschon sie in einzelnen Fällen vorgekommen sein mögen — als typisch für die im Dienste des Königs stehenden Brahmanen der damaligen Zeit anzusehen sein.

Zunächst brauchte doch der König auch in den östlichen Ländern — wenigstens in altbuddhistischer Zeit — die Brahmanen zum Opfern; denn wurde überhaupt geopfert, so mussten auch Brahmanen da sein, die die Götter zur Annahme der Opfergabe geneigt machten. Dass aber das Opferwesen zu Buddha's Zeit in Blüthe stand, geht schon aus der Kritik, die in den älteren Pali-Texten an dem vedischen Opferkult geübt wird, mit Sicherheit hervor. Es kann keine schwere Aufgabe für den Buddhismus gewesen sein das Opfer im Volke zu diskreditieren, wenn es keine andere Bedeutung gehabt hat, als ihm in den Jâtaka beigemessen wird. Hier hat es seinen sakralen Charakter völlig

---

[1]) ed. by Kâśînâtha Śâstrî Âgâśe. (Ânandâśrama Sanskrita Series. No. 32. P. 1.) Poona 1896, p. 74.

[2]) Vgl. Weber, *Indische Studien*, Bd. 10, S. 100.

eingebüsst und ist auf das Niveau eines Zaubermittels zur Abwehr drohenden Unheils herabgesunken. Im Mahâsupina Jâtaka (I. 334 ff.) opfert der König, um die Wirkung böser Träume zu verhindern. Die Brahmanen und der *purohita* kommen am Morgen zum König, der voll Todesgedanken auf seinem Lager sitzt und über die sechzehn Träume nachsinnt, und fragen ihn, ob er gut geschlafen habe. „Wie sollte ich gut geschlafen haben, meine Lehrer", antwortet der König, „gegen Morgen träumte ich sechzehn grosse Träume, seitdem bin ich voller Furcht; sagt mir, meine Lehrer, was sie zu bedeuten haben." Dann erzählt er ihnen seine Träume und fragt, was ihm in Folge dessen geschehen werde. Die Brahmanen ringen die Hände. Auf die Frage des Königs: „Weswegen ringt ihr die Hände?" antworten sie: „Die Träume sind schlimm, o grosser König". „Was wird nach ihnen erfolgen?" Die Brahmanen entgegnen, dass von den drei Uebeln: Schädigung des Reiches, Schädigung des Lebens, Schädigung des Vermögens, eins eintreten werde. „Giebt es ein Mittel der Abwehr oder giebt es keins?" „Wahrlich, die Träume sind so überaus schrecklich, dass es eigentlich kein Mittel giebt ihre Folgen zu verhindern. Dennoch wollen wir ein Mittel der Abwehr finden; denn wenn wir das nicht einmal könnten, was würde uns dann all' unsere Gelehrsamkeit nützen." Sie rathen dem Könige ein vollständiges vierfaches (*sabbacatukkena*) Opfer zu verrichten. Angsterfüllt sagt der König: „So ist also mein Leben in eurer Hand, meine Lehrer; beeilt euch und sorgt für mein Wohlergehen." Die Brahmanen sind hocherfreut im Hinblick auf das in Aussicht stehende Geld und die bevorstehenden Schmausereien. Sie beruhigen den König, er solle sich keine Sorge machen, und begeben sich hinaus aus der Stadt, wo sie eine Opferstätte (*yaññâvâṭa*) herrichten. Nachdem sie eine Menge Vierfüssler an den Opferpfahl geführt und auch Vögel herbeigeschafft haben, eilen sie geschäftig hin und her, um noch dies und jenes zu holen.

Im Lohakumbhi Jâtaka sind es nicht Träume, die den König erschrecken, sondern Klagelaute von vier in der Hölle gepeinigten Königssöhnen, die sich in einem früheren Dasein einem lockeren Lebenswandel hingegeben haben. Auch hier rathen die Brahmanen, um das angeblich bevorstehende Unglück abzuwenden, zu einem vierfachen Opfer (*sabbacatukkayañña*. III. 44), und der König befiehlt schleunigst vier Elephanten, vier Pferde, vier Stiere und vier Menschen, und von allen anderen Kreaturen, Wachteln u. s. w., je vier Exemplare zu nehmen und auf diese Weise ein vollständiges vierfaches Opfer zu veranstalten. Als der König nachher die wahre Ursache der Klagelaute erfährt, lässt er den Opferplatz zerstören.

Der Schluss dieses Jâtaka und ähnliche Erzählungen — so die Geschichte von dem Prinzen, der durch eine List die Abschaffung des Opfers in seinem Reiche durchführt (I. 259 ff.), ferner das im Ayakûṭa Jâtaka (III. 146) erwähnte Verbot des Tötens von Thieren — deuten darauf hin, dass mit Ausbreitung der buddhistischen Lehren das Opferwesen in den östlichen Ländern mehr und mehr in Abnahme kam. Für die ältere Zeit werden wir indessen, ganz abgesehen davon, dass die Entstehung solcher Märchen vermuthlich eher auf die gegen das Töten lebender Wesen gerichtete Tendenz der buddhistischen Lehre als auf thatsächliche Vorgänge zurückzuführen ist, ein Festhalten an dem Brauche des Opfers anzunehmen haben, schon aus dem Grunde, weil wir Brahmanen stets und ständig im Gefolge des Königs auftreten sehen.

Nun benöthigten allerdings die Könige der Brahmanen nicht bloss zum Opfern. Nicht minder wichtig war ihnen offenbar ein Dienst, dessen Verrichtung auch heutzutage in Indien noch Sache der Brahmanen ist[1], nämlich das Vorhersagen der Zukunft. Obschon sich der König in schwierigen Lagen, zumal wenn er über Krieg oder Frieden zu entscheiden hatte, zunächst an seinen *purohita* gewandt haben wird, so blieb doch auch für die übrigen am Hofe beschäftigten Brahmanen Gelegenheit genug ihr übernatürliches Wissen zu verwerthen. Ob der König ins Feld ziehen werde oder nicht, ob der in der Stadt befindliche König oder der ihn belagernde angreifen werde, ob der in der Stadt eingeschlossene König oder der draussen befindliche siegen werde: mit solchen Prophezeiungen pflegten nach einem Mahâsîla betitelten buddhistischen Traktat über das „rechte Benehmen“ (*sîla*) eines *samaṇa* oder Brahmanen (Dîgha Nikâya. II. 58) die Brahmanen sich ihren Lebensunterhalt zu verschaffen.

---

[1]) Vgl. die Anm. auf Seite 154 f.

Bei der Geburt eines Königskindes scheint es ständiger Brauch gewesen zu sein durch Brahmanen das künftige Schicksal des Kindes weissagen zu lassen. Merkmale (*lakkhaṇa*) am Körper des Neugeborenen dienten den der Zeichendeutung kundigen Brahmanen (*lakkhaṇakusalâ brâhmaṇâ*. I. 272; *aṅgavijjâpâṭhakâ*. II. 21; *lakkhaṇapâṭhakâ*. II. 194; *nemittikabrâhmaṇâ*. IV. 79; *nemittâ*. IV. 230) zur Enthüllung der Zukunft.

Auch bei den Schwangerschaftsgelüsten (*dohaḷa*) der Königinnen müssen die Brahmanen ihre Kunst zeigen. In der Einleitung zum Thusa Jâtaka (III. 121) fragt der König Bimbisâra die Wahrsager (*nemittika*), was das Schwangerschaftsgelüste der Königin, die Blut aus seinem rechten Knie zu trinken begehre, zu bedeuten habe. Die Wahrsager antworten, sein Sohn werde ihn töten und die Herrschaft an sich reissen. Am Tage der Namengebung nennt man das Kind in Folge dessen Ajâtasattu, d. h. „(obwohl) noch ungeboren, (doch schon) ein Feind (seines Vaters).“

Wie bei der Geburt eines Kindes so wissen auch bei anderen Gelegenheiten die Brahmanen aus körperlichen Merkmalen manches gewöhnlichen Sterblichen Verborgene zu erschliessen. Als *aṅgavijjâpâṭhakâ*[1]) sind sie im Stande aus der äusseren Erscheinung nicht bloss die Zukunft eines Menschen, sondern auch seinen Werth, seine Charaktereigenschaften zu beurtheilen. Darum schickt, wie im Ummadantî Jâtaka (V. 211) erzählt wird, der König, dem der reiche *seṭṭhi* seine überaus schöne Tochter, die Ummadantî[2]), anbietet, Brahmanen in das Haus des Vaters, damit sie die angebotene Schöne prüfen. Höchst ergötzlich wird geschildert, wie die Brahmanen ihre Mission ausrichten. Während sie nach ehrerbietigem Empfange damit beschäftigt sind ihren Milchreis zu verzehren, tritt die Ummadantî mit allem Schmuck angethan zu ihnen. Die Wirkung ihres Anblicks lässt keinen günstigen Schluss auf die Charakterfestigkeit der Brahmanen zu: sie verlieren ihre Selbstbeherrschung und vergessen von einem Rausch der Leiden-

[1]) = Skr. *aṅgavidyâ* + *pâṭhakâ* „Kenner der Wissenschaft (von den Merkmalen) des Körpers, der Chiromantie“.

[2]) = Skr. Unmâdayantî „die von Sinnen bringende, verrückt machende“. Ihre Schönheit war, wie es im Eingange des Jâtaka heisst, derart, dass gewöhnliche Menschen (*puthujjanâ*), wenn sie sie sahen, ihre Selbstbeherrschung nicht bewahren konnten.

schaft ergriffen, dass sie ihre Mahlzeit noch nicht beendet haben. Die einen legen die Bissen, statt sie in den Mund zu führen, auf den Kopf, andere stecken sie in die Achselhöhle, noch andere werfen sie gegen die Wand, kurz alle sind wie von Sinnen. Als das Mädchen ihr Gebahren sieht, ruft sie aus: „Diese sollen mich ja wohl auf meine Merkmale prüfen; packt sie bei der Kehle und werft sie hinaus!" Die an die Luft gesetzten Brahmanen berichten zornig dem Könige: „O König, das Weib ist eine Hexe, sie ist für Euch nicht passend."

Wir hören deutlich genug den Spott über die Unfähigkeit und die Betrügerei der Brahmanen aus den Worten der Erzählung heraus. Um in solchen Dingen wie Wahrsagerei, Traumdeutungen u. s. w. nur Lug und Trug zu sehen, dazu sind diese Märchen zu sehr ein Produkt ihrer Zeit und ihres Landes. Hervorgegangen aus den Kreisen des Volks, in dessen religiösem Denken der Aberglaube einen breiten Raum einnahm, verleugnen sie ihren Ursprung nicht etwa durch gänzliche Beiseitelassung und Verurtheilung abergläubischer Vorstellungen. Aber unter der Hand der buddhistischen Mönche, denen die genannten Künste als eine das „rechte Benehmen" gefährdende und eines *samana* oder Brahmanen unwürdige Sache erscheinen, haben sie eine Umwandlung erfahren, deren Spitze sich gegen das Treiben der solche Geschäfte berufsmässig nur zu ihrer Bereicherung ausübenden Brahmanen richtet. Oft machten diese, nach der Darstellung der Jâtaka, ihre Prophezeiungen von den ihnen vorher zu Theil gewordenen Spenden abhängig: so lesen wir im Kuṇâla Jâtaka, wie sich die Traumdeuter (*supinapâṭhaka*. V. 443) von eifersüchtigen Nebenfrauen des Königs bestechen lassen und diesem weissagen, die Träume seiner Hauptgattin bedeuteten Unheil für ihn, zu dessen Abwendung er die Königin auf ein Schiff setzen und den Wellen überlassen müsse. Im Beginn des Pañcâvudha Jâtaka wird erzählt, wie die Eltern des neugeborenen Prinzen am Tage der Namengebung die Brahmanen, bevor sie sie nach den die Zukunft verkündenden Merkmalen fragen, durch Erfüllung aller ihrer Wünsche zufrieden stellen (*brâhmaṇe sabbakâmehi santappetvâ lakkhaṇâni paṭipucchiṃsu*. I. 272).

Neben den Zeichen am menschlichen Leibe werden in dem erwähnten Abschnitt des Dîgha Nikâya, der ein ganzes Register von abergläubischen Bräuchen enthält, noch andere Mittel genannt, deren sich die Brahmanen zur Wahrsagerei bedienten: da ist die Rede von Prophezeiungen aus der Art, wie Ratten Tücher u. dgl. benagt haben, von Weissagungen aus dem Flug der Vögel, aus dem Gekrächze der Raben, von Deutungen bestimmter Kennzeichen an Edelsteinen, Stöcken, Kleidern, Schwertern, Pfeilen, Bogen, Waffen, an Frauen und Männern, Jünglingen und Mädchen, Sklaven und Sklavinnen, an Elephanten und andern Thieren; ferner wird dort gesprochen von dem Vorhersagen bevorstehender Naturerscheinungen wie Sonnen- und Mondfinsternisse, fallender Meteore, Erdbeben u. s. w. und von dem Deuten der Zukunft aus solchen Ereignissen und aus der Stellung der Gestirne. In den Jâtaka begegnen uns verschiedene Brahmanen, die sich mit der Ausübung solcher „gemeinen Künste (*tiracchânavijjâ*) und betrügerischen Gewerbe“ (*micchâjîva*), wie sie im Mahâsîla bezeichnet werden, befassen; wir haben den *asilakkhaṇapâṭhakabrâhmaṇa*, der aus dem Geruch eines Schwertes vorhersagt, ob sein Gebrauch glückbringend sein werde oder nicht, und den *saṭakalakkhaṇabrâhmaṇa*, der in einem von Ratten benagten Gewande ein ungünstiges Omen sieht, bereits kennen gelernt. Auch die Kunst der Sterndeutung — woran an sich vielleicht selbst ein Buddhist nicht immer Anstoss nehmen mochte — wurde nach dem Nânacchanda Jâtaka (II. 427 ff.) von den Brahmanen in einer Weise betrieben, dass sie den Namen eines „betrügerischen Gewerbes“ verdiente. Der König wird des Nachts von Räubern überfallen und hört, wie der seines Amtes entsetzte frühere *purohita* seines Vaters, der in einer Nebenstrasse die Sterne beobachtet, zu seiner Frau sagt: „Frau, unser König ist Feinden in die Hände gefallen.“ „Herr, was geht dich der König an; die Brahmanen werden schon Bescheid wissen.“ Dem König gelingt es freizukommen, und da er umkehrt, hört er den *purohita* der Frau seine Befreiung wiederum aus der Constellation der Sterne mittheilen. Bei Tagesanbruch lässt der König seine Brahmanen zu sich rufen und fragt sie, ob sie in der Nacht die Gestirne beobachtet hätten. „Gewiss, o König.“ „War die Constellation günstig oder ungünstig?“ „Günstig, o König.“ „Trat keine Verfinsterung ein?“ „Nein, o König.“ Der König befiehlt den ehemaligen *purohita* zu holen und fragt ihn ebenfalls, ob er in der Nacht die

Gestirne beobachtet und ob er eine Verfinsterung bemerkt habe. „Jawohl, o König: in der vergangenen Nacht geriethet Ihr in die Gewalt Eurer Feinde, wurdet aber im Augenblick wieder befreit.“ „Dies ist ein Sterndeuter (*nakkhattajānanaka*), wie er sein sollte,“ ruft der König aus, entlässt die andern Brahmanen aus seinem Dienst und behält von da ab den *purohita* bei sich.

Opfer und Wahrsagerei scheinen aber beide dem König nicht so sehr werthvoll gewesen zu sein wie eine dritte Kunst, die ebenfalls ein Privileg der Brahmanen war, nämlich die Zauberei. Wir haben oben (S. 120) gehört, was der König dem Brahmanen, offenbar erstaunt über dessen unverschämte Forderung, antwortet:

> „Hast du, o Brahmane, eine Busse von gewaltiger Kraft, oder besitzest du, Brahmane, verschiedene Zaubersprüche, sind irgendwelche Dämonen dir gehorsam, oder weisst du einen mir geleisteten Dienst?“

Wie Opfer und Wahrsagerei, so sind auch die hier genannten drei Dinge, aus denen der Brahmane nach der Ansicht des Königs eine Berechtigung zu seiner maasslosen Forderung hätte herleiten können, Askese, Zaubersprüche und Gewalt über Dämonen, eine Bethätigung übernatürlicher Kräfte. Durch die Zaubermacht der Askese (*tapas*) konnte der Brahmane selbst über die Götter ein Uebergewicht erlangen, das für den König auszunutzen in seiner Hand lag. Eine wie grosse Rolle die Askese in der brahmanischen Literatur spielt, wie hier, namentlich im Epos, ihre Wirkung als alles Maass überschreitend geschildert wird, ist bekannt[1]. Der Buddhismus perhorrescirt in seiner Dogmatik die Askese[2], und

[1] Vgl. L. v. Schroeder, *Indiens Literatur und Cultur*, Lpz. 1887, S. 388 ff.

[2] „Was vor allem Buddha von den meisten seiner Rivalen trennte, war seine ablehnende Haltung gegenüber den Kasteiungen, in welchen jene den Weg der Erlösung erkannten. Wir sahen, wie nach der Tradition Buddha selbst in jener Zeit des Suchens, die er als Jüngling durchlebte, die Selbstpeinigung in ihrer allergrössten Härte kennen gelernt und ihre Fruchtlosigkeit an sich erfahren hat. Was die irdischen Gedanken aus der Seele vertreibt, ist nicht Fasten und körperliche Qual, sondern die Arbeit an sich selbst, vor allem das Ringen nach Erkenntniss, und zu diesem Ringen schöpft man die Kraft nur aus einem äusseren Leben, das gleich weit entfernt ist von Ueppigkeit wie von Entbehrung oder gar von selbstgeschaffener Pein.“ Oldenberg, *Buddha*, S. 178.

auch in den Jâtaka werden die sich kasteienden Brahmanen bekämpft und verspottet[1]). Aber die Askese mit ihrer zauberhaften Wirkung hat in etwas anderer Form auch bei den Buddhisten Anerkennung und demgemäss auch in unsere Erzählungsliteratur Eingang gefunden: an die Stelle der Kasteiungen ist die durch Einsicht gewonnene Heiligkeit getreten, durch deren Kraft Wunderdinge verrichtet und selbst Götter beunruhigt und zum Verlassen ihres himmlischen Wohnsitzes genöthigt werden (I. 314; IV. 238).

Während wir die Askese — vielleicht aus eben diesem Grunde — nicht mit unter den im Mahâsîla aufgeführten „niedrigen Künsten und betrügerischen Praktiken" erwähnt finden, gelten dem Buddhisten als solche zweifellos die Zaubersprüche (*manta*), deren Kenntniss der König Juṇha bei dem Brahmanen voraussetzt. Die lange Liste der im Mahâsîla aufgezählten Zaubersprüche zeigt, dass die uralte Praxis der Zauberei zu Buddha's Zeit unter den Brahmanen sehr im Schwange war; von einigen dieser *manta* und ihrer Anwendung lesen wir auch in den Jâtaka. Im Vedabbha Jâtaka (I. 253) begegnet uns ein Brahmane, der, im Besitz der Kenntniss des *vedabbhamanta*, bei einer bestimmten Constellation der Gestirne einen Edelsteinregen hervorzurufen vermag; ein anderer Brahmane kennt den Zauberspruch, mit dessen Hülfe man die Erde erobert (*paṭhavijayamanta*. II. 243). In dieselbe Kategorie wie die Kenntniss dieser Zauberformeln gehören solche, ebenfalls im Mahâsîla erwähnten Wissenschaften wie das Verstehen aller Laute, auch der Thiersprache, das dem *purohita* im Maccha Jâtaka zugeschrieben wird (*so pana sabbarutaññu hoti*. I. 211); ferner die *vatthuvijjâ*, d. i. die Kunst die richtige Lage eines Hauses, eines Teiches u. s. w. durch übernatürliche Kraft zu erkennen. Im Suruci Jâtaka ruft der König, der seinem Sohn einen Palast erbauen lassen will, die Lehrer dieser Kunst (*vatthuvijjâcariya*. IV. 323) zu sich und lässt sie einen günstigen Platz für des Gebäude aussuchen.

Zauberformeln verdanken die Brahmanen auch die ihnen im Juṇha Jâtaka zugeschriebene Gewalt über die Dämonen. Der uralte Glaube an die Unzahl der kleinen überirdischen Wesen,

[1]) Siehe oben S. 15.

die als Baum- und Schlangengottheiten in das Leben des Menschen eingreifen, ihn als menschenfressende oder kinderraubende Dämonen erschrecken oder als Krankheitsgeister peinigen, nimmt natürlich auch in unsern, die Vorstellungswelt der niederen Volksschichten wiederspiegelnden Erzählungen eine bedeutende Stelle ein, und die Kunst diese Wesen durch Zauberei unschädlich oder sich dienstbar zu machen — ein Privileg der Brahmanen, so alt wie der Glaube an die Dämonen selbst — wird sich auch zu Buddha's Zeit beim Volke keines geringen Ansehens erfreut haben. Diese Leute, die über Dämonen Macht haben, heissen in den Pali-Texten *bhûtavejja*, Kenner der Wissenschaft von den Geistern (*bhûtavijjâ*), Exorcisten; ein solcher *bhûtavejja* begegnet uns im Padakusalamâṇava Jâtaka: der Dieb, der in der Höhle, wo er ein von ihm gestohlenes Bündel versteckt hat, eine alte Frau erblickt, glaubt, sie sei eine *yakkhinî* und holt einen *bhûtavejja* herbei. Dieser betritt die Höhle, indem er einen Zauberspruch recitiert (*mantaṃ karonto*. III. 511). Hauptsächlich wird die Kunst des Exorcismus zur Anwendung gelangt sein, wo es sich darum handelte einen Besessenen von dem in ihm wohnenden bösen Geist zu befreien. „Den von Schlangen Gebissenen machen einige gesund, den von bösen Geistern Besessenen (*amanussaviddha*. II. 215) heilen die Weisen," heisst es in einem Vers des Kâmanîta Jâtaka, und als Heilmittel, deren sich die weisen Brahmanen (*paṇḍitâ*) bedienten, werden im Commentar aufgeführt: Opferspenden (*balikamma*), abwehrende Sprüche (*parittakaraṇa*) und Kräuter (*osadha*). „Aerzten gleichen sie," sagt Vidhûra im Dasabrâhmaṇa Jâtaka von diesen Kräuter sammelnden und Sprüche murmelnden Brahmanen, und es ist wahrscheinlich, dass nicht bloss gewisse Zweige der Heilkunst wie das Beschwören von Schlangenbissen und das Austreiben böser Geister ausschliesslich von Brahmanen ausgeübt wurden, sondern dass der ärztliche Beruf überhaupt, der sich bei den meisten Völkern ursprünglich von dem geistlichen abgezweigt hat, in alter Zeit auch in Indien vorwiegend Sache der Brahmanen war. Doch kommen in den Jâtaka neben den brahmanischen Aerzten (*vejjabrâhmaṇa*. II. 213) auch solche vor, die nur als *vejja* bezeichnet werden (I. 455; III. 202; *visavejjakula* I. 310; *vejjakulâni*. III. 143) und die vermutlich in späterer Zeit, zusammengehalten durch die Gemeinsamkeit eines erblichen Berufs, eine Kaste für sich gebildet haben werden.

Seiner Thätigkeit nach verwandt mit den zaubernden Exorcisten ist der brahmanische Schlangenbeschwörer (*ahiguṇṭhikabrâhmaṇa*. IV. 457) des Campeyya Jâtaka. Er hat in Takkasilâ bei einem weltberühmten Lehrer das *âlambanamanta* gelernt und verdient sich seinen Unterhalt, indem er Schlangen, die er durch Kräuter und Zaubersprüche unschädlich gemacht hat, in Dörfern, Flecken und in den Residenzen der Könige tanzen lässt.

Wie dieser Schlangenbändiger seine Kunst nicht nur am Hofe des Königs, sondern auch unter dem Volke verwerthete, so waren auch die übrigen „weltlichen“ Brahmanen, mit denen wir es bisher zu thun gehabt und als deren Funktionen wir das Opfern, Wahrsagen und Zaubern kennen gelernt haben, nicht etwa ausschliesslich in Diensten eines Königs beschäftigt. Damals so wenig wie heutzutage, wo der zeichendeutende und wahrsagende Brahmane für jeden Hindu eine durchaus unentbehrliche Persönlichkeit ist[1]), werden die Brahmanen es verschmäht

[1]) Ueber die Wichtigkeit des modernen Astrologen, des *jyotishi*, vgl. Nesfield, *Caste System*, p. 58 f. Es heisst dort u. a.: „Das erste, was ein Vater nach der Geburt eines Kindes thut, ist, dass er zum *jyotishi* geht und ihm, so genau er kann, die Stunde der Geburt angiebt. Der *jyotishi* befragt sodann die Sterne und stellt das Horoskop, wonach das dem Kinde vorbehaltene Schicksal bestimmt wird.“ — „Bei Krankheitsfällen oder sonstigem Unglück wird der Astrolog befragt, ob irgend ein böser Stern im Aufsteigen sei, der das Unglück veranlasst habe. Wenn die Antwort bejahend ausfällt, was natürlich immer der Fall ist, so wird dem Rath suchenden Manne gesagt, er müsse irgend ein Geldgeschenk oder sonst eine Darbietung machen, um den feindlichen Stern zu besänftigen; und da der Astrolog der anerkannte Ausleger der Gefühle und Wünsche des Sternes ist, so schätzt er, wie man das auch nicht anders erwartet, das für die Versöhnung des feindlichen Gestirnes bestimmte Geschenk. Dies macht dann einen Theil der dem Astrologen zufallenden Gebühren aus.“ — „Um Verlobungen zu Stande zu bringen und Hochzeitsceremonien zu vollziehen, sind die Dienste des Astrologen unumgänglich erforderlich. Wenn der Familienbarbier oder *Nâpit* einen Knaben ausgewählt hat, den er als eine passende Parthie für irgend ein Mädchen derselben Kaste erachtet, so kann zwischen den Eltern nicht eher ein Vertrag abgeschlossen werden, als bis der Astrolog befragt ist, ob die Sterne des Knaben nicht denen des Mädchens feindlich sind. Damit nicht genug, muss er ausfindig machen,

haben ihre Weisheit gegen klingenden Lohn an den Mann zu bringen, wo sie konnten.

Im Nakkhatta Jâtaka lernen wir einen „Familienasketen" (*kulûpaka âjîvika.* I. 257) kennen, der von einer in der Stadt wohnenden Familie, die den Sohn des Hauses an ein Mädchen vom Lande verheirathen will, an dem für die Hochzeit festgesetzten Tage gefragt wird, ob die Stellung der Sterne günstig sei. Aergerlich darüber, dass man den Tag nach eigenem Gutdünken ausgewählt hat und ihn erst hinterher fragt, beschliesst der Brahmane jenen die Festfreude etwas zu stören und sagt zu ihnen: „Heute ist die Constellation ungünstig; wenn ihr die Hochzeit trotzdem vollzieht, wird es euch schlimm ergehen." Die Leute schenken ihm Glauben und bleiben zu Haus. Die auf dem Lande erwarten sie vergeblich und denken schliesslich: „Sie haben die Hochzeit auf den heutigen Tag festgesetzt und sind nicht gekommen; was gehn uns die noch weiter an?" und verheirathen die Tochter anderweitig. Am nächsten Tag kommen die Städter, um das Mädchen zu holen. Die Landbewohner empfangen sie mit den Worten: „Ihr Stadtleute seid ein schamloses Volk, ihr setzt den Tag fest und holt die Braut nicht ab. Da ihr nicht kamt, haben wir sie an jemand anders gegeben." „Wir haben den Asketen befragt und sind nicht gekommen, weil er uns sagte, die Sterne seien ungünstig; gebt uns das Mädchen." „Weil ihr nicht kamt, haben wir sie an jemand anders gegeben, wie können

---

welches die Kasten des Knaben und des Mädchens in ihren früheren Existenzen waren. Gehörten beide in diesem Zustande derselben Kaste an, so kann der Verlobungscontrakt gemacht werden, vorausgesetzt dass die Sterne nicht in anderer Hinsicht feindlich sind. Stellt sich aber heraus, dass die Kaste des Knaben in einer früheren Existenz unter der des Mädchens war, so wird die Verlobung nicht zugelassen." — „Für fast alle Ereignisse, die sich im Leben eines Mannes oder einer Frau vollziehen können, muss der Astrolog einen glückbringenden Tag auswählen: für die Hochzeit, für jeden Theil der Hochzeitsfeierlichkeit, für das Antreten einer Reise, für das Hineinsetzen des ersten Pfluges in den Boden u. s. w. Eine Frau kann eine neue Reihe von Armbändern nicht anlegen, bevor sie weiss, dass die Sterne günstig sind, und ein rechtgläubiger Mann wird ein neues Gewand nicht eher anziehen, als bis er sich vergewissert hat, dass der Tag glückverheissend ist, an dem er es zum ersten Mal trägt."

wir das einmal weggegebene Mädchen zum zweiten Mal verheirathen?" Während sie so miteinander streiten, tritt ein in der Stadt wohnender Weiser, der zufällig auf dem Lande zu thun hat, zu ihnen. Die Stadtleute erzählen ihm die Geschichte und glauben, er werde ihnen Recht geben, dass sie des Sternbildes wegen nicht gekommen seien. Jener aber entgegnet: „Was nützt das Sternbild, der Besitz des Mädchens ist der gute Stern," und recitiert den Vers:

„Da er nach günstigen Sternen ausschaute, entging dem Thoren derweil das Glück. Das Glück ist das Sternbild des Glücks, was sollen die Sterne nützen?"

Die Städter müssen unverrichteter Sache ohne das Mädchen wieder abziehen.

Doch sind Beispiele einer solchen sozusagen privaten Ausnutzung ihrer übernatürlichen Künste bei den Brahmanen der Jâtaka nicht so häufig, dass wir annehmen könnten, ihre Dienste seien schon damals im Volk so gesucht, so unumgänglich erforderlich gewesen wie im heutigen Indien. Wir gewinnen vielmehr aus unserer Quelle den Eindruck, dass im Allgemeinen der Hof des Königs der Sammelplatz für die Brahmanen war, wo sie ihre während der Studienzeit erlernten Künste und Wissenschaften am besten verwerthen konnten. Um seine Familie wieder hoch zu bringen, begiebt sich der junge Brahmane des Somadatta Jâtaka, der, nachdem er in Takkasilâ studiert hat, bei seiner Rückkehr ins elterliche Haus seine Eltern in Armuth wiederfindet, nach Benares in den Dienst des Königs (II. 165). Wie dieser Brahmanenjüngling, so werden vermuthlich auch die andern am Hofe beschäftigten Brahmanen irgend eine wissenschaftliche Vorbildung genossen haben und insofern weniger von den der Theorie nach für ihre Kaste geltenden Vorschriften abgewichen sein, als die Mitglieder der Brahmanenkaste, mit denen wir uns jetzt zu beschäftigen haben, als die bürgerliche Berufe ausübenden Brahmanen.

„Ackerbau treiben sie, Ziegen und Schafe züchten sie", wirft Vidhûra im Dasabrâhmaṇa Jâtaka den Brahmanen vor, ein Vorwurf, der den Pali-Texten zufolge durchaus berechtigt war. Der Ackerbau treibende und Vieh züchtende Brahmane ist hier eine so ständig wiederkehrende Figur[1]), dass es den Anschein hat, als

[1]) Ausser an den aus den Jâtaka angeführten Stellen finden wir

habe in den buddhistischen Ländern der Grundbesitz zum grossen Theil in Händen von Brahmanen gelegen.

Ackerbau und Viehzucht treibende Brahmanen werden auch im Westen Indiens nichts Ungewöhnliches gewesen sein; die Verhältnisse drängten von selber dazu in den Gesetzbüchern eine Ausnahmebestimmung zu treffen, welche diese Beschäftigung in Fällen der Noth für einen Brahmanen als zulässig erklärte [1]. Denn war einmal Freigebigkeit gegen Brahmanen für den König eine unbestrittene Verpflichtung, so war die Anhäufung von Reichthümern und von Grundbesitz in den Händen der Brahmanen nothwendige Folge. Trotzdem wird in den westlichen Ländern der Umstand, dass die Brahmanen ihrer Kaste um jeden Preis die erste Stelle, die Stellung der von Alters her heiligen, durch das Privileg des Opferns über allen andern erhabenen Kaste zu wahren bestrebt sein mussten, dazu beigetragen haben, dass dies der Theorie nach den *Vaiśya* vorbehaltene Geschäft nur vereinzelt oder in möglichst unauffälliger Weise, vielleicht vermittelst Verpachtung, von ihnen betrieben wurde. Selber mit dem Pfluge in der Hand das Land zu bearbeiten, konnte schon darum nicht für eine gute, eines Brahmanen würdige Sache gelten, weil beim Pflügen das Töten lebender Wesen unvermeidlich war [2]).

Anders lagen die Verhältnisse in den östlichen Ländern. Ebenfalls durch die Freigebigkeit der *khattiya* in den Besitz grosser Ländereien gelangt, nöthigten hier anscheinend keine so strengen, das Thun und Lassen des Einzelnen überwachenden Satzungen der Kaste zu einem beschränkten oder vorsichtigen Nutzniessen der geschenkten Güter. Auf Schritt und Tritt be-

---

den brahmanischen Ackerbauer beispielsweise im Sutta Nipâta (ed. Fausböll, p. 12), wo von dem Brahmanen Kasibhâradvâja gesagt wird, dass er in der Saatzeit seinen Acker mit 500 Pflügen bestellt. In dem Brahmanendorf (*brâhmaṇagâma*), das als sein Wohnort genannt wird, werden auch sonst noch Ackerbau treibende Brahmanen gewohnt haben, ebenso wie vermuthlich auch die in den Jâtaka erwähnten Brahmanendörfer als vorwiegend von Ackerbauern bewohnt zu denken sind. Im Suttavibhaṅga, Pâcittiya XIX. 1 und im Bhikkhunîvibhaṅga, Pâcittiya IX. 1. (Vinaya Piṭaka ed. Oldenberg, Vol. 4, p. 47, 266) ist von Gerstenfeldern (*yavakhetta*) eines Brahmanen die Rede.

[1]) Manu X. 116.

[2]) Manu X. 83 f.

gegnen uns in den Jâtaka Ackerbau treibende Brahmanen (*kassakabrâhmaṇa*), und zwar nicht bloss solche, die ihre Ländereien durch Sklaven oder Tagelöhner bestellen lassen (III. 293; IV. 276), sondern auch kleinere Bauern, die ihr Feld selbst bearbeiten. Wir lesen von einem Brahmanen, der zusammen mit seinem Sohne aufs Feld geht und pflügt, während der Knabe das Unkraut zusammenhäuft und verbrennt (III. 163); ein anderer Brahmane spannt, nachdem er gepflügt hat, seine Ochsen aus und beginnt seinen Acker mit dem Spaten zu bearbeiten (V. 68). Der arme brahmanische Bauer des Somadatta Jâtaka, der mit zwei Ochsen pflügt, klagt, als ihm der eine Ochse gestorben ist, dass das Pflügen nicht mehr ginge (*kasikammaṃ na parattati*. II. 165).

Die brahmanischen Grossgrundbesitzer liessen ihre Felder durch ihre Sklaven oder durch Tagelöhner bestellen. Von einem *kassakabrâhmaṇa*, der sich im Besitz von 1000 *karisa*[1]) befindet, wird erzählt, dass er sich mit seinen Leuten auf das Feld begiebt und sie zum Pflügen anweist (III. 293). Der im Sâlikedâra Jâtaka (IV. 276) vorkommende Brahmane besitzt ebenfalls ein Feld von 1000 *karisa*, worauf er Reis säen lässt. Wenn die Saat aufgelaufen ist, lässt er die Umzäunung dicht machen und die Hälfte seines Gutes von seinen eigenen Leuten (*attano purisâ*) bewachen, indem er dem einen 50, dem andern 60 *karisa* zur Bewachung übergiebt, während er die übrigen 500 *karisa* durch einen Lohnarbeiter (*bhataka*), der für jeden Schaden aufkommen muss, bewachen lässt.

Häufiger noch als der *kassakabrâhmaṇa* begegnet uns in den Jâtaka die Figur des reichen Brahmanen (*brâhmaṇo aḍḍho mahaddhano*. IV. 15; *brâhmaṇo aḍḍho mahaddhano mahâbhogo*. IV. 22; *dve brâhmaṇâ asîtikoṭidhanavibhavâ*. IV. 28), dessen Vermögen stehend auf 800 Millionen angegeben wird (II. 272; III. 39; IV. 28, 237). Die in den Jâtaka vorkommenden *mahâsâlakula*, das sind Familien von grossem Reichthum und Einfluss, sind durchweg brahmanisch (II. 272; IV. 237, 325; V. 227). Ueber die Art und Weise, wie solche gewaltigen Vermögen entstanden sind, und ob sie zu Handels- oder Geldge-

[1]) Ein bestimmtes Flächenmaass = vier *ammaṇa*. Vgl. Childers, *Pali Dictionary*, s. v.

schäften ausgenutzt werden, fügt unsere Quelle nichts hinzu: der Erzähler erwähnt den ungeheuren Reichthum der Brahmanen in der Regel nur, um nachher die Grösse ihrer Verzichtleistung auf irdische Güter oder die Unbegrenztheit ihrer Mildthätigkeit ins rechte Licht zu stellen. Doch dürfen wir, wie mir scheint, voraussetzen, dass unter diesen reichen Brahmanen Grossgrundbesitzer oder Handelsherren zu verstehen sind; denn allein durch Schenkungen hätten sich so enorme Vermögen in den Brahmanenfamilien kaum anhäufen können, auch ist es nicht wahrscheinlich, dass sie sich ohne Nutzbarmachung zu Geldgeschäften von Generation zu Generation, wie dies im Kaṇha Jâtaka (IV. 7) erzählt wird, in der Familie hätten erhalten können.

Ueberdies lernen wir einen solchen brahmanischen Handelsherrn im Mahâsutasoma Jâtaka kennen, der im Besitz eines grossen Vermögens Handel treibt, indem er mit 500 Wagen von Osten nach Westen zieht (*sampannavibhavo brâhmaṇo pañcahi sakaṭasatehi vohâraṃ karonto pubbantato aparantaṃ sañcarati*. V. 471). Daneben lesen wir auch von brahmanischen Händlern, die auf dem Lande umherziehen und ihre Waaren feilbieten. Ein solcher Hausierer ist der Vater des Bodhisatta, von dem es im Gagga Jâtaka heisst, dass er in einer brahmanischen Familie des Kâsi-Reiches wiedergeboren wurde, und dass ihm sein Vater im Alter von sechzehn Jahren ein Bündel Wassertöpfe aufbürdet, die sie in den Dörfern und Flecken des Landes verkaufen (II. 15).

Handel zu treiben, wenn es die Noth des Lebens erfordert, ist auch nach den brahmanischen Gesetzbüchern gestattet; doch werden hier eine Menge Sachen genannt, mit denen zu handeln einem Brahmanen nicht gezieme, u. a. Früchte, Wurzeln, Heilkräuter, Honig, Oel und geistige Getränke[1]). Wenn wir den oben (S. 142) citierten Worten des Vidhûra Glauben schenken dürfen, so waren es gerade diese und ähnliche Dinge, mit deren Verkauf sich die brahmanischen Kaufleute hauptsächlich abgaben.

Galten Ackerbau, Viehzucht und Handel auch den orthodoxen Brahmanen als angesehene, unter Umständen selbst für ein Mitglied ihrer eigenen Kaste zulässige Gewerbe, so gehörten andere Berufe, deren Ausübung in den Jâtaka ebenfalls den Brah-

---

[1]) Manu X. 86—89; Gautama VII. 9 ff.; Âpastamba I. 20. 12.

manen nachgesagt wird, zweifellos zu den verachteten, in der Regel nur von den niederen Klassen der Bevölkerung betriebenen Gewerben. Zwar finden wir die Brahmanen, von denen Vidhûra im Dasabrâhmaṇa Jâtaka sagt, dass sie die Karawanen der Kaufleute als Führer durch gefährdete Gegenden hindurchgeleiteten, in unserm Text nicht weiter belegt. Dagegen werden die von ihm erwähnten brahmanischen Jäger im Cûlanandiya Jâtaka durch einen jungen Brahmanen vertreten, der in einem Grenzdorf wohnt, mit dem Bogen im Walde jagt und sich durch den Verkauf des erbeuteten Wildes seinen Lebensunterhalt verschafft (II. 200). Doch wird in diesem Falle ausdrücklich hinzugefügt, dass der Brahmanenjüngling, der in Takkasilâ studiert hat, nur darum zu diesem, wie wir sehen werden, besonders von verachteten Volksstämmen, z. B. den *Nesâda*, ausgeübten Gewerbe greift, weil er sich durch andere Künste nicht ernähren kann. Im Phananda Jâtaka wird ein brahmanischer Tischler (*brâhmaṇavaḍḍhaki*. IV. 207) erwähnt, der aus dem Wald Holz holt und sich durch das Anfertigen von Wagen seinen Lebensunterhalt erwirbt, und zwar wohnt er in einem ausserhalb der Stadt gelegenen Tischlerdorf (*vaḍḍhakigâma*). Die Nähe des Waldes, aus dem sie das Holz beschafften, — ein rein wirthschaftlicher Grund — mag die Veranlassung für dieses Alleinwohnen der Tischler ausserhalb der Stadt gewesen sein; vielleicht aber hatte diese Absonderung eine sociale Bedeutung und ihren Grund in der Niedrigkeit des Berufes, wodurch die Tischler der Verachtung ihrer Mitmenschen ausgesetzt und zum abgeschlossenen Wohnen in einem Dorf für sich ausserhalb der Stadt gezwungen waren[1]). Fraglich ist es allerdings, ob sich diese Verachtung auch auf den brahmanischen Tischler, bei dem der Niedrigkeit seines Berufes durch seine hohe Kaste das Gegengewicht gehalten wurde, miterstreckte.

Mit den brahmanischen Ackerbauern, Händlern, Jägern und Tischlern haben wir die einsame Höhe verlassen, in der seiner eigenen Kastentheorie zufolge der über allen andern Mit-

---

[1]) Ueber die niedrige sociale Stellung der Wagenbauer (*rathakâra*) und die lokale Absonderung der verachteten Kasten siehe das letzte Kapitel.

gliedern der Gesellschaft erhabene Brahmane thront, und sind in die untersten, bunt zusammengewürfelten Schichten des Volkes hinabgestiegen, wo die Sorge um die materielle Existenz geistige Interessen und die Frage nach Geburt und Kaste zurückdrängt. Oder sollen wir annehmen, dass auch hier der Brahmane, eingedenk der besonderen, ihm aus seiner Zugehörigkeit zur brahmanischen Kaste erwachsenden Pflichten und Rechte, sich von der übrigen Bevölkerung streng abgesondert hätte? Dass er neben seinem sozusagen bürgerlichen Berufe zugleich sakrale Funktionen ausgeübt und sich dadurch allen andern Ständen gegenüber eine gewisse Ueberlegenheit gesichert hätte? Die Jâtaka geben kein Beispiel, woraus sich auf eine derartige Doppelthätigkeit schliessen liesse. Irgend einmal müsste doch in unserer Quelle von einem dieser brahmanischen Ackerbauer oder Händler etwas gesagt werden, das auf eine specifisch brahmanische Thätigkeit hindeutete und ihn als einen Brahmanen kennzeichnete. Der arme brahmanische Bauer des Somadatta Jâtaka (II. 165), den sein Sohn mit Mühe und Noth zum Auswendiglernen eines Verses bringt, und der schliesslich im entscheidenden Augenblick vor dem Könige das Gegentheil von dem sagt, was er sagen will, macht nicht den Eindruck, als könne er etwa seinem Nachbarn in geistlichen Dingen mit Rath und That beistehen[1]). Wir haben eben schon für die damalige Zeit ähnliche Abstufungen, ähnliche Gegensätze innerhalb der brahmanischen Kaste anzunehmen, wie sie das heutige Indien aufweist, wo eine breite Kluft die stolzen Priester von Benares und die Pandits Bihars in ihren fleckenlosen Gewändern von den kartoffelbauenden Brahmanen Orissas trennt, halbnackten Bauern, die niemand ihrer Kaste würdigte, wenn sie nicht das schmutzige Stückchen Brahmanenfaden um den Hals kennzeichnete[2]).

Wem aber zum Beweis dieser Behauptung das *argumentum ex silentio* nicht genügt, der sei an das Verhältniss erinnert, worin nach dem Pali-Canon die weltlichen Brahmanen zu den buddhistischen Mönchen standen. Von einem Gegensatz ist nichts zu

[1]) Bei einem andern *kassakabrâhmaṇa* (III. 293) kann vielleicht die Sorgfalt, die er auf die Reinigung seines Mundes verwendet, als ein Kennzeichen seines Brahmanenthums ausgelegt werden.

[2]) Vgl. Hunter, *Gazeteer of India*, Vol. 6, p. 193.

spüren; die Brahmanen stehen den Mönchen freundlich gegenüber, sie gewähren ihnen Obdach, laden sie zu sich ein und bewirthen sie[1]. Auch in den Jâtaka wird der Verkehr zwischen den Brahmanen und Buddha — von einem solchen ist natürlich nur im Commentar die Rede — als durchaus freundschaftlich dargestellt: der in der Einleitung zum Kâma Jâtaka (IV. 167) auftretende brahmanische Ackerbauer tauscht, wenn Buddha an seinem Felde vorbeikommt, freundliche Worte mit ihm aus; zur Saatzeit verspricht er ihm sogar, wenn das Getreide reif geworden sei, seiner Gemeinde reichliche Almosen zu spenden. Ein derartiges Verhältniss ist doch nur denkbar, wenn wir annehmen, dass diese Brahmanen sich von anderen buddhistischen Laien in nichts unterschieden als eben in ihrer brahmanischen Geburt, dass sie sich aber im übrigen weder um Vedastudium noch um Opfer, diese specifischen Pflichten eines „echten" Brahmanen, deren Erfüllung sicher doch eine Schranke zwischen ihnen und den buddhistischen Mönchen aufgerichtet hätte, viel bekümmerten.

---

9. Kapitel.

Die vornehmen bürgerlichen Familien.

Immerhin war aber doch selbst für die weltlichen Brahmanen ein Moment vorhanden, das ihr völliges Aufgehen in der Masse des Volks verhinderte, nämlich ihre brahmanische Geburt und die dadurch bedingte Zugehörigkeit zur brahmanischen Kaste. Das Bestreben innerhalb der eigenen Kaste zu heirathen und so eine Vermischung mit niederen Elementen zu vermeiden, das wir oben (S. 34) aus den Jâtaka nachweisen konnten, wird allein genügt haben eine gewisse Scheidungsgrenze auch zwischen diesen Brahmanen und dem Volk aufrechtzuerhalten.

Weit weniger deutlich ausgeprägt erscheint uns eine andere Linie, nämlich die, welche der Theorie der Brahmanen zufolge in der

[1] Suttavibhanga, Pârâjika IV. 8. 11; 9. 3. Pâcittiya XXXV. 1. Sekhiya 51. (Vinaya Piṭaka ed. Oldenberg, Vol. 3, p. 103, 107; Vol. 4, p. 81, 197.)

indischen Gesellschaft die arischen Inder von der Masse der dunkelfarbigen Eingeborenen trennte[1]). Wir können annehmen, dass schon frühzeitig eine Vermischung zwischen den arischen und den nichtarischen Bestandtheilen des Volks eingetreten ist, eine Annahme, die nur dann unwahrscheinlich ist, wenn wir uns der brahmanischen Theorie folgend die weder zur *kshatriya*- noch zur *brâhmana*-Kaste gehörenden arischen Inder ebenfalls von festen Schranken umschlossen und zu einer Kaste vereinigt denken. Die indische Kastentheorie fasst sie als dritte Kaste, als die Kaste der *Vaiśya* zusammen; als ihre Beschäftigungen und Pflichten werden bei Manu (I. 90) genannt: „Viehzucht, Spenden von Gaben, Opfer, Studium, Handel, Verleihen von Geld gegen Zinsen und Ackerbau".

Nun begegnen wir allerdings auch in den Pali-Texten dem Ausdruck *Vessa* = Skr. *Vaiśya*, aber durchweg an Stellen, wo wir es mit theoretischen Erörterungen über die Kastenfrage zu thun haben, die, wie oben (S. 19 f.) ausgeführt wurde, für die wirkliche Existenz einer Kaste der *Vessa* nichts beweisen. Nirgend bemerken wir in den Jâtaka — wo wir es doch am ehesten erwarten sollten, da sie ihren Stoff so oft gerade aus den Volkskreisen nehmen — eine Spur davon, dass thatsächlich eine Kaste, die alle nicht zu den *khattiya* oder zur *brâhmaṇa*-Kaste gehörigen Arier umfasst hätte, existiert habe. Eine Kaste im Sinne der brahmanischen Theorie sind die *Vaiśya* auch in den westlichen brahmanischen Ländern nie gewesen; ursprünglich, in ältester vedischer Zeit, eine Bezeichnung für die Klasse der Viehzucht und Ackerbau treibenden arischen Ansiedler, diente später der Name dem theoretisierenden Brahmanen dazu, eine in Wirklichkeit fast unbegrenzte Vielheit von socialen Gruppen zu einer Einheit zusammenzufassen.

[1]) Auch aus der brahmanischen Literatur gewinnen wir den Eindruck, als ob die indische Gesellschaft in zwei Gruppen zerfiel, nämlich in die Brahmanen und *kshatriya* auf der einen, die *Vaiśya* und *Śûdra* auf der andern Seite, und dass ungeachtet der auf der arischen Geburt beruhenden Scheidungsgrenze die beiden letzteren in den Augen der beiden höheren Kasten eine zusammengehörige grosse Masse bildeten, mit der weder der Brahmane noch der *kshatriya* viel in Berührung kam. Vgl. Hopkins, *The mutual relations of the four castes according to the Mânavadharmaçâstram.* Inaug.-Diss. Leipzig 1881, p. 78, 82.

Ein Ausdruck, der in ganz ähnlicher Weise wie ursprünglich das Wort *Vaisya* eine bestimmte Klasse der Bevölkerung umschliesst, ist das in der Pali-Literatur so überaus häufige Wort *gahapati*[1]). Seiner Etymologie nach bedeutet es „Hausherr, Haupt eines Hausstandes" und bezeichnet in der Regel, wenn auch nicht immer, einen durch vornehme Geburt und Reichthum ausgezeichneten Grundbesitzer oder Handelsherrn. Wir werden nicht fehlgehen, wenn wir in diesen *gahapati* zum Theil die *gentry* des Landes, den niederen grundbesitzenden Adel sehen, im Gegensatz zu dem Adel, der mit dem Fürstenhause verwandt ist, den *khattiya*, zum Theil die den Patriziern der Reichs- und Handelsstädte des Mittelalters zu vergleichenden vornehmen und reichen Bürgerfamilien der grossen Städte. Wie die *khattiya* scheinen sich auch die *gahapati* durch ein besonderes Standesbewusstsein und durch das Werthlegen auf arische Abkunft von der grossen Masse des Volks abgesondert zu haben. Der Sohn des *seṭṭhi gahapati*, Yasa, wird im Mahâvagga (I. 7. 7) *kulaputta* genannt, ein Jüngling von edler Abkunft, aus guter Familie. Ein solcher *kulaputta* muss, wenn möglich, wieder in eine alte und reiche Familie hineinheirathen; die Eltern tragen Sorge, dass eine Mesalliance vermieden wird und führen dem herangewachsenen Sohn ein Mädchen aus guter Familie zu (*Bodhisatto Bârâṇasito avidûre gâmake gahapatikule nibbatti. Ath' assa vayappattassa Bârâṇasito kuladhitaraṃ ânesuṃ.* II. 121). Am Hofe des Königs spielten die *gahapati* vermöge ihres Ansehens und Reichthums offenbar eine bedeutende Rolle: entweder zusammen mit den Ministern und Brahmanen, an dritter Stelle genannt, oder allein mit den letzteren treten sie fast ständig in der Umgebung des Königs auf[2]). Bei der Krönung des jungen Königs sind vertreten: Minister, Brahmanen, Hausherren, Bürger, Thürhüter u. s. w. (*amaccâ ca brâhmaṇagahapatiraṭṭhikadovârikâdayo ca.* II. 241).

Schon diese Stelle, wo die *raṭṭhika* (= Skr. *râshṭrika*, Bewohner eines Reichs, Unterthan) neben den *gahapati* erwähnt werden, zeigt, dass sich der Begriff *gahapati* keineswegs mit dem

[1]) = Skr. *gṛihapati*.

[2]) Nicht bloss in den Jâtaka, sondern auch in andern Pali-Texten, z. B. Mahâvagga I. 22. 3 (Vinaya Piṭaka ed. Oldenberg, Vol. I, p. 35).

deckt, was nach der brahmanischen Kastentheorie unter *Vaiśya* zu verstehen ist; denn zu dieser alle arischen Inder mit Ausnahme der *kshatriya* und *brâhmaṇa* umfassenden Kaste würden doch auch die *raṭṭhika* zu rechnen sein, ebenso wie die Städter (*negama*) und Bauern (*jânapada*), die an anderer Stelle (im Nigrodhamiga Jâtaka. I. 152) neben den „Hausherren" als Unterthanen des Königs aufgezählt werden. Für den von der Theorie beeinflussten, zum Schematisieren geneigten Inder scheinen die *gahapati* trotzdem als eine Kaste, und zwar als die dritte, den *Vaiśya* des brahmanischen Systems entsprechende Kaste gegolten zu haben, da sie sehr oft[1]) bei Aufzählung von Kasten hinter den *khattiyakula* und *brâhmaṇakula* an dritter Stelle erscheinen. Eine Berechtigung zu einer solchen Schematisierung lag ja insofern vor, als auch diese Klasse durch das Werthlegen auf reine Abstammung und durch das Vermeiden von nicht standesgemässen Heirathen sich einer gewissen Geschlossenheit erfreute und auch darin mit der Brahmanenkaste eine entfernte Aehnlichkeit zeigte, dass sich die *jâti* eines *gahapati* vererbte, dass ein *gahapati*, selbst wenn er durch Verlust seines Vermögens heruntergekommen und genöthigt war durch niedere Verrichtungen sein Leben zu fristen, doch immer ein *gahapati* blieb. Wir lesen von einem solchen, der Gemüsehandel betreibt (*paṇṇikagahapati*. III. 21; IV. 446), und von einem armen *gahapati*, der sich und seine Mutter nur mit Mühe durch Lohnarbeit ernähren kann (III. 325).

Aber diese Erblichkeit des Standes, verbunden mit einem besondern Werthlegen auf Reinheit des Blutes, reichen meiner Ansicht nach nicht hin, um die *gahapati* als eine Kaste erscheinen zu lassen; in unsern Augen können sie immer nur als eine besondere Klasse, als ein Stand gelten, nicht als eine Kaste, deren charakteristische Merkmale fehlen: von der Heirath innerhalb der Standesgenossen abgesehen bemerken wir nichts von gemeinsamen

[1]) So in der oben S. 21 citierten Erzählung von den *chabbaggika*, die mit Cullavagga VI. 6. 2 identisch ist. Vgl. ferner Mahâparinibbâna Sutta V. 24 (*Journal of the Royal Asiatic Society*, Vol. 8, p. 242): *Ânanda khattiyapaṇḍitâ pi brâhmaṇapaṇḍitâ pi gahapatipaṇḍitâ pi abhippasannâ*; Mahâvagga VI. 28. 4 (Vinaya Piṭaka ed. Oldenberg, Vol. 1, p. 227): *yadi khattiyaparisaṃ yadi brâhmaṇaparisaṃ yadi gahapatiparisaṃ yadi samaṇaparisaṃ avisârado upasaṃkamati.*

Gebräuchen, geschweige denn von einer Jurisdiktion, welche die Uebertretung von Kastenvorschriften mit der Ausstossung aus der Gemeinschaft der *gahapati* geahndet hätte.

Ungefähr gleichbedeutend mit *gahapati* wird der Ausdruck *kuṭumbika* gebraucht: auch damit werden Angehörige des bürgerlichen Standes, in der Regel wie mit *gahapati* wohlhabende, einem Hausstande (*kuṭumba*) vorstehende Bürger bezeichnet. Die Verbindung mit einer solchen *kuṭumbika*-Familie scheint den reichen und vornehmen Familien als standesgemäss gegolten zu haben: um die Tochter des in einem Dorf lebenden *kuṭumbika* freit ein vornehmer Stadtbewohner (*nagaravāsikulaputta*. I. 196) für seinen Sohn. Die in der Stadt wohnenden *kuṭumbika* betrieben nach den Jâtaka Handelgeschäfte. So wird im Sâlaka Jâtaka von dem Bodhisatta gesagt, dass er in einer *kuṭumbika*-Familie wiedergeboren wird und sich durch Getreidehandel (*dhaññavikkaya*. II. 267) seinen Lebensunterhalt erwirbt. Mehrfach ist von Geldgeschäften die Rede, die von städtischen *kuṭumbika* nach dem Lande hin gemacht werden. Ausser dem im *paccuppannavatthu* des Succaja Jâtaka (III. 66) vorkommenden *kuṭumbika* aus Sâvatthi, der mit seiner Frau aufs Land geht, um in einem Dorf eine Schuld einzutreiben, wird im Satapatta Jâtaka ein *kuṭumbika* erwähnt, der einem Landmanne 1000 *kahâpaṇa* leiht (II. 388). Die Söhne eines andern *kuṭumbika* beschliessen nach dem Tode ihres Vaters seine Angelegenheiten zu regeln und seine Aussenstände einzutreiben; sie begeben sich in ein Dorf und kehren, nachdem sie 1000 *kahâpaṇa* eingenommen haben, zurück (II. 423).

Der hauptsächlichste und vornehmste Repräsentant der *gahapati*-Klasse ist der *seṭṭhi*[1]). Obwohl er uns, wenigstens nach den Jâtaka, fast immer als am Hofe des Königs in dessen Diensten beschäftigt entgegentritt, haben wir ihn doch nicht bei den königlichen Beamten miterwähnt, weil er nicht eigentlich zu den *râjabhogga*, den Beamten des Königs, gehört, sondern ein *gahapati* ist[2]): er scheint eine Art Doppelstellung, eine amtliche und eine

---

[1]) = Skr. *śreshṭhin*, das mit „Gildeherr" wiedergegeben zu werden pflegt.

[2]) Das Amt eines *seṭṭhi* scheint stets in Händen eines *gahapati* gelegen zu haben; nirgends wird erwähnt, dass ein Angehöriger einer

private, eingenommen zu haben. Im Vinaya-Piṭaka trägt der *seṭṭhi* einen vorwiegend privaten Charakter; er erscheint uns hier durchweg als ein angesehener, mit einer besonderen Ehrenstellung unter seinen Berufsgenossen betrauter Kaufmann, so namentlich der vielerwähnte freigebige Verehrer Buddha's, Anâthapiṇḍika. Doch ist zu beachten, dass im Cullavagga (VI. 4. 1) von diesem gesagt wird, er sei der Schwager „des *seṭṭhi* von Râjagaha", ein Ausdruck, der an sich schon auf eine amtliche Stellung hindeutet; auch dass Anâthapiṇḍika glaubt, sein Schwager habe den König Bimbisâra zu einem Festmahl eingeladen, spricht für die Annahme einer solchen. Von demselben *seṭṭhi* von Râjagaha heisst es im Mahâvagga (VIII. 1. 16) ausdrücklich, dass er dem Könige sowohl wie den Kaufleuten viele Dienste leistete (*bahûpakâro devassa c'eva negamassa ca*). In den Jâtaka steht der *seṭṭhi*, wie gesagt, meistens in naher Beziehung zum königlichen Hof. Bei der Verwaltung der Finanzen des Reichs, zur Besoldung des Heeres und der Beamten, bei kriegerischen Unternehmungen, öffentlichen Bauten u. s. w. brauchte der König offenbar den Rath und Beistand eines mit den Handelsverhältnissen des Landes genau vertrauten Geldmannes; andererseits musste auch der Kaufmannschaft daran liegen ihre Interessen am Hofe vertreten und bei der Gesetzgebung und Verwaltung berücksichtigt zu sehen. Beiden Zwecken diente der *seṭṭhi*, der amtliche „Vertreter der Kaufmannschaft" am königlichen Hofe. Als solcher begiebt er sich in die öffentliche Audienz beim Könige (*râjupaṭṭhâna*. I. 269, 349; III. 119, 299; IV. 63), wie an einer Stelle angegeben wird, dreimal am Tage (*divasassa tayo vâre râjupaṭṭhânaṃ gacchati*. III. 475); als solcher verabschiedet er sich vor einer Reise vom Könige (I. 452) und erbittet sich, wenn er sein Amt niederlegen, dem weltlichen Leben entsagen und heimathloser Asket werden will, die Erlaubniss des Königs (*pabbajjaṃ me anujânâhi*. II. 64).

Wie sein socialer Rang sich vererbte[1]), so geht auch

---

andern Klasse oder Kaste, etwa ein reicher Brahmane, die Stellung innegehabt habe. Wenn nicht kurzweg vom *seṭṭhi*, wird immer vom *seṭṭhi gahapati* gesprochen, so auch im Vinaya Piṭaka: Mahâvagga I. 7. 7; VIII. 1. 9, 13; Cullavagga VI. 4. 1 ff.

[1]) Von *seṭṭhi*-Familien ist auch im Vinaya Piṭaka die Rede. Mahâvagga I. 9. 1: *seṭṭhânuseṭṭhînaṃ kulânaṃ puttâ*. Ob unter diesen

das Amt (*seṭṭhiṭṭhāna*) des Vaters in der Regel auf den Sohn über (I. 231, 248; III. 475). In einer *seṭṭhi*-Familie wiedergeboren gründet der Bodhisatta, als er herangewachsen ist, einen Hausstand und erlangt nach dem Tode seines Vaters die Stellung eines „Vertreters der Kaufmannschaft“ (*seṭṭhikule nibbattitvā vayappatto kuṭumbaṃ saṇṭhāpetvā pitu accayena seṭṭhiṭṭhānaṃ patvā*. IV. 62).

Genaueres über die einzelnen mit diesem Amte verbundenen Pflichten und Funktionen können wir unserer Quelle nicht entnehmen. Möglich ist, dass der König sich seiner Person bediente, um die ihm nach den Gesetzbüchern[1]) zustehende Aufsicht über den Handel auszuüben, um durch ihn die Aufrechterhaltung der für die Handelsgesellschaften und Gilden geltenden Gesetze oder Gewohnheitsrechte zu kontrollieren[2]). Vielleicht waren es daneben auch persönliche Dienste, Besorgung von Geldgeschäften, Verwaltung des königlichen Schatzes, die er von ihm verlangte; jedenfalls scheint er vermöge seines ungeheuren Reichthums dem Könige

---

anuseṭṭhikula ‚the highest after the *seṭṭhi* families‘, wie der Ausdruck in der Uebersetzung von Rhys Davids und Oldenberg (*Sacred Books of the East*, Vol. 13, p. 110) wiedergegeben wird, zu verstehen sind, scheint mir zweifelhaft, da nach den Jātaka der *anuseṭṭhi* in ähnlicher Weise wie der *seṭṭhi* selbst ein bestimmtes Amt am königlichen Hofe bekleidet zu haben scheint. Im Sudhābhojana Jātaka (V. 384) spricht der *seṭṭhi*, als er sich zum Könige begiebt, unterwegs beim *anuseṭṭhi* vor, um ihn mitzunehmen.

[1]) Manu VIII. 401 f.: „Er (der König) soll den Einkaufs- und den Verkaufspreis aller Marktwaaren bestimmen, nachdem er den Ort ihrer Herkunft und Bestimmung, die Zeit der Lagerung, den voraussichtlichen Gewinn und Verlust sorgfältig erwogen hat.

Alle fünf Tage oder nach Verlauf eines halben Monats soll der König die Preise in Gegenwart von erfahrenen Leuten festsetzen.“

[2]) Manu VIII. 41: „Des Gesetzes kundig soll er (der König) die Gesetze der Kasten und Länder, die Gesetze der Gilden (*sreṇidharma*) und die Gesetze der Familien prüfen und (so) das für jede (dieser Gruppen) gültige Gesetz fixieren.“ — Vgl. Hopkins, *Ruling Caste*, p. 81: „Solche Verbände“ — nämlich die Handelsgenossenschaften oder Gilden „hatten ihre eigenen Regeln und Gesetze, die der Aufsicht des Königs unterworfen waren; der König durfte (der Theorie nach) weder die Geltung von Gesetzen zulassen noch auch selbst Gesetze geben, die den schon anerkannten oder durch den Brauch sanktionierten widersprachen“.

unentbehrlich gewesen zu sein, da wir ihn so beständig in seiner Umgebung antreffen. Aus dem täglichen Verkehr wird sich bisweilen ein freundschaftliches Verhältniss zwischen dem Könige und seinem *seṭṭhi* entwickelt haben, und ähnlich wie dies bei dem *purohita* der Fall war, mochte die Erblichkeit des Amtes in derselben *seṭṭhi*-Familie dazu beitragen diese eng an das Herrscherhaus zu fesseln. Im Aṭṭhâna Jâtaka (III. 475) sind der Kronprinz und der Sohn des *seṭṭhi* von Benares Spielkameraden und werden im Hause eines und desselben Lehrers erzogen und unterrichtet. Auch nachdem der Prinz zur Regierung gelangt ist, weilt der Sohn des *seṭṭhi* in seiner Nähe, und späterhin, nach dem Tode seines Vaters selbst *seṭṭhi* geworden, begiebt er sich dreimal täglich in den Palast des Königs und plaudert mit ihm bis in die Nacht. „Wo ist mein Freund?" ruft der König, als er eines Tages den *seṭṭhi* nicht erblickt.

In dieser officiellen Stellung eines „Vertreters der Kaufmannschaft" erscheint der *seṭṭhi* indessen auch in den Jâtaka nicht immer, sondern auch hier bisweilen als reiner Privatmann, als begüterter und einflussreicher Handelsherr. Ein in Benares wohnender *seṭṭhi* treibt Handel, indem er eine Karawane von 500 Wagen führt (I. 270); in der Provinz (*paccante*. I. 451; IV. 169), auf dem Lande (*janapadaseṭṭhi*. IV. 37) ansässige *seṭṭhi*, bei denen doch eine amtliche Thätigkeit von vorne herein unwahrscheinlich ist, werden verschiedentlich erwähnt. Inwiefern sich diese von anderen Kaufleuten, beispielsweise von den später zu besprechenden Karawanenführern (*satthavâha*) unterschieden, insbesondere ob sie ihnen gegenüber irgendwie eine aufsichtführende Stellung, etwa als „Gildeherren", einnahmen, geht aus den Jâtaka nicht hervor; was wir aus unserer Quelle erfahren, beschränkt sich auf allgemeine Beschreibungen ihres Reichthums und ihres Einflusses. Das Vermögen eines *seṭṭhi* wird ebenso wie bei den reichen Brahmanen regelmässig auf 800 Millionen (*asitikoṭivibhavo seṭṭhi*. III. 128, 300, 444; V. 382) angegeben, eine Angabe, die allerdings für die Beurtheilung der thatsächlichen Verhältnisse von wenig Werth ist, da bei dem geringen Verständniss, das die Inder für richtige oder auch nur annähernd der Wirklichkeit entsprechende Zahlen haben, irgend eine andere hohe Zahl genau dasselbe sagen würde, da wir ausserdem nicht wissen, welche

Münze wir zu dieser Ziffer zu ergänzen haben. Etwas genauer wird das Besitzthum eines *seṭṭhi* präcisiert, wenn im Visayha Jâtaka (III. 129) erzählt wird, dass Sakka, durch die Wohlthätigkeit des *seṭṭhi* beunruhigt, seine ganze Habe vernichtet: Geld, Getreide, Oel, Honig, Zucker u. s. w., ja selbst seine Sklaven und Lohnarbeiter. Als zum Hausstand eines *seṭṭhi* gehörig werden an einer andern Stelle (III. 444) ausser Weib und Kind noch die Dienerschaft (*parijana*) und die Hirten (*vacchakapâlakâ*) genannt. Der Kuhhirte (*gopâlaka* I. 388) eines *seṭṭhi* treibt die Kühe seines Herrn, wenn das Korn dick zu werden anfängt, in den Wald, baut dort einen Stall für das Vieh und liefert von Zeit zu Zeit die Milch an den *seṭṭhi* ab. Nehmen wir hinzu, dass gelegentlich (siehe oben S. 77) von Reisfeldern eines *seṭṭhi* die Rede ist, so ergiebt sich daraus, dass wir uns den *seṭṭhi* nicht nur als Kaufherrn, sondern auch als Vieh züchtenden und Ackerbau treibenden Grundbesitzer vorzustellen haben.

In Folge der grossen ihm zur Verfügung stehenden Geldmittel reichte sein Einfluss offenbar über den Wirkungskreis seines eigenen Geschäftes hinaus; wir finden zwar nicht ausdrücklich erwähnt, dass er Geld gegen Zinsen verleiht, dürfen aber doch wohl annehmen, dass er dem Gastwirth, der „von ihm lebt“ (*taṃ upanissâya eko vâruṇivâṇijo jîvati*, I. 252), die Mittel zum Betriebe seines Spirituosenhandels gewährt hat. Auch der Schneider, der bei einem *seṭṭhi* wohnt (*seṭṭhiṃ nissâya vasantassa tunnakârassa*. IV. 38), mag in einem ähnlichen Verhältniss zu seinem Hausherrn gestanden haben.

Der Wunsch Reichthum und Ansehen in der Familie zu erhalten wird bei den *seṭṭhi*-Familien die Neigung und Gewohnheit innerhalb der eigenen *jâti* zu heirathen verstärkt und zu häufigen Heirathen derselben untereinander geführt haben. Der im Nigrodha Jâtaka vorkommende *seṭṭhi* von Râjagaha bringt seinem Sohn die Tochter eines auf dem Lande wohnenden *seṭṭhi* ins Haus (IV. 37). Dem Sklaven des *seṭṭhi* von Benares gelingt es, wie im Kaṭâhaka Jâtaka erzählt wird, durch einen gefälschten Brief die Hand der Tochter eines seinem Herrn befreundeten, an der Grenze wohnenden *seṭṭhi* zu gewinnen. Der Brief, den der Sklave selbst geschrieben hat, und den er dem Geschäftsfreunde seines Herrn einhändigt, beginnt mit den Worten: „Der Ueberbringer dieses Schreibens ist mein Sohn N. N. Ich halte es für passend, dass sich unsere beiderseitigen Kinder miteinander verheirathen" (*âvâhavivâhasambandho nâma mayhaṃ tayâ tuyhañ ca mayâ vaddhiṃ patirûpo.* I. 452).

Hand in Hand mit diesem Werthlegen auf standesgemässe Heirath und tadellose Abkunft geht wie bei den *khattiya* und den stolzen Brahmanen auch bei den vornehmen *seṭṭhi*-Familien eine tiefe Verachtung der durch Beruf oder Race niedrigstehenden Volksschichten; namentlich macht sich dieser „Kastengeist" dem Stamm der *Caṇḍâla*, den Parias der damaligen indischen Gesellschaft, gegenüber geltend: Wir sahen (oben S. 29), welcher Schrecken die *seṭṭhi*-Tochter ergreift, als sie erfährt, dass sie einen *Caṇḍâla* erblickt hat, und wie ängstlich sie bemüht ist die üblen Wirkungen dieses Anblicks durch Auswaschen ihrer schönen Augen zu verhindern.

Reichthum und Vornehmheit der *seṭṭhi*-Familien brachten es von selber mit sich, dass die Söhne solcher Familien eine sorgfältige Erziehung genossen; ja es hat nach unserer Quelle den Anschein, dass sie, zum Theil wenigstens, die nach den Gesetzbüchern den drei oberen Kasten gemeinsame Pflicht des Vedastudiums auch wirklich erfüllten. Die beiden *seṭṭhi*-Söhne des Nigrodha Jâtaka werden von dem *seṭṭhi* von Râjagaha zum Zwecke des Studiums nach Takkasilâ zu einem Lehrer geschickt, dem sie 2000 als Honorar einhändigen (IV. 38); der bereits erwähnte, im Aṭṭhâna Jâtaka vorkommende junge *seṭṭhi* wird mit dem Prinzen zusammen bei demselben Lehrer unterrichtet (III. 475). Zwar wird in beiden Fällen nur gesagt, dass die Jünglinge „die Wissenschaft erlernten" (*sippaṃ uggaṇhiṃsu*), doch halte ich es für wahrscheinlich, dass auch an diesen Stellen unter *sippa* das religiöse Studium zu verstehen ist, weil, wie (oben S. 40, 48 f.) ausgeführt wurde, unter den Jüngern Buddha's in hervorragendem Maasse die Söhne reicher und vornehmer Familien vertreten sind, eine Thatsache, die meiner Ansicht nach hauptsächlich auf die Theilnahme dieser Kreise an den geistigen Bestrebungen jener Zeit zurückzuführen ist.

Wie diese *seṭṭhi*-Familien, deren Gesammtheit durch das allen gemeinsame Standesbewusstsein, durch den Brauch Heirathen nur innerhalb der eigenen *jâti* zu schliessen und das Bestreben eine Vermischung mit den niederen Kasten zu vermeiden, ferner durch die Gemeinsamkeit eines erblichen Berufs ein der Kaste nicht unähnliches Aussehen erhält, so heben sich von der grossen Masse des Volks andere sociale Gruppen ab, die sich uns durch das Hinzutreten eines neuen Faktors, der äusseren Organisation, als noch schärfer umgrenzte und geschlossenere Einheiten darstellen, nämlich die unsern mittelalterlichen Gilden vergleichbaren Genossenschaften der Kaufleute und Handwerker.

---

10. Kapitel.

Die Gilden der Kaufleute und Handwerker.

Die Existenz von kaufmännischen Genossenschaften, die sich theils zu wirthschaftlichen Zwecken — zur besseren Ausnutzung des Kapitals, zur Erleichterung des Verkehrs — theils zur Wahrung rechtlicher Interessen ihres Standes gebildet haben werden, ist sicher schon für eine frühe Periode der indischen Kultur anzunehmen. Wenn wir in den Dharmasûtren lesen, dass die Ackerbauer, Kaufleute, Viehzüchter, Geldverleiher (*kusîdin*) und Handwerker ihre eigenen, für ihre Klasse besonderen Gesetze haben, die für den König als Autorität gelten[1], so können wir daraus mit einiger Sicherheit auf eine Organisation des Handels und einzelner Zweige desselben schliessen; in den späteren Rechtsbüchern wird der Gilden (*śreṇi*) ausdrücklich Erwähnung gethan: so heisst es bei Manu (VIII. 41), dass der König die Gesetze der Gilden prüfen und festzusetzen habe. Auch im Epos treten uns die Gilden als ein wichtiger Faktor nicht nur des gewerblichen, sondern auch des politischen Lebens entgegen[2].

Doch ist es die Frage, ob die wirthschaftlichen Zustände, wie sie bei Manu und im Epos geschildert werden, zu dem

[1] Gautama XI. 21: *deśajâtikuladharmâścâmnâyair aviruddhâḥ pramâṇam kṛishivaṇikpaśupâlyakusîdakâravaḥ sve sve varge.*

[2] Vgl. Hopkins, *Ruling Caste*, p. 81 f.

Kulturbild passen, das uns die Jâtaka entrollen, ob wir sie ohne Weiteres auf die Periode des älteren Buddhismus übertragen dürfen. Das ausgebildete Handelsrecht, wie wir es bei Manu antreffen, die Bestimmungen über das verzinsliche Darlehen, das Institut der Seehandelsexperte, der Fluss- und Seezölle, alles das setzt ein Stadium der wirthschaftlichen Entwickelung voraus, das mir Jahrhunderte hinter der in den Jâtaka geschilderten Kulturstufe zu liegen scheint[1]).

Damit soll nun nicht etwa gesagt sein, dass wir hier die ersten Anfänge des Handelsverkehrs vor uns hätten; zweifellos deuten die in den Jâtaka enthaltenen Angaben auf überseeischen Verkehr sowohl wie auf einen lebhaften Binnenhandel. Wenn bei der Beschreibung einer durch die Sandwüste ziehenden Karawane ihre Reise mit dem Weg durch den Ocean verglichen wird (*samuddagamanasadisam eva gamanam hoti*. I. 107), wenn erzählt wird, dass man die Führung einem „Landsteuermann" (*thalaniyâmaka*) anvertraut, der die Karawane mit Hülfe der Sternkunde lenkt, so liegt darin die Vertrautheit mit Seefahrten und die dazu unbedingt erforderliche Kenntniss des Sternhimmels ausgesprochen. Auch ein anderes Mittel, dessen sich die Inder ähnlich wie in alter Zeit die seefahrenden Phönizier und Babylonier zur Orientierung bei ihren Meerfahrten bedienten, finden wir in den Jâtaka erwähnt, nämlich die „Orientierungskrähe" (*disâkâka*); sie zeigte den Seefahrern, wenn sie das Land aus den Augen verloren hatten, indem sie ihren Flug auf das Land zu nahm, in welcher Richtung die Küste zu suchen war. Auf hoher See freilich konnte ein solcher „Compass" den Schiffern nicht viel nützen — daher denn auch von Kaufleuten aus dem Kâsi-Reich, die eine *disâkâka* an Bord des Schiffes haben, erzählt wird, dass sie mitten im Ocean Schiffbruch erleiden (III. 267) —,

---

[1]) Die gegentheilige Ansicht vertritt Dahlmann in seinem Buche über das Mahâbhârata. Nach ihm besteht „eine auffällige Uebereinstimmung zwischen der in den Jâtaka und im Palicanon repräsentierten Culturperiode und jener des Mahâbhârata"; „die Blüthe des wirthschaftlichen Lebens", wie sie hier geschildert wird, befindet sich seiner Ansicht nach „in vollem Einklang mit dem Culturbilde des Manu". Jos. Dahlmann, *Das Mahâbhârata als Epos und Rechtsbuch*, Berlin 1895, S. 166, 180.

wohl aber bei der Küstenschifffahrt. Diese und nicht die Fahrten im offenen Meere scheinen mir durchweg gemeint zu sein, wo vom Handelsverkehr zur See in den Jâtaka gesprochen wird. Das Verschwinden der Küste nach mehrtägiger Fahrt wird besonders hervorgehoben und als Ursache eines Schiffbruchs hingestellt: „Fünfhundert Kaufleute“ — heisst es im Paṇḍara Jâtaka (V. 75) — „stachen in See und erlitten, als am siebenten Tage kein Land mehr zu sehen war, mitten auf dem Ocean Schiffbruch; alle bis auf einen wurden die Speise der Fische.“ Ueberhaupt werden wir gut thun in der Annahme eines ausgedehnten überseeischen Verkehrs vorsichtig zu sein. Bestand wirklich ein regelmässiger Tauschhandel zwischen Indien und Ländern wie dem babylonischen Reich — dessen Name allerdings in der Form *Bâveruraṭṭha* (III. 126) vorkommt — so würden wir sicher gelegentlich von Produkten dieses Landes, von seinen Bewohnern und Sitten in den Jâtaka etwas hören. Das Vorkommen des blossen Namens beweist, dass die Stadt ihrem Namen nach in der Zeit, der unsere Quelle entstammt, bekannt war; vielleicht waren indische Seefahrer nach Babylon verschlagen und hatten, in die Heimath zurückgekehrt, von jener fernen Stadt und ihren Wundern berichtet, so dass von nun ab in jedem Märchen, worin Schiffbrüchige eine Rolle spielten, auch der Name der Stadt *Bâveru* auftauchte, dessen Klang genügte, um in den Zuhörern die Erwartung von etwas Wunderbarem hervorzurufen. So häufig, dass man von einer „typischen“ Figur des *samuddavâṇija* sprechen könnte[1]), ist doch von dem Handel zur See überhaupt in den Jâtaka nicht die Rede[2]).

Der Reichthum an grossen schiffbaren Wasserstrassen im Norden Indiens lässt eine frühzeitige Entwickelung der Binnenschifffahrt voraussetzen; doch habe ich sie in den Jâtaka nur an einer einzigen Stelle belegt gefunden. Bei dem im Cullakaseṭṭhi Jâtaka (I. 121) beschriebenen Verkauf einer Schiffsladung handelt es sich um Waaren, die in der Nähe von Benares in einem Hafenort gelöscht werden. Der Held der Erzählung, ein Jüngling

---

[1]) Vgl. Dahlmann, *Das Mahâbhârata*, S. 179.

[2]) Zu den angeführten Stellen (I. 107; III. 126, 267; V. 75) kommt noch die Bezeichnung einer Erzählung (IV. 158) als Samuddavâṇija Jâtaka.

aus guter aber verarmter Familie, hat von einem befreundeten Schiffer erfahren, dass ein grosses Schiff im Hafen angekommen sei. Er miethet sich für acht *kahâpaṇa* ein Miethfuhrwerk nebst allem Zubehör und fährt mit grossem Pomp zum Hafen. Hier kauft er die Schiffsladung auf Credit und deponiert seinen Siegelring als Sicherheit; dann lässt er in der Nähe des Schiffes ein Zelt aufschlagen und giebt, nachdem er drinnen seinen Sitz eingenommen hat, seinen Leuten den Befehl, wenn Kaufleute zu ihm wollten, so sollten sie erst nach dreifacher Anmeldung vorgelassen werden. Auf die Kunde von der Ankunft des Schiffes kommen gegen hundert Kaufleute von Benares, um die Ladung zu kaufen; man sagt ihnen: „Ihr könnt von den Waaren nichts mehr bekommen, denn ein Grosskaufmann, der sich da und da aufhält, hat sie gegen ein Depositum gekauft." Als sie dies hören, begeben sie sich zu dem Jüngling und werden von den Dienern in der verabredeten Weise nach dreifacher Anmeldung zu ihm geführt. Jeder der hundert Kaufleute zahlt 1000, um einen Schiffsantheil zu erhalten, und schliesslich kaufen sie ihm, um ihn als Partner loszuwerden, auch noch den Rest seines Antheils ab, indem jeder von ihnen weitere 1000 zahlt. So kehrt der Jüngling im Besitz von 200000 nach Benares zurück.

In der durch die Jâtaka wiedergespiegelten Kulturperiode scheint noch der Handelsverkehr zu Lande an Bedeutung den Schiffsverkehr bei weitem übertroffen zu haben. Der Kaufmann, der mit seiner Karawane das Land durchzieht, ist in der That eine typische Figur in unsern Erzählungen, und nach den Angaben derselben kann der Karawanenhandel sowohl hinsichtlich der Entfernungen als auch der mitgeführten Waaren nicht geringfügig gewesen sein. Grosse Handelsstrassen durchziehen das Land nach allen Richtungen und vermitteln den Waarenaustausch zwischen den einzelnen, ihren Produkten und Bedürfnissen nach so verschiedenen Theilen Indiens; besonders zwischen dem Osten und dem Westen bestand offenbar ein lebhafter Handelsverkehr. Wir lesen im Apaṇṇaka Jâtaka von einem Karawanenführer (*satthavâha*. I. 98), der mit 500 Wagenladungen bald von Osten nach Westen zieht, bald umgekehrt. In Benares wohnhafte Kaufleute reisen nach Ujjenî[1], um Handel zu treiben (II. 248). Auch von

[1]) = Skr. Ujjayinî, Hauptstadt der Avanti.

einem zwischen dem Kasmîra- und Gandhâra-Reiche einerseits und dem Videha-Lande andererseits bestehenden Handelsverkehr erfahren wir, wenn im Gandhâra Jâtaka erzählt wird, dass der Videha-König sich bei Kaufleuten nach dem Befinden seines Freundes, des Königs von Kasmîra und Gandhâra, erkundigt (III. 365).

Ueber die Art der mitgeführten Waaren lauten die Angaben der Jâtaka ganz unbestimmt. Der Erzähler spricht meistens von 500 mit werthvollen Waaren angefüllten Karren und überlässt es uns über den Inhalt dieser Wagenladungen unsere eigenen Vermuthungen anzustellen. Vielleicht waren die Ballen der Kaufleute von Benares mit Tuch angefüllt, denn nach dem Tuṇḍila Jâtaka befanden sich in der Nähe von Benares Felder, auf denen Baumwolle[1]) gebaut wurde (*kappâsakhetta*. III. 286), und diese Baumwolle wurde anscheinend zu Buddha's Zeit hauptsächlich in Benares verarbeitet[2]). Andererseits scheint auch in einigen Gegenden des Westens die Tuchindustrie in Blüthe gestanden zu haben, da im Mâhavagga des Vinaya Piṭaka das Sivi-Tuch (*Siveyyaka dussa*. VIII. 1. 29) als besonders werthvoll gerühmt wird.

Berühmt waren auch die Pferde des Westens, vor allem die Rosse aus Sindh (*sindhava*. II. 288); nach den Jâtaka wurden die Könige der östlichen Länder vorwiegend vom Westen oder vom Norden her mit Pferden versorgt: mehrfach begegnen uns in unserm Texte Pferdehändler, die aus dem Norden kommen (*uttarâpathakâ assavâṇijâ*. II. 31) und ihre Rosse in Benares verkaufen (I. 124; II. 287).

Die Unsicherheit der Wege machte in jener Zeit das Geschäft eines *satthavâha* mühsam und gefährlich. Organisierte Räuberbanden — im Sattigumba Jâtaka wird ein von 500 Räubern bewohntes Dorf (*coragâmaka*. IV. 430) erwähnt, an ihrer Spitze

---

1) Die Baumwolle wird auch jetzt noch in den Gegenden westlich von Benares bis nach Agra gewonnen. Vgl. die Tafel 13 in Bartholomew's *Hand Atlas of India*, Westminster 1893.

2) Im Mahâparinibbâna Sutta (V. 26) wird gesagt, dass die sterblichen Reste eines Weltherrschers in aufeinander folgende Lagen von neuen Kleidern und von zerrissener Baumwolle (*vihatena kappâsena*) gehüllt würden, und der Commentar fügt als Erklärung des Ausdrucks *vihata kappâsa* hinzu: „das Tuch von Benares (*Kâsikavattha*) nimmt der Feinheit seines Gewebes wegen kein Oel an“.

steht der „Aelteste unter den Räubern“ (*corajeṭṭhaka*. II. 388) — lauerten besonders in den Wäldern den reisenden Kaufleuten auf und nöthigten sie sich bewaffnete Männer zu dingen, welche ihre Karawanen gegen Bezahlung durch die gefährdeten Gegenden hindurchführten [1]). Doch wurden die Kaufleute für die Beschwerden und die Gefahr des Karawanenhandels durch den grossen Gewinn entschädigt, den sie nach den Jâtaka erzielten: im Vaṇṇupatha Jâtaka wird angegeben, dass die Karawanenführer beim Verkauf ihrer Waaren das Doppelte und Vierfache wieder erhielten (*bhaṇḍaṃ vikkiṇitvâ diguṇaṃ catugguṇaṃ bhogaṃ labhitvâ*. I. 109).

Zeigt nach den angeführten Einzelheiten der Handel in den Jâtaka, wenn auch nicht dieselbe Entwickelungsstufe wie bei Manu, so doch jedenfalls eine hohe Blüthe, so kann uns die Erwähnung von Gilden (*seṇi*) in unserm Text nicht überraschen. Fraglich scheint es mir allerdings, ob wir aus den wenigen Stellen, wo sie ausdrücklich genannt werden, auf ein ausgebildetes Gildewesen mit besonderem Gilderecht schliessen dürfen. Abgesehen von der (oben S. 102) bereits citierten Stelle aus dem Nigrodha Jâtaka, wo von dem Amt des königlichen Waarenaufsehers gesagt wird, es sei der Beachtung aller Gilden werth (*sabbaseṇînaṃ vicâraṇârahaṃ bhaṇḍâgârikaṭṭhânaṃ*. IV. 43), finden sie sich auch sonst noch erwähnt (*sabbaseṇiyo*. I. 267, 314), aber ohne jede Angabe, die einen Schluss auf ihre Zusammensetzung oder Organisation zuliesse. Auf ein fortgeschritteneres Stadium des Gildewesens deutet das *paccuppannavatthu* des Uraga Jâtaka hin: hier ist von einem „Gildestreit“ (*seṇibhaṇḍana*. II. 12.) zwischen zwei im Dienste des Königs stehenden, an der Spitze von Gilden befindlichen (*seṇipamukha*) Ministern die Rede. Für die ältere, in den Jâtaka selbst geschilderte Periode können wir mit Sicherheit nur das Vorhandensein von genossenschaftlichen Vereinigungen innerhalb des Kaufmanns-

[1]) Das Geschäft dieser Waldhüter (*aṭavirârakkhika*. II. 335) bildete einen Berufszweig für sich, der sich in den Familien forterbte und sich insofern einer ähnlichen Organisation erfreute wie die Gilden der Kaufleute und Handwerker, als auch an der Spitze einer Anzahl von Waldhüterfamilien ein Aeltester (*ârakkhikajeṭṭhaka*) stand. Wie wir oben S. 142 sahen, verdangen sich nach dem Dasabrâhmaṇa Jâtaka auch Brahmanen zu diesem Geschäft.

standes constatieren. Die Familien, in denen sich ganz bestimmte Handelszweige forterben, haben sich zu Berufsgenossenschaften zusammengethan. An ihrer Spitze steht ein Aeltester (*jeṭṭhaka*), über dessen Befugnisse wir im Einzelnen allerdings nichts Näheres erfahren, dessen Existenz aber an sich schon auf eine Organisation der verschiedenen Handelszweige hindeutet. So lesen wir von einem Aeltesten unter den Karawanenführern (*satthavâhajeṭṭhaka.* II. 295); nehmen wir die Erblichkeit dieses Berufes hinzu — die durch Ausdrücke wie „Familie von Karawanenführern" (*satthavâhakula.* I. 98, 107; III. 200) und „Sohn eines Karawanenführers" (*satthavâhaputta.* I. 99, 194; II. 335), der seinerseits wiederum Karawanenführer wird, hinlänglich bezeugt ist —, so haben wir meines Erachtens zwei Kriterien, die für die Annahme eines engeren Zusammenschlusses der Karawanenführer sprechen. Aus dem Kriterium der Erblichkeit allein eine Geschlossenheit und eine gewisse Organisation des betreffenden Handelszweiges zu folgern, scheint etwas gewagt; erwähnt wird die Erblichkeit des Berufs bei einem Getreidehändler (*dhaññavâṇijakula.* III. 198), und auch das Geschäft eines Gemüsehändlers erbte sich in der Familie fort (*paṇṇikakula.* I. 312).

Bei einzelnen Zweigen des kaufmännischen Berufes mag ihre wenig stabile Natur die Ursache sein, dass wir von einem engeren Zusammenschluss nichts lesen; so ist von einer Organisation der schiffahrenden Kaufleute nirgends die Rede. Auch die öfters erwähnten Händler, die in den Strassen der Stadt ihre Waaren ausrufen — ein mit Töpfen und Pfannen handelnder Hausierer (*kacchapuṭavâṇija.* I. 111) bietet seine Waare mit dem Ausruf: „Kauft Wassertöpfe, kauft Wassertöpfe" feil — oder mit einem Esel, dem sie ihre Waare aufpacken, auf dem Lande umherziehen (II. 109), werden sich schwerlich der Vortheile, welche die Zugehörigkeit zu einer Gilde mit sich brachte, erfreut haben.

Im Grossen und Ganzen lassen die angeführten Einzelheiten nur schwache Spuren von genossenschaftlichen Vereinigungen innerhalb des Kaufmannsstandes, nur die ersten Anfänge eines Gildewesens erkennen. Bei steigender Entwickelung des Handelsverkehrs nahm auch die Bedeutung und innere Festigkeit der Gilden zu, und, an sich schon durch traditionelle Organisation und die Erblichkeit der Mitgliedschaft den Kasten ähnlich, werden sie sich im Laufe der Zeit, indem sich gewisse Satzungen und Gebräuche auch in Bezug auf Ehe und Tischgemeinschaft innerhalb der Gilden ausbildeten, in ihrem Aussehen den wirklichen Kasten, vor allem der Brahmanenkaste, genähert haben, bis sie schliesslich zu den modernen Handelskasten wurden.

Aber auch heutzutage treffen wir beim Handelsstand keine so starre Kastenordnung an wie auf anderen Gebieten des wirthschaftlichen Lebens: die grössere Beweglichkeit, die der kaufmännische Beruf im Gegensatz zu anderen seiner Natur nach fordert, die Wechselfälle, denen er ausgesetzt ist, scheinen zu allen Zeiten einer streng schematischen Gliederung dieses Erwerbszweiges hinderlich gewesen zu sein.

Schärfer ausgeprägt tritt uns in unserm Text die Trennung nach einzelnen Berufszweigen innerhalb des Handwerkerstandes entgegen. Hier kommen Momente hinzu, die einen Zusammenschluss und eine Organisation der einzelnen Gewerke ausserordentlich begünstigten. Für das Handwerk ist die Vererbung des Berufes, die beim Handel ursprünglich nicht mehr war als eine blosse Gewohnheit, von wesentlicher Bedeutung: unter der Anleitung seines Vaters wird der Sohn schon von früher Jugend an in die Kunstgriffe seines späteren Berufes eingeführt, und die manuelle Geschicklichkeit, das Talent zu einem bestimmten Handwerk vererbt und erhöht sich von Generation zu Generation. Das Ergreifen eines anderen als des väterlichen Berufes war unter den Handwerkern offenbar unerhört; nicht einmal eine Ausnahme von der Regel findet sich irgendwo in unserer Quelle erwähnt. „Sohn eines Schmiedes“ (*kammâraputta*) wird in den Pali-Texten (Sutta Nipâta, Vers 83; Mahâparinibbâna Sutta. IV. 14) gleichbedeutend mit „Schmied“ gebraucht. Neben den Schmiedefamilien begegnen uns noch andere Handwerkerfamilien in den Jâtaka; die Erblichkeit des Töpferhandwerks wird durch das Kacchapa Jâtaka bezeugt, wo von dem Bodhisatta gesagt wird, dass er in einer Töpferfamilie (*kumbhakârakula*. II. 79) wiedergeboren wurde und Weib und Kind durch das Töpferhandwerk ernährte. Aehnlich heisst es im Kumbhakâra Jâtaka (III. 376): „Der Bodhisatta wurde in einem vor dem Thore von Benares gelegenen Dorfe in einer Töpferfamilie wiedergeboren; herangewachsen gründete er einen Hausstand, und von seiner Frau mit einem Sohn und einer Tochter beschenkt, ernährte er Weib und Kind durch das Töpferhandwerk." Auch eine Steinhauerfamilie (*pâsâṇa-koṭṭakakula*. I. 478) lernen wir in unserem Texte kennen; der in ihr wiedergeborene Bodhisatta versteht, wie es im Babbu Jâtaka heisst, als er herangewachsen ist, sein Handwerk von Grund aus.

Mehr noch als die Erblichkeit des Berufs trug ein anderes Moment, das beim Handel vielfach in Wegfall kommen musste[1]), zur Organisierung der einzelnen Zweige des Handwerks bei, nämlich die lokale Vereinigung und Abgeschlossenheit, der die verschiedenen Gewerke den Jâtaka zufolge zweifellos unterworfen waren. In der Stadt werden bestimmte Strassen nur von bestimmten Handwerkern bewohnt; beispielsweise nehmen die Elfenbeinschnitzer (*dantakâra*) eine Strasse für sich ein. Es wird erzählt, wie ein Mann nach Benares gelangt und in der Stadt umhergehend in die Strasse der Elfenbeinschnitzer kommt und sieht, wie das Elfenbein von ihnen in verschiedene Formen gebracht wird (*dantakâravîthiṃ patvâ dantakâre dantavikatiyo kurumâne disvâ*. I. 320). Noch an einer andern Stelle (II. 197) wird die Strasse der Elfenbeinschnitzer erwähnt: Ein armer Mensch, der sich in Benares aufhält, sieht, wie in der Strasse der Elfenbeinschnitzer Elfenbeinringe u. a. verfertigt werden (*dantakâravîthiyaṃ dantavalayâdini karonte disvâ*) und fragt: „Werdet ihr mir Elephantenzähne abkaufen, wenn ich welche bringe?" Da sie seine Frage bejahen, tötet er Elephanten, nimmt ihnen die Zähne ab und erwirbt sich durch ihren Verkauf seinen Lebensunterhalt.

Einige Handwerke wurden nicht innerhalb, sondern ausserhalb der Stadt, wenn auch meistens in ihrer Nähe, ausgeübt, und zwar in Dörfern, die nur von Leuten eines und desselben Berufes bewohnt waren. Derartige Handwerkerdörfer werden mehrfach

---

[1]) Für die Annahme einer lokalen Vereinigung verschiedener Handelszweige bieten die Jâtaka keinen Anhalt. Eine Stelle in der Mṛcchakaṭikâ des Śûdraka lässt darauf schliessen, dass die *seṭṭhi* in einem bestimmten Stadttheil für sich wohnten: als im zweiten Akt die Vasantasenâ ihre Begleiterin Madanikâ fragt, ob sie den Namen ihres (der Vasantasenâ) Geliebten wisse, antwortet die Madanikâ zum Scherz ausweichend: „Er wohnt im Viertel der Grosskaufleute" (*seṭṭhicattare paḍivasadi*).

als in der Nähe von Benares belegen erwähnt: „Nicht weit von Benares“ — so wird im Alînacitta Jâtaka (II. 18) erzählt — „lag ein Tischlerdorf“ (*vaḍḍhakigâma*). Dort wohnen 500 Zimmerleute. Sie fahren flussaufwärts zu einem Wald, verarbeiten hier das Holz zum Material für den Bau von Häusern, construieren verschiedene Sorten von einstöckigen, zweistöckigen Gebänden u. s. w. und machen sich an allen Hölzern beim Pfosten anfangend Zeichen. Dann schaffen sie das Holz ans Ufer, bringen es an Bord des Schiffes und fahren stromabwärts zur Stadt. Hier bauen sie jedem, der es wünscht, ein Haus, nehmen ihr Geld in Empfang, kehren wieder zurück und schaffen neues Material herbei.“

Ein solches nur von Zimmerleuten bewohntes, in der Nähe von Benares gelegenes Dorf kehrt auch sonst noch in den Jâtaka (II. 405; IV. 159) wieder; an der letzteren Stelle wird gesagt, dass tausend Familien in dem grossen Dorfe wohnten (*kulasahassanivâso mahâvaḍḍhakigâmo*).

Auch die Töpfer scheinen ausserhalb der Stadt in einem Dorf für sich gewohnt zu haben; wenigstens ist von einer Töpferfamilie die Rede, die in einem Dorfe vor den Thoren von Benares wohnt (*Bârâṇasinagarassa dvâragâme kumbhakârakula*. III. 376).

Auffallender als diese in unmittelbarer Nähe einer Grossstadt liegenden Handwerkerdörfer, die leichten Absatz ihrer Erzeugnisse finden konnten und auch zur Befriedigung ihres Bedarfs an Kleidung, Geräthschaften u. s. w. die Stadt in ihrer Nähe hatten, ist das Vorkommen solcher Berufsdörfer mitten im flachen Lande. Wir lesen im Sûci Jâtaka von zwei nebeneinander liegenden Schmiededörfern, von denen das eine aus tausend Hütten besteht (*sahassakuṭiko kammâragâmo*. III. 281). Aus den benachbarten Dörfern gehen die Leute in dieses Dorf, um sich Aexte, Beile, Pflugschaaren, Stacheln und andere Geräthschaften anfertigen zu lassen. Wenn man bedenkt, welche Erschwerung des wirthschaftlichen Verkehrs eine derartige lokale Absonderung im Gefolge hatte, so wird man in diesen Handwerkerdörfern nicht etwa eine Erscheinung von nur sekundärer Bedeutung, sondern vielmehr einen höchst markanten, für die Physiognomie des damaligen socialen Lebens charakteristischen Zug erblicken. Die

Macht der traditionellen, dem zum Schematisieren neigenden indischen Volksgeiste anscheinend adäquaten Sitte hat hier eine Einrichtung geschaffen und bewahrt, die stärker war als das praktische Bedürfniss, das auf eine Verschiedenheit der Berufe innerhalb desselben Gemeinwesens ganz von selbst hinweist. Mag auch die Ursache für die Gemeinsamkeit des Gewerbes ursprünglich, wie dies auch bei den russischen Dorfgemeinden der Fall gewesen ist, in der Verwandtschaft der Dorfbewohner untereinander und in dem gleichen Anrecht aller an dem gemeinschaftlichen Besitz gelegen haben[1]), auf indischen Boden scheint die Beibehaltung einer so merkwürdigen Institution ihren Grund hauptsächlich in dem den Indern innewohnenden Streben nach Gliederung, Absonderung, Schematisierung gehabt zu haben. Wie die Brahmanen sich in Dörfern zusammenthaten, in denen fremde, vor allem niedere Elemente nicht geduldet wurden, so sonderten sich auch, ihr Beispiel nachahmend, die durch Berufsgemeinschaft verbundenen socialen Gruppen von einander ab und trugen so dazu bei, die Vielgestaltigkeit des modernen Kastenwesens zu schaffen.

Wie bei den Gilden der Kaufleute dürfen wir auch bei den Handwerkern aus der Institution des Aeltesten (*jeṭṭhaka*) auf das Vorhandensein einer gewissen Organisation schliessen. Solche Aelteste stehen an der Spitze der Schmiede (*kammârajeṭṭhaka* oder *jeṭṭhakakammâra*[2]). III. 281; V. 282), der Kranzbinder (*mâlakârajeṭṭhaka*. III. 405), der Tischler (*vaḍḍhaki*. IV. 161). Eine bestimmte Zahl durfte, wie es scheint, von den zu einer Innung vereinigten, unter einem gemeinsamen Haupte stehenden Handwerkern nicht überschritten werden; wenigstens wird an der letztgenannten Stelle des Samuddavâṇija Jâtaka gesagt, dass in dem von tausend Tischlerfamilien bewohnten Dorf je fünfhundert Familien einen Aeltesten hatten (*kulasahasse pañcannaṃ pañcannaṃ kulasatânaṃ jeṭṭhakâ dve vaḍḍhakî ahesuṃ*). Ob der Aelteste irgend welche durch Recht oder Sitte anerkannte Befugnisse den Angehörigen

---

[1]) Vgl. Senart, *Les Castes dans l'Inde*, p. 197, 229.

[2]) *kammâra* wird sowohl vom Grobschmied als auch vom Silberschmied (Dhammapada 43) und, wie hier, vom Goldschmied gebraucht. Letzterer heisst an andern Stellen (I. 182; V. 438) *suvaṇṇakâra*.

seiner Innung gegenüber auszuüben hatte, wird nicht gesagt; sein Amt scheint ein Ehrenamt gewesen zu sein, das besonders tüchtigen Handwerkern, nicht immer dem an Jahren ältesten übertragen wurde. In einer besonderen Beziehung scheint der Aelteste zum königlichen Hofe gestanden zu haben. „Der Aelteste unter den 1000 Schmieden“ — heisst es im Sûci Jâtaka (III. 281) — „war ein Günstling des Königs, mit Gut und Geld reichlich gesegnet.“ Ein ander Mal wird erzählt, dass ein Prinz einen *kammârajeṭṭhaka* zu sich kommen lässt und ihm aufträgt, aus einer Menge Gold ein Frauenbildniss herzustellen (V. 282).

Die erwähnten drei Umstände: lokale Trennung der verschiedenen Gewerke, Erblichkeit des Berufszweiges und das Vorhandensein eines Aeltesten scheinen mir mit Sicherheit auf eine Organisation des Handwerks schliessen zu lassen, die sich in vieler Hinsicht mit der unserer mittelalterlichen Innungen vergleichen lässt. Auch auf diese Handwerkergenossenschaften des alten Indiens findet Anwendung, was bereits über die Gilden der Kaufleute gesagt ist: je mehr sich im Laufe der Jahrhunderte die Kastentheorie — auch in den buddhistischen Ländern — Eingang verschaffte, je grösser die Abgeschlossenheit und das Ansehen der vornehmen Kasten wurde, um so mehr verquickte sich auch das Innungswesen der Handwerker mit der Kastenordnung. Nach dem Beispiele des Adels und der brahmanischen Kaste umgaben auch sie sich mit Schranken, wodurch Bett- und Tischgemeinschaft mit Angehörigen von Kasten verhindert werden sollte, die durch die Niedrigkeit ihrer Rasse auf einer noch tieferen Stufe der menschlichen Gesellschaft standen als sie selber. Dass manche der erwähnten Handwerker eine verhältnissmässig niedrige sociale Stellung einnahmen, kann keinem Zweifel unterliegen und ist meines Erachtens der Hauptgrund gewesen, dass sie sich räumlich von der übrigen Bevölkerung absonderten und dadurch schon in der älteren Zeit ein kastenähnliches Aussehen gewannen: die Innungen der Handwerker fallen — zum Theil wenigstens — fraglos in die Kategorie der verachteteten Kasten, die in einem späteren Kapitel behandelt werden sollen.

11. Kapitel.

Kastenlose Berufe.

Aber von diesen verachteten und gemiedenen Schichten der Bevölkerung sind doch die Gilden der Kaufleute und die meisten der Handwerker, mit denen wir es bisher zu thun hatten, noch weit entfernt. Dazwischen drängt sich in bunter Mannigfaltigkeit und Regellosigkeit eine Gesellschaft, die jedem Versuch der Klassificierung mehr oder weniger unzugänglich ist, und bei der von einer Gliederung nach Kasten für die damalige Zeit sicher keine Rede sein kann. Hierhin gehört die grosse Zahl der ausserhalb ihrer Innung stehenden, ausschliesslich in königlichen Diensten beschäftigten Handwerker, Lieferanten und Künstler, das fahrende Volk der Tänzer und Musiker, die von Dorf zu Dorf ziehen und ihre Künste producieren, und die Landstreicher, denen jedes Mittel recht ist, wodurch sie sich ihren Unterhalt verschaffen können, ferner die auf dem Lande, im Walde, im Gebirge oder an der See einzeln lebenden Hirten, Jäger und Fischer, und schliesslich die Menge der Lohnarbeiter und die Sklaven.

In den Gesetzbüchern findet sich die Bestimmung, dass der König einen Tag im Monat die Handwerker für sich arbeiten lassen konnte [1]; die Jâtaka wissen davon nichts, hingegen werden Handwerker erwähnt, die ständig nur für ihn gearbeitet zu haben scheinen. Im Kusa Jâtaka treten der Reihe nach drei verschiedene, vom König besoldete Handwerker auf: ein Hoftöpfer (*râjakumbhakâra*. V. 290) — ein solcher begegnet uns auch im Cullakaseṭṭhi Jâtaka (I. 121), wo geschildert wird, wie er Reisig sucht, um Gefässe für den königlichen Hof zu brennen —, ein in königlichen Diensten stehender Korbmacher (*râjupaṭṭhâka naḷakâra*. V. 291) und ein Hofgärtner (*râjamâlakâra*. V. 292). Schon die Benennung dieser „Hoflieferanten" scheint mir auf eine besondere Stellung hinzudeuten, die sie über ihren an sich niedrigen oder gar verachteten Stand erhebt und eine Zugehörigkeit zu ihrer Innung unwahrscheinlich macht, in ähnlicher Weise, wie

[1] Manu VII. 138; X. 120.

dies der Fall war bei dem am königlichen Hofe beschäftigten Barbier, dessen Beruf an sich ganz gewiss zu den niedrigsten zählte. Dieser Hofbarbier (*mañgalanahâpita*. III. 451) war keine unwichtige Persönlichkeit am Hofe des Königs, er steht sogar bisweilen in freundschaftlichem Verkehr mit seinem Gebieter[1]. „Freund" (*samma kappaka*. I. 137), redet der König im Makhâdeva Jâtaka seinen Barbier an, indem er ihn bittet, wenn er ein graues Haar auf seinem Kopf gefunden hätte, es ihm zu sagen; die vielen kleinen persönlichen Dienste, zu denen man seiner bedurfte, — als solche werden in der Einleitung zum Sigâla Jâtaka (II. 5) erwähnt: das Bartscheeren, Frisieren, Hinstellen des Würfelbretts u. s. w. — scheinen ihn dem Könige, den königlichen Frauen, den Prinzen und Prinzessinnen unentbehrlich gemacht zu haben. Auch wird die Stellung eines Hofbarbiers bisweilen als recht einträglich geschildert: im Makhâdeva Jâtaka wird erzählt, dass der Videha-König, als er dem weltlichen Leben entsagt, seinem Barbier ein Dorf schenkt, welches 100000 einbrachte (*satasahassuṭṭhânaṃ gâmavaraṃ*. I. 138).

Auch der Koch des Königs (*rañño sûda*. V. 292) wird keine ganz nebensächliche Stellung im Hofhaushalt eingenommen haben, wenigstens nicht bei einem Könige, der ein solcher „Feinschmecker" war wie der König Bhojanasuddhika[2]), dessen Mahlzeiten nach der Beschreibung des Dûta Jâtaka (II. 319) jedesmal 100000 kosteten und aus hundert verschiedenen Gerichten bestanden. Doch wird im Kusa Jâtaka das Geschäft eines Kochs von der Königin als ein von Sklaven oder Lohnarbeitern auszuübendes (*dâsakammakarehi kattabbaṃ*. V. 293) bezeichnet.

Ein besonderes Amt am königlichen Hofe war nach den Jâtaka das des Taxators (*agghakâraka*. I. 124; *agghâpanikaṭṭhâna*. I. 126), dessen Aufgabe darin bestand den Werth von Elephanten, Pferden, Edelsteinen, Gold u. s. w. zu schätzen und

---

[1]) Upâli, der Barbier der Sakya erscheint im Cullavagga des Vinaya Piṭaka (VII. 1. 4) als persönlicher Freund der Sakya. Vgl. Oldenberg, *Buddha*, S. 158 Anm.

[2]) wörtlich: „einer, der in Bezug auf das Essen peinlich, scrupulös ist". Vgl. den im Upasâḷha Jâtaka (II. 54) von einem Brahmanen gebrauchten Ausdruck *susânasuddhika*, der soviel wie „scrupulös, abergläubisch in Bezug auf Leichenstätten" bedeutet.

den Eigenthümern der Waaren den angemessenen Preis zu zahlen. Im Suppâraka Jâtaka wird einem erblindeten Fischer, der sein Gewerbe mit dem Dienst am Hofe vertauscht, die Thätigkeit des Schätzens übertragen. Er verrichtet als Taxator die staunenswerthesten Dinge — so erkennt er durch das blosse Berühren mit der Hand, dass ein Wagen, der dem Könige als Prunkwagen dienen soll, aus dem Holz eines durchlöcherten Baumes angefertigt, oder dass ein kostbares Gewand an einer Stelle von Mäusen benagt ist —, erhält aber vom Könige für jede Schätzung nur acht *kahâpaṇa*. Unwillig über eine Bezahlung, wie sie sich seiner Ansicht nach für einen Barbier schicke (*imassa dâyo nahâpitadâyo.* IV. 138), verlässt er den Dienst des Königs und kehrt in sein Fischerdorf zurück.

Ausser den Leuten, die für die täglichen Bedürfnisse des Königs und seines Hofstaates Sorge zu tragen hatten, umgab an den Höfen der prachtliebenden Fürsten jener Zeit ein ganzer Schwarm von Künstlern jeder Art die Person des Königs. Da begegnen uns Musiker (*gandhabba.* I. 384; II. 250), Tänzer und Sänger (*naṭaka.* IV. 324; *naccagîtâdisu kusalâ.* II. 227); Elephantenbändiger (*hatthâcariya.* II. 221) und Bogenschützen (*dhanuggaha.* II. 87; V. 128). Während im übrigen diese Künstler im alten Indien, wie wir sehen werden, wenig angesehen, auch die von ihnen ausgeübten Künste ziemlich brodlos waren, scheinen sich die im Dienste des Königs befindlichen Künstler jedenfalls in pekuniärer Hinsicht nicht schlecht gestanden zu haben. Ein Bogenschütze fordert vom Könige als Lohn jährlich 100000 (*ekasaṃvaccharena satasahassaṃ.* II. 87). Der König ist damit einverstanden, dagegen finden die alten Bogenschützen (*porâṇakadhanuggaha*) die Bezahlung zu hoch. Noch besser wird ein anderer *dhanuggaha* besoldet: er bezieht einen täglichen Gehalt von 1000 (*devasikaṃ sahassaṃ labhitvâ râjânaṃ upaṭṭhahi.* V. 128) und erregt dadurch ebenfalls den Unwillen der übrigen Diener des Königs. Die Zahlen, obschon, wie überall in indischen Quellen, als statistisches Material schlecht zu verwerthen, lassen doch den Rückschluss zu auf eine angesehene und einträgliche Stellung. Vielleicht war jedoch der Bogenschütze zu hohen Forderungen besonders berechtigt, da er dem Könige, sei es auf der Jagd, sei es im Kriege, werthvolle Dienste leisten konnte.

Ueber die Gehaltsverhältnisse der übrigen Hofkünstler finden sich in den Jâtaka nur vereinzelte allgemeine Angaben. Ein alter Musiker (*gandhabba*) theilt dem Könige mit, sein Schüler wünsche dem Könige zu dienen, und fügt hinzu: „Setzt den Modus der Bezahlung fest" (*deyyadhammam assa jânâtha*. II. 250), worauf der König erwidert: „Er soll die Hälfte deines Gehaltes beziehen". Damit ist aber der Schüler nicht einverstanden; er verlangt, weil er seine Kunst ebenso gut verstehe wie sein Lehrer, die gleiche Bezahlung. Ein vom König befohlenes Wettmusicieren endet damit, dass der besiegte Schüler auf ein Zeichen des Königs von der Volksmenge durch Steinwürfe und Knüttel getödtet wird, während der Lehrer vom Könige und den Einwohnern der Stadt viel Geld erhält.

Aehnliches wird im Upâhana Jâtaka von dem Lehrling eines Elephantenbändigers (*hatthâcariya*. II. 221) erzählt, der auch vom Könige die gleiche Besoldung verlangt, die sein Lehrer erhält. Der König lässt unter Trommelschlag verkünden: „Morgen werden sich ein Lehrer und sein Schüler beide in der Elephantendressur producieren; wer zusehen will, komme in den Hof des Palastes." In der Nacht vor der Aufführung bringt der Lehrer dem Elephanten allerlei Fehler bei, so dass dieser auf das Kommando: „Geh vorwärts", zurückgeht, auf den Zuruf: „Geh zurück", vorwärts geht u. s. w. Die Folge ist, dass am nächsten Tage, da der Elephant immer das Gegentheil von dem thut, was der Schüler befiehlt, die erzürnte Volksmenge diesen mit Steinwürfen und Stockschlägen zu Tode bringt.

Dass manche der hier angeführten Künstler, so namentlich der Bogenschütze, ebenso gut zu den „Hofleuten" zu rechnen sind wie beispielsweise der Scharfrichter oder der Thürhüter, halte ich nicht für ausgeschlossen. Wie diese werden sie vom Könige besoldet, wie diese sind sie an den königlichen Dienst gefesselt, den sie nicht gegen den Willen ihres Herrn verlassen dürfen. Wer von ihnen — wie der Hofbarbier im Gaṅgamâla Jâtaka — das heimathlose Leben eines Asketen führen will, muss sich vom Könige die Erlaubniss erbitten (*râjânaṃ pabbajjaṃ anujânâpetvâ*. III. 452). Aber sie unterscheiden sich von den *râjabhogga* oder *râjañña*, worunter ich nur „die königlichen Beamten" verstanden wissen möchte, durch ihren rein privaten Charakter. Sie bekleiden keine öffentliche Stellung, und ihre Thätigkeit beschränkt sich auf persönliche Dienste, die sie dem Könige und seiner Familie leisten.

Bei dem verhältnissmässig grossen Ansehen und dem hohen Lohn, dessen sich die Hofkünstler erfreuten, wird es das Bestreben der meisten Künstler gewesen sein in den Dienst des Königs zu gelangen; da indessen dieses Glück immer nur wenigen zu Theil werden konnte, suchten andere sich in dem Glanze reicher Privatpersonen zu sonnen. Vielfach treffen wir Künstler im Gefolge junger Kaufleute, denen sie zusammen mit andern Schmarotzern das väterliche Vermögen durchbringen helfen: Springer, Läufer, Sänger, Tänzer u. a. erhalten von dem verschwenderischen und genusssüchtigen *seṭṭhi*-Sohn je 1000 (*laṅghanadhāvanagītanaccādīni karontānaṃ sahassaṃ dadamāno.* II. 431) und machen ihn in kurzer Frist zum Bettler. Im Gegensatz zu diesen schmarotzenden Künstlern mochten sich manche ihr Brod mühsam genug erwerben, indem sie bei Festen zur Belustigung des Volks beitragen. Wir lesen von einem Tänzer (*naṭa*. III. 507), der nicht weit von Benares in einem Dorf wohnt und sich mit seiner Frau in die Stadt begiebt, wo er sich durch Tanz und Gesang, den er mit seiner Laute (*vīṇā*) begleitet, Geld verdient. Da jedoch solche Feste trotz ihrer Häufigkeit nur eine gelegentliche Unterbrechung des Alltagslebens bildeten, führten die Tänzer zu andern Zeiten gewiss oft ein recht armseliges Dasein, wie die Tänzerfamilie (*naṭakakula*. II. 167) des Ucchiṭṭhabhatta Jātaka, in der der Bodhisatta wiedergeboren wird. Sie erwirbt sich ihren Lebensunterhalt durch Betteln, und auch dem Bodhisatta bleibt, als er herangewachsen ist, nichts übrig als durch Almosen sein Leben zu fristen.

Wie mir scheint, haben wir unter diesen *naṭa* oder *naṭaka* noch nicht, wie in späterer Zeit, Schauspieler zu verstehen, da in unserm Text dramatische Aufführungen nirgends beschrieben werden. Eine Art Pantomime, die von zwei Tänzern aufgeführt wird, wird allerdings geschildert; vielleicht mag darin ein Vorläufer des späteren indischen Dramas zu suchen sein. „Damals gab es“ — so wird im Suruci Jātaka (IV. 324) erzählt — „zwei geschickte Tänzer, „Kahlohr“ und „Weissohr“ mit Namen; sie wollten den Prinzen zum Lachen bringen. Der eine von ihnen,

„Kahlohr", liess am Thor des Palastes einen grossen, Atula benannten Mangobaum aufrichten, warf ein Seilknäuel hinauf und stieg, nachdem er das Seil an einen Zweig des Baumes geknüpft hatte, auf dem Seil zum Atulamba empor. Atulamba heisst auch der Baum des Vessavaṇa[1]). Nun ergriffen ihn die Diener des Vessavaṇa, zerschnitten seine Körpertheile und liessen sie fallen. Die übrigen Tänzer fügten die Stücke zusammen und besprengten sie mit Wasser, worauf der Tänzer aufstand und mit einem Blumengewande bekleidet tanzte. Der andere Tänzer „Weissohr" liess im Palasthofe einen Scheiterhaufen errichten und ging mit seinem Gefolge ins Feuer hinein. Als er verschwunden und der Scheiterhaufen niedergebrannt war, besprengte man die Asche mit Wasser. Darauf erhob sich der Tänzer mit seiner Begleitung und tanzte mit einem Blumengewande bekleidet."

Wenn die hier geschilderten Tänze mehr sind als eine blosse Ausgeburt der Phantasie des Märchenerzählers, so muss das Gauklerwesen schon im alten Indien auf einer verhältnissmässig hohen Stufe gestanden haben, da ihre Erklärung nur in der Anwendung von Spiegeln, die dem Zuschauer eine das Seil emporklimmende oder ins Feuer gehende Person vortäuschen, gesucht werden kann. Dass der Hohlspiegel, dieses für die moderne Zaubertechnik so wichtige Hülfsmittel, schon im alten Indien bekannt war, ist an sich allerdings recht wenig wahrscheinlich. Doch setzt eine Stelle im Commentar des Śankara zum Vedânta[2]), wo auf ein ganz ähnliches Gauklerkunststück wie das erste der beiden in unserm Text beschriebenen Bezug genommen wird, ebenfalls die Verwendung eines Spiegels voraus: „Der höchste Gott" — so lautet die Stelle — „ist von der durch das Nichtwissen geschaffenen, handelnden und geniessenden, *Vijñânâtman* genannten individuellen Seele nur so verschieden, wie von dem mit Schild und Schwert an einem Seile in die Höhe klimmenden Zauberer eben derselbe, in Wirklichkeit auf der Erde bleibende Zauberer verschieden ist."

Auf einer Täuschung des Zuschauers beruht vermuthlich auch das Kunststück des S c h w e r t e s s e r s, von dem im Da-

---

[1]) = Skr. Vaiśravaṇa, Patronymikon des Kubera.

[2]) Citiert bei Deussen, *System des Vedânta*, S. 322.

sappaka Jâtaka erzählt wird, dass er ein dreiunddreissig Finger breites, mit einer scharfen Kante versehenes Schwert verschluckt (III. 338).

Eine besondere Art von Tänzer lernen wir in dem „Springtänzer", dem *laṅghananaṭaka* des Dubbaca Jâtaka kennen, nämlich einen Akrobaten, der es versteht über mehrere hintereinander in den Boden hineingesteckte Lanzen hinwegzuspringen. Der Bodhisatta, der in einer Akrobatenfamilie wiedergeboren ist, lernt bei einem *naṭaka* die Kunst des Springens und zieht mit seinem Lehrer umher, indem er sich in seiner Kunst producirt. „Sein Lehrer aber" — heisst es weiter (I. 430) — „verstand es nur über vier Lanzen hinwegzuspringen, nicht über fünf. Eines Tages nun trat er in einem Dorfe auf und steckte, da er betrunken war, fünf Lanzen hintereinander in den Boden, mit der Absicht über sie hinwegzuspringen. Da sagte der Bodhisatta: „Du verstehst nicht die Kunst über fünf Lanzen hinwegzuspringen, mein Lehrer; nimm eine Lanze weg, denn wenn du über fünf zu springen versuchst, wirst du dich auf der fünften aufspiessen und zu Tode kommen." „Du weisst doch nicht, was ich leisten kann", entgegnet jener trunkenen Muthes und springt, ohne auf die Worte seines Schülers zu achten, über die vier hinweg, spiesst sich aber an der fünften auf wie die *madhuka*-Blume[1]) an ihrem Stock und fällt laut jammernd zu Boden."

In dieselbe Kategorie der umherziehenden Gaukler, die ihre Künste am Hofe der Fürsten oder bei Festen zur Belustigung des Volks producierten, werden auch die Schlangenbeschwörer (*ahiguṇṭhika*) unseres Textes zu verweisen sein. Von einem solchen *ahiguṇṭhika* heisst es im Sâlaka Jâtaka (II. 267), dass er einen Affen abgerichtet hat, den er ein Gegengift[2]) nehmen

---

[1]) Bassia latifolia.

[2]) *osadha* = Skr. *aushadha*, Kraut, Heilmittel. Es scheint, dass in der älteren Zeit die Schlangenbändiger sich selbst und die Thiere, die sie mit den Schlangen spielen liessen, durch irgend einen Pflanzensaft gegen den Schlangenbiss immun zu machen pflegten, dass dagegen die Praxis, die heute bei den indischen Schlangenbeschwörern gang und gäbe ist, nämlich das Ausziehen der Giftzähne, erst später aufgekommen ist. Sie wird nur im *paccuppannavatthu* erwähnt, nämlich in der Einleitung zum Mûlapariyâya Jâtaka, wo die Mönche, denen

und dann mit einer Schlange spielen lässt, und dass er sich auf diese Weise seinen Lebensunterhalt erwirbt. Ein anderer Schlangenbeschwörer hat ebenfalls einen Affen abgerichtet; als ein Fest (*ussava*) verkündet ist, bringt er ihn im Hause eines Getreidehändlers unter und zieht sieben Tage umher, indem er seine Schlange spielen lässt (*ahiṃ kiḷâpento*. III. 198).

Bei allen solchen Schaustellungen und Volksfesten durfte schon im alten Indien die Musik nicht fehlen; entweder begleiteten die Tänzer selber ihre Produktionen mit Gesang und Lautenspiel, oder es kamen professionelle Musiker zu den Festen herbei, um ihre Kunst gegen Bezahlung auszuüben. Dieselben, meistens sehr primitiven Instrumente, auf denen noch heute in Indien die Gaukler zur Begleitung ihrer Tänze und Kunststücke spielen[1]), waren zum Theil schon damals in Gebrauch: ausser der Laute (*viṇâ*) finden wir die Trommel (*bheri*) und Muschel (*saṅkha*) in unserm Text erwähnt. Ein Trommler (*bherivâdaka*. I. 283), der, wie im Bherivâda Jâtaka erzählt wird, in einem Dorf wohnt, begiebt sich, da er hört, dass in Benares ein Fest (*nakkhatta*) angekündigt ist, zusammen mit seinem Sohn in die Stadt, um hier im Kreise der Festtheilnehmer auf der Trommel zu spielen; er verdient sich durch sein Spiel eine Menge Geld. Dasselbe wird mit etwas andern Worten im Saṅkhadhamana Jâtaka von einem Muschelbläser (*saṅkhadhamaka*. I. 284) berichtet.

Wie es Trommler und Muschelbläser in königlichen Diensten gab — Erlasse des Königs, Ankündigungen öffentlicher Spiele, Hinrichtungen u. s. w. wurden unter Trommelschlag oder durch Blasen auf der Muschel in der Stadt bekannt gemacht — und andere, die ihre Instrumente bei Volksfesten ertönen liessen, so begegnen uns neben den erwähnten Hofmusikern auch solche, die von Privatleuten bei festlichen Gelegenheiten gemiethet wurden. Kaufleute von Benares, die auf einer Geschäftsreise nach Ujjenî gekommen sind, verabreden sich und kommen an einem Spielplatz zusammen, mit Kränzen, Parfümerien, Salben, Speisen und Getränken versehen. Dann lassen sie sich einen Musiker holen und zwar miethen sie den besten (*jeṭṭhagandhabba*)

Buddha ihren Stolz benimmt, mit Schlangen verglichen werden, denen die Zähne ausgezogen sind (*uddhaṭadâṭhâ viya sappâ*. II. 269).

[1]) Vgl. Schlagintweit, *Indien in Wort und Bild*, 2. Aufl. Bd. 2, S. 174.

von Ujjenî (*te taṃ pakkosâpetvâ attano gandhabbaṃ kâresuṃ*. II. 249). Da die Kaufleute durch das Spiel des Hofmusikus von Benares verwöhnt mit seinen Leistungen nicht zufrieden sind, giebt er ihnen den ausbezahlten Lohn zurück und reist mit ihnen zusammen nach Benares. Hier wird er Schüler des alten Hofmusikus und findet in der bereits erzählten Weise ein klägliches Ende.

Dass wir unter diesem Künstlervolk, wie es in den Jâtaka geschildert wird, etwas Aehnliches wie kastenartige Organisation antreffen, ist von vorne herein wenig wahrscheinlich. Und doch haben auch diese Berufe sich im Laufe der Zeit zu Kasten entwickelt: bei Manu finden wir unter den Mischkasten die *Naṭa* erwähnt, die Vorläufer der modernen *Nat* oder *Natak*, die als Gaukler, Possenreisser, Schauspieler, Akrobaten, Schlangenbeschwörer in den Dörfern Hindustans umherwandern und gegen Geld oder Geschenke ihre Künste produciren[1]. Eine Tendenz zur Gliederung, zum Zusammenschluss nach Berufen war, wie wir, glaube ich, annehmen können, schon in alter Zeit auch in diesen Kreisen der indischen Bevölkerung vorhanden; dafür spricht der wiederholt erwähnte Umstand, dass sich die einzelnen Berufe in den Künstlerfamilien forterbten: wir haben eine Tänzerfamilie (*naṭakakula*. II. 167), eine Trommler- und eine Muschelbläserfamilie (*bherirâdakakula*. I. 283; *saṅkhadhamakakula*. I. 284) kennen gelernt; der Sohn eines Elephantenbändigers (*hatthâcariya*. II. 221) übt die Kunst seines Vaters, und der Sohn eines Akrobaten lernt die Kunst des Springens (*laṅghanasippaṃ sikkhitvâ*. I. 430). Hinzu kommt, dass diese Berufe wenig angesehen waren, und dass man in Folge dessen die Leute, die sich durch ihre Ausübung ernährten, höchst wahrscheinlich ausserhalb der Stadt zu wohnen nöthigte: sowohl von dem Tänzer wie von dem Trommler, die sich zu einem Fest nach Benares begeben, wird berichtet, dass sie in einem Dorf nicht weit von der Stadt entfernt wohnten. Trotzdem fehlten diesen Künstlern, in alter Zeit wenigstens, alle Vorbedingungen zur Bildung einer Kaste: weder das Gefühl der Racengemeinschaft — ein Moment, das bei der Bildung der verachteten Kasten von grosser Bedeutung

---

[1] Nesfield, *Caste System*, p. 6.

gewesen ist — noch das Bedürfniss der äusseren Organisation konnte ihnen zu einem engeren Zusammenschluss Veranlassung geben; vielmehr durch ihren Beruf zu unstätem Umherwandern gezwungen, wies sie die Noth des Lebens darauf an auch andere Erwerbsquellen aufzusuchen, wo sich ihnen Gelegenheit dazu bot.

Vielfach wird sich das Leben solcher fahrenden Gesellen in ähnlicher Weise abgespielt haben, wie es uns im Tittira Jâtaka (III. 541) beschrieben wird:

„Er hat (als Lastträger der Kaufleute) das Kâliṅga-Reich durchwandert, er hat Handel getrieben, mit dem Stock in der Hand hat er auf der Landstrasse[1]) gelegen. Mit Tänzern ist er umhergezogen, mit Jägern, auch hat er mit Stöcken gekämpft mitten in der Versammlung.

Er hat Vögel gefangen, hat (Getreide) mit dem *aḍḍhaka*-Maass gemessen, er hat (beim Würfelspiel den Falschspielern) die Würfel bei Seite geschafft, er hat die Moralvorschriften überschritten[2]), er hat um Mitternacht das Blut (der Bestraften) zum Stehen gebracht[3]), seine Hände sind verbrannt vom Entgegennehmen heisser Speisen (beim Betteln)."

Hier wird uns in der Kürze ein Bild von dem Leben eines indischen Landstreichers und von der Sphäre, in der sich sein bewegtes Schicksal abspielt, entworfen: Tänzer, Jäger, Stockkämpfer, Spieler, das ist die Gesellschaft, in der sich der Abenteurer Zeit seines Lebens umhergetrieben hat, um schliesslich, nachdem er alle möglichen Gewerbe versucht hat, als betrügerischer Asket (*duṭṭhatâpasa*) vom Bettel sein Leben zu fristen.

Obwohl sesshafter als dieses fahrende Volk, scheinen doch auch die ländlichen Berufe der Hirten, Jäger und Fischer, da sie

---

[1]) *saṅkupatha?* wörtlich: „ein mit Pflöcken versehener Pfad".

[2]) *saṃyamo abbhatito* wird vom Commentator erklärt mit den Worten: *jîvikavuttiṃ nissâya pabbajanten' eva sîlasaṃyamo atikkanto*, „indem er um des Lebensunterhalts willen den hauslosen Stand ergriff, hat er die Moralvorschriften überschritten".

[3]) *abbûhitaṃ pupphakaṃ aḍḍharattaṃ*. Der Commentator fügt erläuternd hinzu: „Um des Erwerbs willen hat er Verbrecher, denen Hände und Füsse abgeschnitten waren, in einer Halle untergebracht und hat dann, um Mitternacht dorthin zurückkehrend, das aus den Wunden hervorströmende Blut durch *kuṇḍaka* (das rothe Pulver, das sich am Reiskorn unter der Hülse befindet) und Rauch zum Stehen gebracht."

der Natur ihres Gewerbes entsprechend mehr auf ein Einzelleben angewiesen sind, in alter Zeit der Gliederung nach Kasten nicht unterworfen gewesen zu sein. Nur wenn wir sie in grösserer Anzahl in der Stadt oder zu einer Dorfgemeinschaft vereinigt antreffen, können wir das Vorhandensein ähnlicher Organisationen wie z. B. bei den Handwerkern voraussetzen. In einer Hafenstadt (*paṭṭanagâma*. IV. 137) tritt der Sohn eines Aeltesten unter den Fischern (*niyyâmakajeṭṭhaka*) nach dem Tode seines Vaters an dessen Stelle, erblindet aber später und begiebt sich, da er das Gewerbe eines Fischers nicht mehr ausüben kann, in den Dienst des Königs, „obwohl er“, wie es an der betreffenden Stelle des Suppâraka Jâtaka heisst, „der Fischerälteste war.“

Bemerkenswerth als ein Beispiel dafür, dass die für das heutige sociale Leben Indiens so charakteristische weitgehende Arbeitstheilung schon alten Datums ist, scheinen mir die verschiedenen Bezeichnungen für Fischer zu sein, die sich zum Theil mit den Namen moderner Fischerkasten decken und darauf hindeuten, dass sich schon damals innerhalb des in seiner Thätigkeit eng begrenzten Berufes der Fischer besondere Zweige bildeten. So werden die mit Netz und Körben (*jâlakuminâdîni khipitvâ macche gaṇhanti*. I. 427) arbeitenden Fischer *kevaṭṭa*[1]) genannt (II. 178, 424); nach der Fischangel (*balisa*) heissen die angelnden Fischer *bâlisika* (I. 482; III. 52).

Auch bei den Jägern finden wir dieses Moment der Arbeitstheilung, das sicher bei der späteren Entwickelung der Kasten von Einfluss gewesen ist, wieder: der dem Wild nachgehende Jäger wird *migaluddaka* (III. 49, 184) genannt oder einfach *luddaka*; ein Vogelsteller (*sakuṇaluddaka*. II. 161) begegnet uns im Kakkara Jâtaka, ja selbst ein Wachtelfänger (*vaṭṭakaluddaka*. I. 208) ist vertreten. Im Kuruṅgamiga Jâtaka (I. 173) wird ein *gâmavâsivaṭṭakaluddaka* erwähnt, d. h. ein im Dorfe wohnender Jäger, der sich in Obstbäumen, unter denen er Spuren von Wild entdeckt hat, ein Versteck erbaut und von dort aus die Thiere erlegt.

---

[1]) = Skr. *Kaivarta*, worunter, wie wir (oben S. 6) sahen, im brahmanischen System eine bestimmte Mischkaste verstanden wird. *Kewat* ist noch heutzutage der Name einer Fischerkaste. Vgl. Nesfield, *Caste System*, p. 9.

Weniger noch als bei den bisher behandelten kastenlosen Berufen kann bei der dienenden Klasse von einem äusseren Zusammenschluss oder gar von einer Organisation die Rede sein, da sie sich aus allen möglichen, der Race und Berufsthätigkeit nach verschiedenen Bestandtheilen der Bevölkerung zusammensetzte. Wer im Kampf mit den Wogen des Lebens Schiffbruch gelitten hatte und verarmt war, musste sich auch damals nothgedrungen dazu verstehen — mochte seine Herkunft sein, welche sie wollte — durch Dienste bei fremden Leuten sein Brod zu erwerben. Wir lesen von einem armen *gahapati*, der sich und seine Mutter durch Lohnarbeit (*bhatiṃ katvā*. III. 325) ernährt; er klagt, dass er nur einen oder einen halben *māsaka*[1]) verdiene und seine Mutter nur nothdürftig unterhalten könne. Die drei Brahmanentöchter des Suvaṇṇahaṃsa Jātaka müssen, da ihr Ernährer gestorben ist, in fremden Familien dienen und fristen so kümmerlich ihr Leben (*paresaṃ bhatiṃ katvā kicchena jīvanti*. I. 475). Natürlich bildeten diese Angehörigen vornehmer Kasten nur einen kleinen Bruchtheil der dienenden Klasse; das Gros stellten die Schichten der Bevölkerung, in denen der Beruf eines Lohnarbeiters ebenso erblich war wie die damit verbundene Armuth. Der in einer armen Familie (*daḷiddakula*) wiedergeborene Bodhisatta des Kummāsapiṇḍa Jātaka arbeitet, als er herangewachsen ist, gegen Lohn bei einem *seṭṭhi* und erwirbt sich so seinen Unterhalt (III. 406. Aehnlich III. 444). Die Bezahlung, die den Tagelöhnern zu Theil wurde, scheint nach den Jātaka in der Regel so kärglich gewesen zu sein, dass sie kaum zur Bestreitung des Lebensunterhalts ausreichte. Wie der *gahapati* durch seine Lohnarbeit nicht mehr als einen oder einen halben *māsaka* verdient, so wird auch von einem *bhataka*, der sich durch Wassertragen (*udakabhatiṃ katvā*. III. 446) ernährt, gesagt, dass er sich einen halben *māsaka* erübrigt habe. Bei einem so geringen Verdienst und bei der Unmöglichkeit zu irgend einem der höheren Berufe Zutritt zu erlangen, erscheint es fast ausgeschlossen — und dadurch erhält auch diese Klasse eine gewisse Aehnlichkeit mit einer Kaste —, dass sich ein indischer Tagelöhner aus seiner elenden Lage emporarbeitete: in Armuth geboren und aufge-

---

[1]) = Skr. *māshaka*, eine Münze von geringem Werth.

wachsen ertrug er sein trauriges Loos als eine Naturnothwendigkeit, um es wiederum seinen Kindern als einziges Erbtheil zu hinterlassen.

Relativ günstig mochten die Lohnarbeiter gestellt sein, die längere Zeit oder dauernd bei einem und demselben Arbeitgeber beschäftigt waren. Jeder grössere Grundbesitzer, jeder reiche Kaufmann hatte nach den Jâtaka neben seinen Sklaven eine Anzahl von Tagelöhnern in seinen Diensten. Den eigenen Leuten (*attano purisâ*), den Hörigen, denen der Brahmane im Sâlikedâra Jâtaka (IV. 277) einen Theil seiner Reisfelder zur Bewachung übergiebt, steht der *bhataka* gegenüber, der für die Bewachung Lohn (*bhati*) bekommt, aber auch für jeden Schaden verantwortlich ist und etwaige Verluste nach der Schätzung des Besitzers ersetzen muss (*brâhmaṇo sâliṃ agghâpetvâ mayhaṃ iṇaṃ karissati*). Im Hause des frommen Brahmanen Dhammapâla geben auch die Sklaven und Arbeiter (*dâsakammakarâ*. IV. 50) Almosen, sie halten die moralischen Vorschriften und beobachten die Fasten. Dass im Visayha Jâtaka zum Besitzthum eines *seṭṭhi* auch die Sklaven und Lohnarbeiter (*dâsakammakaraporisa*) gerechnet werden, ist bereits (oben S. 170) erwähnt worden. Von einem andern *seṭṭhi* wird in der Einleitung zum Mayhaka Jâtaka erzählt, dass er beim Anblick eines Bettelmönches, den er mit einem gefüllten Almosentopf aus seinem Hause kommen sieht, den Gedanken nicht unterdrücken kann: „Wenn meine Sklaven oder Arbeiter (*dâsâ vâ kammakarâ vâ*. III. 300) dieses Essen erhielten, würden sie auch schwere Arbeit verrichten; ach, das ist wahrlich ein Verlust für mich."

Nach dem Gaṅgamâla Jâtaka wurden diese Arbeiter im Hause ihres Herrn verpflegt, wohnten dagegen nicht dort, sondern begaben sich des Abends in ihre Wohnstätten (*sabbe attano attano vasanaṭṭhânâni gatâ*. III. 445). Vermuthlich lagen diese, wie die Wohnungen der ärmeren Bevölkerung überhaupt, ausserhalb der Stadt. Der erwähnte Wasserträger lebt zusammen mit einem armen Weibe, das sich ebenfalls durch Wassertragen ernährt, am nördlichen Thore von Benares. „Vor dem Thore wohnend" bedeutete anscheinend soviel wie „arm, niedrig". „Ich bin die Tochter eines vor dem Thor Wohnenden" (*dhitâ dvâra-*

rāsino. V. 441), entgegnet im Kuṇâla Jâtaka das arme Mädchen dem Könige auf seine Frage, wessen Tochter sie sei.

War nun auch die Lage dieser Lohnarbeiter keineswegs beneidenswerth, so erfreuten sie sich doch einer gewissen Freiheit, da sie allem Anschein nach ihren Herrn wechseln konnten, wann sie wollten. Gänzlich unfrei dagegen waren die Sklaven (*dâsa*). Sie gehörten zur Habe des Herrn so gut wie das Vieh und waren, jeden Rechtsschutzes bar, seiner Willkür preisgegeben.

Bei Manu (VIII. 415) werden sieben Arten von Sklaven aufgezählt: der (im Kriege) unter einem Feldzeichen gefangene (*dhvajâhṛta*), der gegen Verpflegung dienende (*bhaktadâsa*), der im Hause geborene (*gṛihaja*), der gekaufte (*krita*), der durch Schenkung erhaltene (*datrima*), der vom Vater ererbte (*paitrika*) und der durch Bestrafung zum Sklaven gemachte (*daṇḍadâsa*). Wenn wir den *bhaktadâsa* als nicht eigentlich zu den Unfreien gehörig und den *daṇḍadâsa* ausnehmen, so bleiben noch fünf Gattungen übrig, die sich, da wir den „im Hause geborenen“ und den „vom Vater ererbten“ einerseits und die „durch Kauf oder Schenkung erworbenen“ andererseits als je eine Kategorie ansehen können, auf die drei im Vinaya Piṭaka (Bhikkhunîvibhaṅga, Saṅghâdisesa. I. 2. 1) genannten Arten von Sklaven reducieren. Hier werden unterschieden: der im Hause geborene, der für Geld gekaufte und der als Kriegsgefangener weggeführte (*dâso nâma antojâto dhanakkîto karamarânîto*). Dass der bei Manu an letzter Stelle genannte *daṇḍadâsa* hier nicht mit aufgeführt ist, muss auffallen, da wir in den Jâtaka ein Beispiel eines solchen durch Bestrafung seiner Freiheit beraubten Sklaven antreffen. Der Dorfvorsteher (*gâmabhojaka*) des Kulâvaka Jâtaka, der die Einwohner seines Dorfes beim Könige verleumdet hat, wird zum Verlust nicht bloss seiner Habe, sondern auch seiner Freiheit verurtheilt: der König macht ihn zum Sklaven der Dorfbewohner (*tañ ca tesañ ñeva dâsaṃ katvâ.* I. 200). Auch den „durch Kauf erworbenen“ und den „im Hause geborenen“ Sklaven finden wir in unserm Text vertreten. Ein Brahmane wird von seiner liederlichen Frau, die die Arbeit im Hause nicht verrichten zu können vorgiebt, ausgeschickt Geld zu erbetteln, damit sie sich eine Sklavin (*dâsî*) halten könne. Der Brahmane bettelt sich 700 *kahâpaṇa* zusammen, eine Summe, die er für ausreichend hält, um sich eine Sklavin oder einen Sklaven zu kaufen (*alaṃ me ettakaṃ dhanaṃ dâsidâsamûlâya*. III. 343). Der betrügerische, seinem Herrn entlaufene Sklave Kaṭâhaka, den wir oben (S. 170) bereits kennen lernten, ist ein „im Hause geborener Sklave"; er ist an demselben Tage wie der Sohn seines Herrn, eines *seṭṭhi* von Benares, geboren und wird mit ihm zusammen grossgezogen. Im Kriege gefangene Sklaven, aus denen sich in ältester Zeit der Stand der Sklaven vermuthlich ausschliesslich rekrutierte, werden in den Jâtaka nicht erwähnt; wenigstens ist an den Stellen unserer Quelle, die uns von Kriegen zwischen benachbarten Königen erzählen, von Kriegsgefangenen keine Rede, nur von Räubern (*paccantarâsino corâ*) wird im Cullanârada Jâtaka berichtet, dass sie ein Dorf plündern und die Bewohner als Sklaven (*karamare gahetvâ*. IV. 220) mit sich führen.

Bei der völligen Rechtlosigkeit der Sklaven war ihre Behandlung je nach der individuellen Anlage ihres Herrn sehr verschieden. Bisweilen wird in unserer Quelle das Verhältniss, worin die Sklaven zu ihrer Herrschaft standen, als ein familiäres und die Behandlung als eine durchaus humane dargestellt. Die Familie des im Uraga Jâtaka vorkommenden brahmanischen Ackerbauers besteht aus sechs Mitgliedern: dem Brahmanen, seiner Frau, seinem Sohn, seiner Tochter, seiner Schwiegertochter und der Sklavin. „Sie alle" — heisst es dann weiter (III. 162) — „lebten in Eintracht und Liebe zusammen." Da nun der Sohn des Brahmanen gestorben ist und von den Angehörigen ohne eine Thräne und ohne einen Laut der Klage verbrannt wird, fragt der durch solche sittliche Kraft beunruhigte und zum Verlassen seines himmlischen Wohnsitzes genöthigte Sakka auch die Sklavin: „Tochter, in welcher Beziehung stehst du zu diesem?" „Er war mein Herr!" „Sicherlich hat er dich fortwährend gequält und bedrückt, darum freust du dich über seinen Tod und weinst nicht." „O Herr, sprich nicht so, nicht sah ihm solches ähnlich; geduldig, liebevoll, mitleidig war der Sohn meines Herrn und mir so lieb wie ein an der Brust grossgezogenes Kind." Auf einen ähnlich vertraulichen Charakter des Verkehrs zwischen Sklavin und Herrschaft deutet auch das Nânacchanda Jâtaka (II. 428) hin: der *purohita*, dem vom Könige freigestellt ist sich eine Gunst zu erbitten, fragt ausser seinen Angehörigen auch die

Sklavin Puṇṇâ[1]) mit Namen nach ihrem Wunsche, die sich, bescheiden wie sie ist, einen Mörser, eine Mörserkeule und ein Sieb[2]) wünscht.

Indessen berechtigen die angeführten Beispiele nicht zu einem Schluss auf eine besonders günstige Lage der Sklaven des alten Indiens; andere Stellen unseres Textes reden deutlich von einem elenden Loos der Unfreien, das häufig genug in Prügel, Gefängniss, Brandmarkung und schlechtem Essen bestanden haben wird. Darum fürchtet auch der Sklave Kaṭâhaka, der zusammen mit dem Sohn des Hauses schreiben und lesen gelernt hat, und da er auch sonst geschickt ist und zu reden weiss, das Amt eines Waarenaufsehers (*bhaṇḍâgârika*) versieht, er möchte dies Amt eines Tages verlieren. „Nicht immer" — denkt er bei sich — „wird man mich die Geschäfte eines Waarenaufsehers besorgen lassen; eines guten Tages wird man einen Fehler an mir bemerken, man wird mich schlagen, einsperren, brandmarken und mir Sklavenkost zu essen geben" (*tâḷetvâ bandhitvâ lakkhaṇena aṅketvâ dâsaparibhogena pi paribhuñjissanti.* I. 451). Eine Sklavin, die von ihrer Herrschaft ausgeschickt ist, um bei andern Leuten gegen Tagelohn, den sie abliefern muss, zu arbeiten, wird, da sie keinen Lohn mit nach Hause bringt, von ihrem Herrn und ihrer Herrin an der Schwelle des Hauses niedergeworfen und mit einem Strick geschlagen (I. 402).

Die Verrichtungen, die den Sklaven oblagen, waren naturgemäss sehr mannigfaltig und je nach der socialen Stellung des Herrn und der Intelligenz des Sklaven verschieden. Mancher mochte wie der Sklave Kaṭâhaka zu Dienstleistungen höherer Art als Waarenaufseher, Schatzmeister oder Privatsekretär verwendet werden; im Allgemeinen aber scheinen die Verrichtungen der Sklaven niedriger Natur gewesen zu sein. Die Sklavin Piṅgalâ des Sîlavîmaṃsa Jâtaka (III. 101) muss am Abend, bevor sie sich zum Stelldichein begeben kann, ihrer Herrschaft die Füsse

---

[1]) Wohl eine Deminutivform für *puṇṇamanorathâ*, „deren Wunsch erfüllt ist, die zufriedene."

[2]) *udukkhalamusalañ c'eva suppañ ca.* II. 428. Alle drei Geräthschaften brauchte die Sklavin offenbar zum Zerquetschen und Sichten von Reis. Auch die Sklavin Rohiṇî des Rohiṇî Jâtaka bedient sich des Mörsers zum Zerstossen von Reis (*vîhipaharaṇa.* I. 248).

waschen; erst als diese zur Ruhe gegangen ist, setzt sie sich auf die Schwelle und erwartet ihren Geliebten. Ziemlich ausführlich werden die Obliegenheiten eines Sklaven im Kaṭâhaka Jâtaka beschrieben. Der Sklave Kaṭâhaka, der sich, wie (oben S. 170) bereits erzählt wurde, für einen Sohn seines Herrn ausgegeben und die Tochter eines diesem befreundeten *seṭṭhi* geheirathet hat, hört, dass sein Herr nach der Provinz unterwegs sei, und fürchtet, dass er seinetwegen komme. Er beschliesst ihm entgegenzugehen und ihn dadurch zu versöhnen, dass er ihm Sklavendienste leistet (*dâsakammaṃ katvâ.* I. 452). Ueberall erklärt er laut, wie wenig Achtung andere junge Leute ihren Eltern erwiesen, indem sie sich zur Essenszeit mit ihnen zu Tisch setzten, statt sie zu bedienen; er selber brächte, wenn seine Eltern ihre Mahlzeit einnähmen, die Schüsseln herbei, stellte den Spucknapf hin, sorgte für Getränke und stände hinter ihnen mit dem Wedel; bis zu den gemeinsten Verrichtungen zählt er alle Dienste, die ein Sklave seinem Herrn leisten müsse, auf (*yâva sarîravalañjanakâle udakakalasaṃ âdâya paṭicchannaṭṭhânagamanâ sabbaṃ dâsehi sâmikânaṃ kattabbakiccaṃ pakâsesi.* I. 453).

Der Niedrigkeit solcher Dienstleistungen entsprechend galt der Sklave selbst einem Herrn, der ihn menschlich behandelte, für gering. Auch die Sklavin Puṇṇâ erhält von ihrem Herrn, dem *purohita*, der sie nach ihrem Wunsche fragt, das Epitheton *jammi*, „die niedrige, verächtliche". „Sohn einer Sklavin" (*dâsiputta*) war ein Schimpfwort: als im Nigrodha Jâtaka (IV. 41) dem *senâpati* gemeldet wird, sein Freund sei da, kommt er zornig herbei und ruft: „Wer ist jener Freund? Er ist ein verrückter Sohn einer Sklavin, werft ihn hinaus!" „Diener eines Sklavinnensohnes" (*dâsiputtaceṭaka.* I. 225) redet im Nanda Jâtaka der freche Sklave seinen Herrn an.

Trotz ihrer Niedrigkeit nahmen jedoch die Sklaven eine andere Stellung in der indischen Gesellschaft ein als die verachteten Kasten, die uns im letzten Kapitel beschäftigen sollen. Sie konnten schon deshalb nicht wie diese für unrein gelten, weil ihre Dienstleistungen sie fortwährend in nahe Berührung mit ihrem Herrn brachten, dem sie beim An- und Auskleiden und bei der Körperpflege behülflich waren, dessen Speisen sie bereiteten und den sie bei Tische bedienten. Da sie einzeln mit den Familien, zu denen sie gehörten, zusammenwohnten, fehlte ihnen die lokale Abgeschlossenheit und der äussere Zusammenhang der verachteten Kasten; sie bildeten in Folge dessen so wenig eine „Kaste“, wie etwa die Sklaven der Griechen und Römer, bei denen wir dieselben Kategorien und ähnliche Verhältnisse in Bezug auf Behandlung und rechtliche Stellung wiederfinden. Auch darin glichen die indischen Sklaven denen des klassischen Alterthums, dass sie unter Umständen ihre Freiheit erlangen konnten. Wir lesen von solchen „Freigelassenen“ im Sona-Nanda Jâtaka: als der reiche Brahmane der Welt entsagt, verschenkt er sein Vermögen und lässt seine Sklaven frei (*dâsajanaṃ bhujissaṃ katvâ*. V. 313). Freilich ist nach Manu (VIII. 414) ein *Śûdra*, auch wenn er von seinem Herrn freigelassen wird, von seinem Sklavenstande nicht erlöst: „denn was ihm von Natur angeboren ist, wer kann das von ihm abstreifen?“ Doch ist die hier ausgesprochene Anschauung nur eine Consequenz des brahmanischen Systems, die in der Praxis nicht viel zu bedeuten hatte. In Wirklichkeit wird sich ein Freigelassener vermuthlich — Belege dafür lassen sich allerdings aus den Jâtaka nicht anführen — entweder als Tagelöhner verdungen oder irgend einen anderen Beruf, zu dem er die Mittel oder das Geschick besass, ergriffen haben.

---

12. Kapitel.

Die verachteten Kasten.

Wiederholt haben wir uns schon bei unsern bisherigen Darlegungen innerhalb der Grenzen eines Gebiets bewegt, das nach brahmanischer Theorie die eingeborene Bevölkerung umfasst und durch die Schranke der nichtarischen Geburt eingeschlossen und von der übrigen Gesellschaft abgesondert wird. Vergebens sehen wir uns in dem hellen Lichte, das die Jâtaka über das wirkliche Leben des alten Indiens verbreiten, nach einer solchen die gesammte arische von der gesammten nichtarischen Bevölkerung trennenden Scheidungsgrenze um; von dem Vorkommen des Wortes

Sudda = Skr. *Śûdra* in theoretischen Erörterungen abgesehen deutet nichts auf die reale Existenz einer vierten Kaste der *Śûdra*. Wohl haben wir für die ersten auf die arische Einwanderung folgenden Zeiten eine Absonderung der dunkelfarbigen Eingeborenen von ihren hellfarbigen Besiegern anzunehmen; sie wird bezeugt durch die Gegenüberstellung von *ârya varṇa* und *dâsa varṇa* im Veda. Aber schon frühzeitig wird — und zwar je weiter nach den Grenzgebieten der arischen Kultursphäre zu, um so mehr — eine Vermischung mit den einheimischen Völkerschaften eingetreten sein; ja es scheint mir keineswegs ausgemacht, ob nicht in den am weitesten nach Osten gelegenen Ländern, speciell in den Gebieten, wo sich der Buddhismus zuerst erhob, im Kosala- und Magadha-Lande, der Gegensatz zwischen den arischen Siegern und den zu Sklavendiensten verwendeten Besiegten überhaupt in Wegfall kam: manche der nichtarischen Stämme scheinen ihre politische Selbständigkeit bewahrt und sich nur der höheren arischen Kultur durch Annahme von Sprache und Sitte unterworfen zu haben. Wir sind unter dem Einfluss der brahmanischen Theorie zu sehr daran gewöhnt in den Aboriginern des alten Indiens eine grosse Masse, die unterworfenen *Śûdra*, zu sehen. Sicher ist diese im brahmanischen System auf alle nichtarischen Inder übertragene Bezeichnung hergenommen von dem Namen nur eines einzelnen unter den zahllosen einheimischen Stämmen, die in ethnischer und kultureller Hinsicht von einander nicht minder verschieden waren als die Träger der neuen Kultur, die vom Nordwesten her die Gangesebene überfluthete, von ihnen.

Unter diesen zahlreichen Stämmen standen einige offenbar auf einer besonders niedrigen Kulturstufe. Wie die wilden Jägerstämme des Himâlaya sich schon vor der arischen Einwanderung durch ihr Aeusseres, ihre unentwickelte Sprache, ihre Nahrungsgewohnheiten von einer weiter fortgeschrittenen Bevölkerung der Ebene unterschieden haben werden, so verhinderte auch später ihre Niedrigkeit eine Vermischung mit den höher entwickelten Ariern und bewahrte sie in ihrer Stammeseigenthümlichkeit bis auf den heutigen Tag. Noch heute sind sie nicht über die ersten Anfänge der Kultur hinausgekommen: unfähig zu andauernder Arbeit führen sie ein wanderndes Leben und ernähren sich zum grossen Theil von den Thieren, Wurzeln und Früchten, die ihnen die Natur freiwillig darbietet [1]); wo sie ihre Wohnsitze unter der kultivierteren Bevölkerung aufschlagen, werden sie gezwungen ausserhalb der Stadt abgesondert zu wohnen und durch die niedrigsten Verrichtungen ihr Leben zu fristen. Es sind die Stämme, von denen es bei Manu (X. 50) heisst:

„Unter wohlbekannten Bäumen und an Leichenstätten, auf Bergen und in Hainen sollen sie wohnen, kenntlich (an bestimmten Merkmalen) und von den ihnen eigenthümlichen Beschäftigungen lebend".

Auch diese Stämme galten und gelten noch heute dem Inder als Kasten, und zwar werden sie in der brahmanischen Theorie zu den niedrigsten Mischkasten gerechnet. Was ihnen in der That schon in alter Zeit das Aussehen einer Kaste verleiht, ist ihre lokale Abgeschlossenheit, ihr Zusammenwohnen ausserhalb der übrigen Gesellschaft, die wegen ihrer Niedrigkeit die Berührung mit ihnen meidet, und ihr verachtetes Gewerbe, das sich in den Familien forterbt. Von den höheren Kasten unterscheiden sie sich dadurch, dass ihre Absonderung eine unfreiwillige ist; die Schranken, die sie umgeben und ein Hinaustreten aus ihrem engbegrenzten Berufe sowohl wie eine Vermischung durch Heirath mit Höherstehenden verhindern, sind nicht von ihnen selber errichtet, sondern ihnen von ihren Besiegern aufgezwungen worden.

Von diesen niedrigen Stämmen treffen wir eine Anzahl auch in den Jâtaka wieder: so vor allem die *Caṇḍâla*, einen Volksstamm, der noch heutzutage gerade im nordöstlichen Indien, dem Schauplatz unserer Erzählungen, besonders in Bengalen, in grosser Anzahl vertreten ist [2]). In den Augen der Inder hat der *Caṇḍâla* von jeher als der Inbegriff aller Niedrigkeit und Verworfenheit gegolten:

„Aber die Wohnungen der *Caṇḍâla* — heisst es bei Manu (X. 51 ff.) — sollen ausserhalb des Dorfes liegen, ihre Kleidung sollen sein die Gewänder der Toten, ihre Nahrung sollen sie aus zerbrochenen Gefässen essen; schwarzes Eisen

---

[1]) Nesfield, *Caste System*, p. 6; Peschel, *Völkerkunde*, 5. Aufl., S. 444.

[2]) Schlagintweit, *Indien in Wort und Bild*. 2. Aufl. Bd. I, S. 216: „Ueber eine Million dieser Leute sitzt östlich von Calcutta hinüber bis zum Grenzgebirge gegen Birma".

soll ihr Schmuck sein und stets sollen sie umherwandern von Ort zu Ort.

Ein Mann, der eine religiöse Pflicht erfüllt, soll nicht Verkehr mit ihnen suchen; ihre Geschäfte sollen sie unter sich abmachen und ihre Heirathen mit ihresgleichen schliessen.

Ihre Nahrung soll ihnen von andern gegeben werden als einem Arier in einem zerbrochenen Gefässe; in der Nacht sollen sie sich nicht in den Dörfern und in den Städten umhertreiben.

Bei Tage mögen sie ihrem Geschäft nachgehen, gezeichnet auf Befehl des Königs; den Leichnam jemandes, der keine Verwandte hat, sollen sie aus dem Hause fortschaffen, so will es die feststehende Regel.

Die Verbrecher sollen sie töten dem Gesetze gemäss auf Befehl des Königs; die Kleider der Verbrecher, ihre Betten und Schmuckgegenstände mögen sie für sich behalten."

Die Verachtung, mit der die Verfasser der Gesetzbücher als Brahmanen auf den niedrigen Volksstamm herabsahen, und das Bestreben ihn durch Gesetzesvorschriften in seiner Niedrigkeit festzuhalten, mag sie veranlasst haben die Farben zu dem Bilde, das sie von den *Caṇḍâla* entwarfen, absichtlich düster zu wählen; indessen zeigen die Jâtaka, dass die Wirklichkeit nicht viel hinter der priesterlichen Theorie zurückblieb.

Die *Caṇḍâla* unseres Textes wohnen ausserhalb der Stadt (*bahinagare*. IV. 376) in einem Dorf (*caṇḍâlagâmaka*. IV. 200, 390) für sich[1]). Zwei *Caṇḍâla*-Brüder, die auf der *Caṇḍâla*-Flöte zu blasen verstehen, müssen ihre Kunst ausserhalb der Stadtthore zeigen; der eine spielt am nördlichen, der andere am östlichen Thore.

Für die verachtete Stellung der *Caṇḍâla* haben wir bereits in einem früheren Kapitel (S. 26 ff.) Beispiele angeführt; wir sahen, wie der Genuss der von ihnen nachgelassenen Speise (*caṇḍâlucchiṭṭhabhatta*) für den Angehörigen der Brahmanenkaste die Ausstossung aus seiner Kaste zur Folge hatte[2]), wir

[1]) Das im Citta-Sambhûta Jâtaka vor die Thore von Ujjeni, also nach dem Westen Indiens verlegte *Caṇḍâla*-Dorf wird wohl nur in der Phantasie des Erzählers existiert haben, der die Verhältnisse seiner engeren Heimath auf das ganze Indien übertrug.

[2]) Dass die von einem *Caṇḍâla* übrig gelassene Speise verunreinigt, ist nicht etwa bloss brahmanische Anschauung. In der Ein-

sahen ferner, wie der Wind, der den Körper eines *Caṇḍâla* berührt hat, für verunreinigend galt, und wie selbst der blosse Anblick eines solchen Elenden hinreichte, um bei einem Höherstehenden das Gefühl der Verunreinigung hervorzurufen. „Verachtet wie ein *Caṇḍâla*“ ist zu einer sprichwörtlichen Redensart geworden. Der jungen Löwin, welcher ein Schakal einen Heirathsantrag gemacht hat, werden im Sigâla Jâtaka die Worte in den Mund gelegt: „Dieser Schakal gilt unter den Vierfüsslern als niedrig und erbärmlich, einem *Caṇḍâla* ähnlich (*hîno patikuṭṭho caṇḍâlasadiso*. II. 6), wir selber aber sind geachtet wie Angehörige der höchsten königlichen Familien. Dieser redet zu mir unanständige und unpassende Worte; was soll ich, nachdem ich solche Redensarten angehört habe, mit dem Leben anfangen, ich will den Athem anhalten und sterben.“ Die Bezeichnung *Caṇḍâla* gilt als ein Schimpfwort, mit dem beispielsweise ein Brahmane seine ehebrecherische Frau anredet (*pâpacaṇḍâli*. IV. 246).

Von der bei Manu erwähnten „Kennzeichnung auf Befehl des Königs“ erfahren wir aus unserm Texte nichts, doch scheinen sich auch nach den Jâtaka die *Caṇḍâla* schon äusserlich als solche durch ihre Kleidung kenntlich gemacht zu haben: „Bekleidet mit einem schlechten Untergewand von rother Farbe, um das ein Gürtel geschlungen ist, darüber ein schmutziges Obergewand, mit einem irdenen Gefäss in der Hand“, so wird uns im Mâtaṅga Jâtaka (IV. 379) das Aeussere eines *Caṇḍâla* beschrieben.

Auch durch ihre Sprache unterschieden sich anscheinend die *Caṇḍâla* von der übrigen Bevölkerung. Dem Alleinwohnen, der völligen Abgeschlossenheit wird es zuzuschreiben sein, dass sie sich inmitten einer arische Dialekte redenden Bevölkerung auch in sprachlicher Hinsicht ihre Stammeseigenthümlichkeit bewahrten. Im Citta-Sambhûta Jâtaka wird erzählt, wie sich zwei *Caṇḍâla* als Brahmanen verkleidet nach Takkasilâ begeben und hier studieren, später aber, als sich der eine von ihnen bei Gelegenheit eines *brâhmaṇavâcanaka* durch einen heissen Kloss

---

leitung zum Satadhamma Jâtaka (II. 82) setzt Buddha den Mönchen auseinander, dass für einen Anhänger seiner Lehre der Genuss einer auf ungesetzmässige Weise erlangten Nahrung gleich sei dem Essen der von einem *Caṇḍâla* nachgelassenen Speise.

den Mund verbrennt, sich vergessen und an ihrer Sprache (*caṇḍâlabhâsâ*. IV. 391) erkannt werden.

Von den beiden erwähnten Flötenspielern abgesehen enthalten die Jâtaka selbst keine näheren Angaben über die Berufsthätigkeit der *Caṇḍâla*. Nach dem Commentar zum Sîlavîmaṃsa Jâtaka sind es Leute, die sich mit dem Wegschaffen von Leichnamen (*charachaḍḍaka*. III. 195) beschäftigen; doch ist es fraglich, ob diese ihnen auch in der brahmanischen Theorie zugewiesene Thätigkeit in Wirklichkeit ihre alleinige Beschäftigung ausmachte, wenn auch ihre niedrige Kulturstufe sie von selbst von der Ausübung irgend eines höheren Berufes, selbst eines Handwerks, ausgeschlossen zu haben scheint.

Mit den *Caṇḍâla* zusammen werden in den Jâtaka bei der Aufzählung der Kasten an letzter Stelle stets die *Pukkusa* genannt, die *Pukkasa* oder *Pulkasa* des brahmanischen Systems, wo sie als Nachkommen eines *Nishâda* und einer *Śûdra*-Frau bezeichnet werden. Auch diese *Pukkusa* waren höchst wahrscheinlich ein nichtarischer, auf tiefer Stufe stehender Volksstamm. Nach dem Commentar zum Sîlavîmaṃsa Jâtaka sind darunter Leute zu verstehen, die sich aus dem Wegschaffen von Blumen (*puppha chaḍḍaka*. III. 195) ein Gewerbe machen; da jedoch bei Manu als ihre Beschäftigung das Fangen und Töten von höhlenbewohnenden Thieren angegeben wird, so glaube ich nicht, dass die *Pukkusa* eine besondere Berufsklasse bildeten, sondern ein Volksstamm waren, der sich in der Regel von der Jagd ernährte und nur gelegentlich zu schmutzigen Verrichtungen wie dem Reinigen der Tempel und Paläste zugelassen wurde [1].

Zweifellos einen nichtarischen, in wildem Zustande lebenden Eingeborenenstamm haben wir in den *Nesâda* zu sehen, den *Nishâda* oder *Naishâda* der brahmanischen Kastentheorie. Sie gelten im System als Nachkommen eines Brahmanen und einer

[1]) Zu diesen *Pukkusa* gehörte offenbar auch der Aelteste Sunita vor seinem Uebertritt zum Mönchsthum, der in den Theragâthâ von sich sagt: „Aus niederem Geschlecht bin ich entstammt, ich war arm und dürftig. Niedrig war das Werk, das ich that, die verwelkten Blumen (aus den Tempeln und Palästen) wegzuräumen. Ich war verachtet vor den Menschen, gering angesehen und gescholten." — Vgl. Oldenberg, *Buddha*, S. 159 Anm.

Śûdrâ; ihre Beschäftigung besteht nach Manu (X. 48) im Töten von Fischen. Da auch nach den Jâtaka die *Nesâda* von der Jagd lebten, so können wir annehmen, dass Fischerei und Jagd ihre ausschliesslichen Erwerbsquellen bildeten. Schon durch diese ihre Berufsthätigkeit waren sie der allgemeinen Verachtung preisgegeben; denn das Gewerbe eines Fischers oder Jägers, das an sich die früheste und niedrigste Entwicklungsstufe der menschlichen Kultur darstellt, konnte in Indien schon aus dem Grunde zu keinem Ansehen gelangen, weil es nothwendigerweise das Töten eines lebenden Wesens mit sich brachte. Verschiedentlich wird in den Jâtaka auf die verachtete Stellung des Jägers hingewiesen; es wird erzählt, dass ein brahmanischer Jüngling nur, weil er durch andere Künste sein Leben nicht fristen kann, den Beruf eines Jägers ergreift (II. 200). Auch die Worte des Königs, womit er im Rohantamiga Jâtaka (IV. 422) den Jäger auffordert sein Gewerbe aufzugeben und ihm andere Erwerbsquellen, z. B. Ackerbau, Handel, Verleihen von Geld empfiehlt, deuten auf die verachtete Stellung der Jäger. Aus demselben Grunde veranlasst auch der Sohn des *seṭṭhi* den *luddaka*, den er mitsammt seiner Familie bei sich aufnimmt und mit dem er bis an sein Lebensende befreundet bleibt, sein Gewerbe aufzugeben (*luddakakammato apanetvâ*. III. 51).

Wir haben oben (S. 193 f.) die Gewerbe der Jäger und Fischer zu den Berufen gezählt, die ihrer Natur nach einer kastenartigen Organisation widerstreben: wird indessen der an sich verachtete Beruf von einem ganzen Stamme niedriger Race ausgeübt, so gewinnt eine solche durch Berufs- und Stammesgemeinschaft zusammengehaltene, lokal von der übrigen Bevölkerung abgesonderte Gruppe ganz das Aussehen einer Kaste und gilt jedenfalls dem Inder als solche. Das ist der Fall auch mit den *Nesâda*: zusammen mit der *Caṇḍâla*, *Veṇa*, *Rathakâra* und *Pukkusa* werden sie im Assalâyana Sutta[1]) als niedrige Kaste aufgeführt. Verachtet und gemieden mussten sie wie die *Caṇḍâla* ausserhalb der Stadt wohnen. Ein *Nesâda* wohnt nicht weit von der Stadt Sakuḷa im Mahiṃsaka-Reiche in einem *Nesâda*-Dorfe (*nagarato*

[1]) ed. Pischel, Chemnitz 1880, p. 13, 14. Ebenso heisst es im Suttavibhaṅga, Pâcittiya II. 2. 1: *hînâ nâma jâti caṇḍâlajâti veṇajâti nesâdajâti rathakârajâti pukkusajâti, esâ hînâ nâma jâti.*

avidûre ekasmiṃ nesâdagâmake. V. 337): er verkauft die Vögel, die er in Schlingen gefangen hat, in der Stadt und erwirbt sich so seinen Lebensunterhalt.

Auch der *Nesâda* des Mora Jâtaka, der vom Könige beauftragt wird einen goldenen Pfau zu fangen, übt das Gewerbe eines Jägers in einem nahe bei Benares belegenen *Nesâda*-Dorfe aus (*Bârâṇasiyâ avidûre nesâdagâmavâsi nesâdo.* II. 36). Ebenfalls in einem nur von seinen Stammesgenossen bewohnten, nicht weit von Benares belegenen Dorfe (*Bârâṇasito avidûre nesâdagâmavâsi nesâdaputto.* IV. 413) wohnt der *Nesâda* des Rohantamiga Jâtaka; er fängt das Wild, indem er aus Lederriemen verfertigte Schlingen mit einem Stocke aufstellt.

Neben diesen wilden Volksstämmen, die ich, da sie in erster Linie durch ihre Raccengemeinschaft zusammengehalten wurden, als „ethnische Kasten" bezeichnen möchte, begegnen uns andere, von den Indern ebenfalls zu den verachteten Kasten gerechnete Gruppen, bei denen hauptsächlich ihre niedrige Beschäftigung das absondernde Moment gewesen zu sein scheint, das sie im Laufe der Zeit zu einer Kaste gestempelt hat; sie lassen sich im Gegensatz zu den „ethnischen Kasten" als „niedere professionelle Kasten" charakterisieren. Ursprünglich waren auch diese verachteten Berufskasten nichts anderes als nichtarische Volksstämme, die sich, obschon sie auf einer höheren Kulturstufe standen als die Jäger- und Fischerstämme, mit Erwerbszweigen befassten, deren Ausübung die Bekanntschaft mit den Metallen und ihrer Verwendung nicht voraussetzte und daher den mit Eiseninstrumenten arbeitenden Ariern für gering galten oder gänzlich unbekannt waren. Hierher gehören solche Thätigkeiten, wie sie noch heute die ausschliessliche Beschäftigung der auf niedriger Stufe stehen gebliebenen Völker bilden, die Verarbeitung von Weiden und Rohr zu Körben, Stühlen oder Wagen, die Thätigkeit des Flechtens und Webens, die Bearbeitung des Leders und das Anfertigen irdener Gefässe. Nicht so sehr die Abneigung gegen das Handwerk überhaupt [1]), sondern gegen einen Beruf, den sie von niedrigen

[1]) Senart, *Les Castes dans l'Inde.* p. 236: „Nirgends haben die Arier im Alterthum grosse Vorliebe für das Handwerk gezeigt. Die Griechen und Römer überliessen es Sklaven oder Mittelklassen, Freigelassenen oder dem Hausgesinde. Da die Arier in Indien in Dörfern

Racen betrieben sahen, veranlasste ursprünglich die Arier solche Erwerbszweige zu meiden und ihre Ausübung den einheimischen Stämmen zu überlassen. Späterhin blieb dann der Makel des Unreinen an dem Berufe haften, selbst als dieser in Folge der Racenvermischung aufgehört hatte einzelnen Stämmen vorbehalten zu sein, und dehnte sich im Laufe der Zeit, je mehr sich bei steigender Civilisation die höheren Klassen von den manuellen Beschäftigungen abwandten, auf alle möglichen Handwerke und Berufe aus.

Solche verachteten Berufskasten haben wir in den *Veṇa* und *Rathakâra*, die an den citierten Stellen des Assalâyana Sutta und des Suttavibhaṅga unter den niedrigen Kasten (*hînajâti*) aufgeführt werden, zu sehen: es sind die Kasten der „Rohrarbeiter“ und der „Wagenbauer“. Gerade an dem Beispiel der *Veṇa* können wir meiner Ansicht nach eine Anschauung von der vermutlichen Entstehung der verachteten professionellen Kasten und einen Beweis für die Behauptung gewinnen, dass sie ursprünglich nichts anderes waren als niedrige Stämme. Denn als die Arier in die Gangesebene vordrangen und einzelne mit Ackerbau und Metallarbeit unbekannte Volksstämme ausschliesslich mit der Verarbeitung von Rohr und ähnlichem beschäftigt sahen, war nichts natürlicher, als dass sie diese Völkerschaften nach dem Material, woraus sie die Erzeugnisse ihrer primitiven Industrie verfertigten, benannten, dass sie sie nach dem „Rohr“ (*veṇu*) als „Rohrarbeiter“ (*veṇa* oder *vaiṇa*) bezeichneten. In ähnlicher Weise werden sie einen andern Stamm, der ein besonderes Geschick im Anfertigen von

sassen, wo anfangs nur Ackerbau getrieben wurde, waren sie hier noch weniger als anderswo geneigt zum Handwerk zu greifen. Dies musste im Allgemeinen das Loos entweder der Urbevölkerung oder derjenigen Bevölkerungsschichten bleiben, die ihre Barstardabkunft oder ihr verdächtiger Ursprung auf dieselbe Stufe stellte.“ Der hier ausgesprochenen Ansicht von einer den Ariern eigenthümlichen Abneigung gegen das Handwerk steht entgegen, dass die Zeit der homerischen und hesiodischen Gedichte von einer Verachtung der Erwerbsthätigkeit keine Spur aufweist. Bei Homer fallen eine Menge Thätigkeiten, die später berufsmässig ausgeübt wurden, durchaus den Freien anheim, ja selbst die Vornehmen schämen sich derselben nicht. Vgl. K. F. Herrmann's *Lehrbuch der griechischen Antiquitäten*, Bd. 4. 3. Aufl., S. 389 f.

Wagen besass, nach diesem seinem hauptsächlichsten Industrieprodukt die Wagenbauer (*rathakâra*) genannt haben. Dass diese beiden Berufszweige, das Verarbeiten des Rohrs und das Bauen von Wagen, noch lange über Buddha's Zeit hinaus besonderen Stämmen überlassen waren, scheint mir aus der citierten Stelle des Suttavibhanga (Pâcittiya II. 2. 1) hervorzugehen, wo die *Veṇa* und *Rathakâra* zusammen mit den *Caṇḍâla, Nesâda* und *Pukkusa* als „Kaste" (*jâti*) bezeichnet werden, und nicht mit unter den niedrigen Gewerben (*hînasippa*) aufgeführt sind, als welche nachher genannt werden: das Gewerbe des Korbmachers, des Töpfers, des Webers, des Lederarbeiters, des Barbiers (*hînaṃ nâma sippaṃ naḷakârasippaṃ kumbhakârasippaṃ pesakârasippaṃ cammakârasippaṃ nahâpitasippaṃ*). Dieser Unterschied zwischen Kaste (*jâti*) und Gewerbe (*sippa*) hat sich allmählich mehr und mehr vermischt und ist in neuerer Zeit, wo die beiden Begriffe, für das Bewusstsein des Inders wenigstens, in einander übergegangen sind, fast gänzlich in Wegfall gerathen.

Einzelne von den genannten niedrigen professionellen Kasten sind auch in den Jâtaka vertreten; so zunächst die *Veṇa*, die im Kusa Jâtaka (II. 306) hinsichtlich ihrer Niedrigkeit mit den *Caṇḍâla* auf eine Stufe gestellt werden. Die Königin schilt ihre Schwiegertochter mit den Worten: „Eine *Veṇî* bist du oder eine *Caṇḍâlî*, dein Geschlecht schändend; wie kannst du, dem Hause der Madda entsprossen, deinen Gatten zu einem Sklaven herabwürdigen!" Der Commentator erklärt *veṇî* mit *tacchikâ*[1]), „Frau eines Zimmermanns", umschreibt also die verachtete Kaste der „Rohrarbeiter" durch eine andere ebenfalls niedrige Berufskaste, nämlich die der *tacchika* oder „Zimmerleute". Alle die Handwerker, deren Beschäftigung in der Verarbeitung des Holzes bestand, die Wagenbauer (*rathakâra*), die Tischler und Zimmerleute (*vaḍḍhaki, tacchika*) galten offenbar in buddhistischer Zeit als niedrig, so dass die oben S. 160 ausgesprochene Vermuthung, ihr Alleinwohnen vor den Thoren der Stadt in einem Dorf für sich sei der Niedrigkeit ihres Berufs zuzuschreiben, gerechtfertigt erscheint. Immerhin aber werden sie, weil ihre Thätigkeit ohne die An-

[1]) = Skr. *takshakâ*. Im Commentar des Mahîdhara zur Vâjasaneyi Sanhitâ (I. 13) wird der *takshan* als unrein (*aśuddha*) und von niedriger Kaste (*nîcajâti*) bezeichnet.

wendung von Werkzeugen nicht denkbar ist, schon damals[1]) auf einem höheren Niveau der socialen Geltung gestanden haben als beispielsweise die Rohrarbeiter, die das Material, ohne es viel zu bearbeiten, so verwendeten, wie sie es vorfanden.

Ihrer Thätigkeit nach verwandt mit den *veṇa* und wie diese gering geachtet sind die beiden im Takkâriya Jâtaka (IV. 251) auftretenden Handwerker, nämlich der Korbmacher (*naḷakâra*) und der Flötenmacher (*veḷukâra*); letztere, die *veḷukâra* oder *veṇukâra* werden, wie wir (oben S. 56 Anm.) sahen, im Lalita Vistara zu den Kasten gerechnet, in denen ein Bodhisatta nicht wiedergeboren wird.

Da die Kunst des Webers (*pesakârasippa*), die einen ähnlichen Process darstellt wie das Flechten von Rohr und Stroh zu Matten und Körben[2]), ursprünglich vermuthlich ebenfalls vorwiegend von den Aboriginern ausgeübt wurde, so nahm auch der Weber in der Gesellschaft des alten Indiens eine niedrige Stellung ein: im Bhîmasena Jâtaka nennt der brahmanische Bogenschütze das Handwerk eines Webers (*tantavâya*) ein elendes, niedriges Gewerbe (*lâmakakamma*. I. 356).

Als letzter der verachteten Berufe wird im Suttavibhaṅga das Gewerbe eines Barbiers (*nahâpitasippa*) aufgezählt. Bei diesem Geschäfte brauchen wir uns nach einem in irgendwelchen ethnischen Verhältnissen liegenden Grunde für seine Niedrigkeit nicht umzusehen: die damit verbundenen, zum Theil unsauberen Verrichtungen verweisen den Barbier von selbst auf eine tiefe Stufe und stellen ihn ungefähr in eine Linie mit den tempelreinigenden *Pukkusa*[3]).

In der Einleitung zum Sigâla Jâtaka wird erzählt, wie sich

---

[1]) Heutzutage nimmt die Kaste der Tischler oder *Barhai* ungefähr den gleichen socialen Rang ein wie die Ackerbau treibende Kaste der *Kurmi*. Nesfield. *Caste System*, p. 28.

[2]) Siehe *ebenda*, p. 22 f.

[3]) Der moderne Barbier oder *Nâpit* nimmt eine höhere Stellung ein, da er bei allen Familienereignissen wie Geburt, Hochzeit und Begräbniss eine grosse Rolle spielt. Er dient den angesehenen Kasten als Heirathsvermittler und fungiert bei der Hochzeitsceremonie als Gehülfe des Brahmanen oder übernimmt wohl gar, bei niederen Kasten, die einen Brahmanen nicht bezahlen können, selbst das Amt des Priesters. Siehe *ebenda*, p. 42.

der in Vesâli wohnende Sohn eines Barbiers (*nahâpitaputta*. II. 5) in eine Licchavi-Prinzessin verliebt und seinem Vater erklärt, dass er sterben würde, wenn er sie nicht zur Frau bekäme. Der Vater antwortet ihm: „Mein Sohn, richte deine Wünsche nicht auf unmögliche Dinge; du bist der Sohn eines Barbiers und von niedriger Kaste (*hînajacca*), die Licchavi-Prinzessin ist als die Tochter eines *khattiya* von hoher Abstammung (*jâtisampanna*) und keine passende Parthie für dich. Ich will dir ein anderes Mädchen aussuchen, das der Kaste und Familie nach zu dir passt."

Einem weiteren Beispiel für das geringe Ansehen, dessen sich der Barbier erfreute, sind wir bereits bei einer anderen Gelegenheit (oben S. 54) begegnet: die Mutter des Königs Brahmadatta bezeichnet den Asketen Gaṅgamâla, einen früheren Barbier, als einen „aus niedriger Kaste stammenden, schmutzreinigenden Sohn eines Barbiers" (*hînajacco malamajjano nahâpitaputto*. III. 452) und fügt dann den Vers hinzu:

> „Durch Askese geben sie auf ihr schlechtes Gewerbe, durch Askese ihren Stand als Barbier oder Töpfer; durch Askese überwindend, o Gaṅgamâla, redest du jetzt (meinen Sohn) mit seinem Namen Brahmadatta an."

Schluss.

Wir sind mit unsern Betrachtungen auf den untersten Sprossen der socialen Stufenleiter angelangt. Seit den Tagen Bernardin de St. Pierre's hat man nicht aufgehört das Loos der verachteten Kasten Indiens zu beklagen und die Verantwortung für ihre traurige Lage den Priestern in die Schuhe zu schieben: man spricht auch heute noch viel von einem Alp, der von Alters her in Folge der Kastenordnung auf dem indischen Volke laste, und pflegt das Kastenwesen als ein künstliches Produkt priesterlicher Selbstsucht hinzustellen. Europäische Reisende haben, als sie uns zuerst die Kenntniss des modernen Indiens vermittelten, die Unfreiheit und Niedrigkeit der Parias und die starre Gliederung der indischen Gesellschaft überhaupt zum Gegenstand gefühlvoller Erwägungen gemacht, und seitdem man in der brahmanischen Literatur eine einseitige Darstellung der socialen Verhältnisse des alten Indiens kennen gelernt hatte, glaubte man, da man die Theorie für Wahrheit nahm, hier den Schlüssel für die Entstehung und die Entwickelung des Kastenwesens gefunden zu haben.

Das Bild, welches wir auf Grund unserer volksthümlichen Quelle von den gesellschaftlichen Zuständen, wie sie im Osten Indiens etwa zu Buddha's Zeit geherrscht haben mögen, entwerfen konnten, bietet meines Erachtens weder zu einer besonders sentimentalen Betrachtungsweise Anlass, noch rechtfertigt es die Ansicht, dass die Kasten von den Priestern zur Begründung und Befestigung einer hierarchischen Gesellschaftsordnung erfunden seien. Der politische Einfluss der Brahmanen trat, wenigstens in den östlichen Ländern, völlig zurück gegenüber dem Ansehen und der Macht der herrschenden Klasse, die, von einzelnen Fällen abgesehen, etwaigen brahmanischen Herrschergelüsten keinen allzugrossen Spielraum gestattete; selbst von einem intellektuellen Uebergewicht der Brahmanen kann für die Zeit und die Gegenden, womit wir es zu thun hatten, nicht gesprochen werden, denn auch auf geistigem Gebiete machten andere Klassen, namentlich die regierenden Fürstengeschlechter, der verweltlichten Brahmanenkaste den Vorrang streitig. Was die Lage der niederen Volksschichten betrifft, so war sie nicht besser, aber auch nicht schlechter als sie unter gleichen Bedingungen zu sein pflegt: eingeborene, auf niedriger Kulturstufe stehende Volksstämme sind von ihren höher kultivierten Besiegern zu allen Zeiten und in allen Ländern unterdrückt und zu Sklavendiensten verwendet worden; auch ähnliche Gegensätze zwischen ungeheurem Reichthum auf der einen und kläglicher Armuth auf der andern Seite treffen wir überall an, wo eine höher veranlagte Race ihre Ueberlegenheit auch in wirthschaftlicher Beziehung auszunutzen verstanden hat.

Die sociale Gliederung des alten Indiens, die uns in den brahmanischen Gesetzbüchern, wo sie in ein unabänderliches System gebracht ist, als absonderlich, ja als ungeheuerlich erscheint, zeigt sich in Wirklichkeit als die folgerechte Entwickelung der durch ethnische und kulturelle Unterschiede gegebenen Prämissen. An Stelle der vier streng isolierten Kasten des brahmanischen Systems und der aus ihrer Verbindung hervorgegangenen Mischkasten bemerken wir eine Menge ihrer Natur nach höchst verschiedener socialer Gruppen, die sich grösstentheils nicht eigentlich als „Kasten“ bezeichnen lassen, in denen wir aber die ersten Keime und Ansätze zu der modernen Kastenordnung erkennen können. Eine Kaste im Sinne ihrer eigenen Theorie bilden nur die Brahmanen; andere Gruppen wie die herrschende Klasse der *khattiya*, der Stand der königlichen Beamten, die vornehmen bürgerlichen Familien haben einzelne Züge mit der *jâti* der Brahmanen gemein, können jedoch nicht wie diese auf die Bezeichnung „Kaste“ Anspruch erheben, weil ihnen die wesentlichen Merkmale einer solchen fehlen; dasselbe gilt von den übrigen *jâti*, die sich aus der grossen Masse des Volks, zum Theil scharf umgrenzt, hervorheben, den Gilden der Kaufleute und Handwerker, den niedrigen Berufszweigen und den verachteten und gemiedenen Volksstämmen. Alle diese *jâti* — und dadurch erhält auch die damalige Gesellschaft Indiens ihr ganz eigenthümliches, specifisch indisches Gepräge — sind erblich, und ein Hinaustreten aus dem durch die Geburt fest bestimmten Kreise ist für den Einzelnen der Regel nach unmöglich.

So wie sie uns in den Jâtaka geschildert werden, haben sich die socialen Zustände wahrscheinlich noch lange über Buddha's Zeit hinaus fast unverändert erhalten. Als ungefähr zweihundert Jahre nach Buddha's Tode der griechische Gesandte Megasthenes am Hofe des Candragupta in Pâṭaliputra weilte, fand er offenbar ähnliche Verhältnisse vor. Die auf ihn zurückgehenden griechischen Berichte enthalten eine Schilderung der damaligen indischen Gesellschaft, die sich zwar nicht völlig mit den Thatsachen deckt, die wir unserer Quelle entnehmen konnten, sich aber doch weit eher mit diesen in Uebereinstimmung bringen lässt als mit dem brahmanischen System. Sie geben die Zahl der *jâti* oder Klassen (γένη oder μέρη) auf sieben an: als erstes γένος nennen sie die σοφισταί oder φιλόσοφοι, die, wie wir sahen, den *samaṇa* und zum Theil den *brâhmaṇa* unserer Quelle entsprechen; das zweite γένος, die Bauern oder γεωργοί, lässt sich mit den *gahapati* und *kuṭumbika* der Pali-Texte zusammenstellen. Unter den an dritter Stelle genannten Hirten und Jägern haben wir vermuthlich die niedrigen nichtarischen Volksstämme der Jâtaka zu verstehen, während das vierte γένος, das der τεχνῖται oder das γένος δημιουργικόν, mit den Handwerkern unseres Textes übereinstimmt. Die übrigen drei γένη, das γένος der Krieger (πολεμισταί), das der Aufseher (ἐπίσκοποι oder ἔφοροι) und das der Rathgeber des Königs (σύμβολοι oder σύνεδροι) gehören in die Kategorie der *râjabhogga*, der vom Könige besoldeten Beamten. Nach Aufzählung dieser sieben γένη heben die griechischen Quellen als ihr charakteristisches Merkmal übereinstimmend hervor, dass sie keine Ehen untereinander schliessen durften, und dass es nicht gestattet sei aus einem γένος in ein anderes überzutreten oder den Beruf zweier Klassen gleichzeitig zu betreiben.

Später, im Laufe der Jahrhunderte, haben die *jâti*, wie wir sie in den Jâtaka kennen lernten, unter den verschiedenartigsten Einwirkungen fortwährende Veränderungen erfahren: die officielle Theorie der Brahmanen, ethnische und geographische Einflüsse, die Neigung der Inder zum Schematisieren, die Gleichsetzung der Begriffe „Beruf“ und „Kaste“, alles das hat auf die *jâti* eingewirkt, sie umgestaltet und einander ihrem Wesen und ihrer Organisation nach allmählich mehr und mehr angeglichen, bis sie schliesslich zu den modernen Kasten wurden. Dieser Umwandlungsprocess ist nun keineswegs, wie man das auch heute noch so oft behaupten hört, durch den Buddhismus unterbrochen, ja nicht einmal verlangsamt worden. Buddha's Lehre richtet sich nicht auf eine Umgestaltung oder Verbesserung der socialen Zustände; das weltliche Leben und seine Formen sind für den frommen Buddhisten, der der Welt entsagt hat, gleichgültig. Er wirft nicht einmal die Frage auf, ob die irdische Welt anders sein könne, sondern nimmt sie in ihrer ganzen Unvollkommenheit und Schlechtigkeit als etwas Unabänderliches hin. Das Schicksal des Menschen, die äussere Gestaltung seines irdischen Daseins ist für den Buddhisten eine unentrinnbare Folge seines *karman*, seiner früheren Thaten: Reichthum oder Armuth, hohe oder niedere Kaste hat sich der Einzelne durch seine Handlungen in einer früheren Existenz verdient. Die menschliche Gesellschaftsordnung war für den Inder auch der damaligen Zeit ein Abbild des Naturlebens und bewegte sich nach seiner Anschauung wie dieses in ewig gleichbleibenden Bahnen: wer als *Caṇḍâla* wiedergeboren war, musste — solange er nicht durch den Uebertritt zum Asketenthum aus der menschlichen Gesellschaft ausgeschieden war — Zeit seines Lebens ein *Caṇḍâla* bleiben und das Loos eines solchen tragen so gut wie beispielsweise jemand, der die Sünden einer früheren Existenz durch die Wiedergeburt als niedriges Thier büsste, das ganze Dasein eines solchen zu durchleben hatte, bis ihn der Tod in eine neue Existenz versetzte.

Die Lehre vom *karman* und der Wiedergeburt und die Annahme einer unveränderlichen Gesellschaftsordnung sind eng miteinander verknüpft und haben sich in ihrer weiteren Ausbildung gegenseitig beeinflusst; beide Dogmen wurzeln tief im Bewusstsein des indischen Volks und beherrschen seine Denkweise bis auf den heutigen Tag. Auch heute noch wirken sie ein auf die Gestaltung des gesellschaftlichen Lebens und bestimmen seine Formen: auch die modernen Kasten sind so wenig wie die Kasten des alten Indiens ein künstliches Produkt, sondern aus dem indischen Volksgeiste, dessen Stempel sie an sich tragen, gleichsam hervorgewachsen.

Namen- und Sachregister.

Ackerbauer, brahmanische, 7 A., 142, 144, 156 ff.
— die indischen, nach den griechischen Berichten Pächter des Königs, 78.
Aeltester an der Spitze der Gilden, 178, 182, 183.
— unter den Fischern, 194.
— unter den Räubern, 177.
— unter den Waldhütern, 177 A.
Aerzte, 153.
— brahmanische, 7 A., 141, 158.
Ajâtasattu, 89, 148.
Akrobat, 190, 192.
Akrobatenfamilie, 190.
Ambashtha, 4 ff., 142 A.
Ambaṭṭha, 57, 58, 136.
Ambaṭṭha, Volksstamm der, 142.
Anâthapiṇḍika, 12, 96 A., 167.
Anrede mit dem Namen und in der zweiten Person, 54, 54 A.
Arbeitstheilung, weitgehende, 194.
Arhatschaft, 17.
Arier, ihre Abneigung gegen das Handwerk, 208, 208 A.
— ihre Einwanderung in Indien, 8, 202.
Arindama, 54, 57.
Arjuna, 43.
Arrian, 41 A., 78 A., 90 A.
Askese, 15, 151, 152.
Asket, das Stadium des A., 125 A., 126.
— betrügerischer, 133.
Asketen, 14, 15, 39 ff.
Asketenthum, Uebertritt zum, 41 ff.
— seine Ursache, 51.
Aśoka, 66, 106.
Aśokas Edikte, 97 A., 124 A.
Assalâyana, 12.
Astrolog, Wichtigkeit des modernen A., 154 A.
Atharvaveda, 131 A.
Atula, 189.
Aufseher der königlichen Waarenhäuser, 101, 102, 177.
Ausstossung aus der Kaste, 31, 32, 204.
Avantiputta, 12.
Âyogava, 5.

Babylonisches Reich, 174.
Bader, 143.
Bârâṇasi, 111, 126, 133, 208.
Barbier, 54, 210 ff.
Barhai, 211 A.
Bastard als Brahmane anerkannt, 16 A.
Baumeister, brahmanische, 7 A.
Baumwollenfelder bei Benares, 176.
Bâveruraṭṭha, 174.
Beamten, die königlichen, 91 ff.
Benares, 13 etc.
— Handwerkerdörfer in der Nähe von, 181.
Berührung verunreinigender Personen, 25.
Besessene, von bösen Geistern, 153.

Besprengung des Königs durch den *purohita*, 84 ff.
Bhadrakâra, 123.
Bhâradvâja, 143.
Bhojanasuddhika, 185.
Bimbisâra, 89, 92, 94, 96 A., 106, 148, 167.
Binnenhandel, 173.
Binnenschifffahrt, 174.
Bodhisatta, 13, 49, 50, 71, 72, 85, 121, 128, 138 A., 139, 159, 164, 179, 180, 188, 190, 195.
Bodhisattva, 13 A., 56 A.
Bogen, brahmanische Anfertiger von, 7 A.
Bogenkunde, 60.
Bogenschützen, 186.
Boten, brahmanische, 7 A., 141, 145.
Βραχμᾶναι, 41.
Brahma, die Welt des, 129 A.
Brahmadatta, 13, 54, 71, 85, 115, 119, 212.
Brahmane zum König gewählt, 68.
Brahmanen, 117 ff.
— Ackerbau und Viehzucht treibende, 156 ff.
— ihr Antheil an der Regierung, 93, 94.
— bürgerliche Berufe ausübende, 156 ff.
— im Dienste des Königs, 145 ff., 156.
— die „eigentlichen" u. die „weltlichen", 125.
— als Exorcisten, 153.
— Habgier der, 121, 122.
— von Magadha, 139, 140.
— Mannigfaltigkeit der von ihnen ausgeübten Berufe, 7 A.
— als Minister des Königs, 94.
— aus dem Nordwesten stammende, 138, 139.
— ihre Pflichten, 16, 124, 127.
— Reichthum der, 136, 158, 159.
— Sittlichkeit der, 122, 129.
Brahmanen, Steuerfreiheit der, 137.
— als Traumdeuter, 146, 149.
— Untötbarkeit der, 137.
— ihre Vorrechte, 135 ff.
— als Wahrsager, 147, 150.
— die weltlichen, 138 ff.
— — ihr Verhältniss zu den buddhistischen Mönchen, 161.
Brahmanendörfer, 118 A., 157 A.
Brahmanengeschenk, 136.
Brahmanenkaste, Gegensätze innerhalb der, 161.
— Superiorität der, 7, 8.
— Verweltlichung der, 108.
— ihr Zerfallen in Unterkasten, 125 A.
Brahmanentöchter, arme, 195.
Brahmarshi, das Land der, 8.
Buddha, 9 ff., 56, 58, 90, 136, 151 A., 215.
— war ein *khattiya*, 57, 60.
— kein politischer Neuerer, 20, 215.
Bühler, 97 A., 98 A., 106 A., 132 A.

Caṇḍâla, 5, 6, 12, 17 ff., 19 A., 26 ff., 31 ff., 51, 102, 103, 134, 138, 171, 203 ff., 215, 216.
— ihr Anblick gilt als verunreinigend, 25, 25 A., 171, 205.
— ihre Berufsthätigkeit, 206.
— als Henker, 104, 204.
— ihre Kleidung, 204, 205.
— die von ihnen übrig gelassene Speise ist verunreinigend, 31 ff., 118, 204.
— ihre Sprache, 205.
— ergreifen den hauslosen Stand, 51.
— atmosphärische Verunreinigung durch einen, 26.
Caṇḍâladorf, 204, 204 A.
Caṇḍâlaflöte, 204.
Candragupta, 41, 66, 84, 214.
Chalmers, 12 A., 59 A., 138 A.
Childers, 76 A., 97 A., 133 A., 158 A.

Connubium, 24, 53, 118.
Criminalgerichtsbarkeit Sache des Königs, 74.
Curtius, G., 65 A.

Dämonen, 120, 151 ff.
Dahlmann, Jos., 173 A., 174 A.
Daśaratha, 108 A.
δημιουργικός, 215.
Deussen, 52 A., 189 A.
Devabhâga Śrautarshi, 111.
Devadatta, 21.
Dhammaddhaja, 118.
Dhanañjayakorabya, 122.
Diebe, brahmanische, 144.
Dighiti, 115.
Dilîpa, 43.
Diodorus, 78 A.
Dorfgemeinschaften, Selbstverwaltung der, 106.
Dorfvorsteher, 104 ff., 197.
— erhebt für den König die Steuern, 105.
Duncker, M., 2 A.
Duryodhana, 43, 44 A.
Dyumatsena, 42, 44 A.

Ehe eines Brahmanensohns und einer *khattiya*-Tochter, 58.
— eines *dvija* und einer *śûdrâ*, 37.
Eicken, v., 49 A.
Elephantenbändiger, 186, 187, 192.
Elephantenbuch, 111.
Elephantenweihe, 111, 115, 122.
Elfenbeinschnitzer, 180.
Endogamie, Gesetz der, 35, 38.
ἔφοροι, 215.
ἐπίσκοποι, 215.
Erblichkeit des Berufs, 23, 178, 179.
Exorcisten, brahmanische, 153.

Falkner, brahmanische, 7 A.
Familie und Kaste, 3 A., 22 A.
Familien, die vornehmen bürgerlichen, 162 ff.
Familienasket, 155.
Familienbarbier, 154 A.
Feldhüter, brahmanische, 7 A.
Feldmesser, 78.
Feste, 191.
— brahmanischen Lehrern gegebene, 137.
Feuer, bei der Geburt eines Brahmanen angezündetes, 129 A.
Fick, Aug., 64 A.
Fischer, 193, 194.
— ein blinder, als Taxator des Königs, 186.
Fleischer, brahmanische, 7 A.
Flötenmacher, 56 A., 211.
Foy, 80 A., 83 A., 89 A., 95 A., 106 A.
Frauen ergreifen den hauslosen Stand, 48 A.
Freigelassene, 201.
Fürstensöhne, religiöses Studium der, 60 ff.
Fuhrleute, brahmanische, 7 A.

Gandhâra-König, 121.
Gandhâra-Land, 62, 130, 176.
Gaṅgamâla, 54, 212.
Garbe, 59 A.
Gastwirth, 170.
Gebräuche, die Ehe und Nahrung betreffende, 24, 179.
Geburt, Werthschätzung der, von Seiten der Brahmanen, 128.
Geldner, 107 A.
Geldverleiher, 172.
Gemüsehändler, 178.
γένη, die indische Gesellschaft nach Megasthenes eingetheilt in sieben, 41.
γεωργοί, 214.
Gerichtsverhandlung, Theilnahme des Königs an der, 72, 73 A.
Gerstenfelder eines Brahmanen, 157 A.
Geschenke, dem König dargebrachte freiwillige, 75, 76.

Gesetze, geschriebene, 67, 67 A.
Gesetzgebung, Betheiligung des *senâpati* an der, 95.
Gestirne, Naturerscheinungen gedeutet aus der Constellation der, 109.
Getreidehändler, 178.
Getreidemesser, der königliche, 101.
Gewerbe, verachtete, 160, 210 ff.
Gewerke, lokale Abgeschlossenheit der verschiedenen, 180.
Gewinn beim Handel, 177.
Gildeherr, 166 A., 169.
Gilden der Kaufleute und Handwerker, 172 ff.
— ihre Gesetze, 168 A.
Gildestreit, 177.
Gotama, 12, 60, 128, 129, 143.
Grenzbewohner, Empörungen der, 69.
Grierson, 26 A.
Grundsteuer, 78, 97 A.

Händler, brahmanische, 159.
Hahnenheilige, 15 A.
Handelsverkehr zwischen dem Osten und dem Westen, 175.
Handwerk, Abneigung der Arier gegen das, 208, 208 A.
— Bedeutung der Vererbung für das, 179.
Handwerker im Dienste des Königs, 181.
— Organisation der, 179 ff.
Handwerkerdörfer, 180 ff.
Hardy, E., 89 A.
— Spence, 137 A.
Hauptgattin, 36, 38, 74, 82.
Hauptminister, 83, 94.
Haushälterschaft, 125 A.
Hausherr, 164.
Hausierer, 178.
— brahmanischer, 159.
Hauspriester, der königliche, 13, 65, 78, 107 ff.
Hauspriester, der königliche, als weltlicher Beamter, 112 ff.
— — seine Betheiligung an der Rechtsprechung, 112.
— — Erblichkeit seines Amts, 111.
— — als Opferer und Zauberer, 114.
— — weiht den König, 84.
— die, in der Provinz, 116.
Hauspriesterwürde mehrerer Königreiche in einer Person vereinigt, 114.
Heerführer, der königliche, 95, 96.
— ein Verwandter des Königs, 88.
Heirath, die, betreffende Gebräuche, 33, 34.
— innerhalb der *jâti* galt als Regel, 34.
— zwischen einem Brahmanen und einer *śûdrâ*, 37.
— zwischen den verschiedenen Kasten verboten, 38.
Henker, sein Amt in den Händen von Caṇḍâla und Śvapaca, 104.
Herrenloses Gut, 80, 81, 81 A.
Herrmann, 209 A.
Hetäre, 13, 96, 102.
Hieronymus über die Weltflucht, 49 A.
Hiraṇyakeśin, 129 A.
Hirten, 142, 193, 214.
— brahmanische, 7 A.
Hofbarbier, 185, 187.
Hofgärtner, 184.
Hofmusiker, 192.
Hoftöpfer, 184.
Holzhauer, 141.
Holzsammler, 102.
Holzsammlerin, 38.
Honorar der brahmanischen Lehrer, 63 A., 132, 132 A., 133, 171.
Hopkins, 20 A., 44 A., 60 A., 65 A., 69 A., 76 A., 79 A., 82 A., 107 A., 109 A., 163 A., 168 A., 172 A.
Hundezüchter, brahmanische, 7 A.
Hunter, 161 A.

Ὑλόβιοι, 41 A.

Jacobi, 26 A., 54 A., 89 A.
Jäger, 193, 194, 214.
— ihr Beruf ist verachtet, 160, 207.
— brahmanische, 143, 160.
Jägerstämme, die wilden, des Himâlaya, 202.
Jâtaka, Tendenz der, 10, 123.
Jeta, der Prinz, 26 A.
Jîvaka, 63.
Ikshvâku, 22 A., 43.
Indapatta, 123, 140.
Jolly, 73 A.
Juṇha, 119, 120, 136.
Jurisdiktion, von der Kaste ausgeübte, 32, 118.
— vom König in Person ausgeübt, 73 A.
Justizminister, 71, 96.

Kaccâna, 12.
Kâliṅga-Reich, 193.
Kapilavatthu, 30, 35, 36, 52, 57, 60, 90.
Karawanenführer, 175, 177.
— Erblichkeit ihres Berufs, 178.
— Organisation der, 178.
Karawanenhandel, 175.
Karṇa, 44 A.
Kâsi, Kâsî u. Kâsî, 8, 62, 69, 120, 121, 138.
Kasibhâradvâja, 157 A.
Kasmîra-Reich, 176.
Kassapa, 47.
Kaste, 22 ff.
— Ausstossung aus der, 31, 118.
— Definition der modernen, 23, 24.
— der brahmanischen Theorie, 24.
— des Vaters für die des Sohnes massgebend, 37.
— Wechsel der, 44 A.
— Werthlosigkeit der, 12, 13, 20.
Kasten, ethnische, 208.
— niedere professionelle, 208.
Kasten, die verachteten, 201 ff.
— die vier, 3, 4, 11, 12.
Kastenlose Berufe, 184 ff.
Kastentheorie der Brahmanen, 2 ff.
— — im Pali-Canon, 11 ff.
— — in den Jâtaka, 13 ff., 19 A.
Kaṭâhaka, 198 ff.
Katasterbeamte, der königliche, 97.
Kaufleute, brahmanische, 142, 144, 159.
— Gilden der, 177 ff.
Kewat, 194 A
Klasse, die dienende, 195 ff.
Klassengegensätze, durch den Buddhismus nicht gemildert, 20, 215.
Kleinstaaten, selbständige, 90.
Koch des Königs, 185.
Köche, brahmanische, 7 A.
König, 64 ff.
— die ihm zustehende Aufsicht über den Handel, 168, 168 A.
— Beschränkung seiner Machtbefugnisse, 74, 75.
— der Gefahr der Verunreinigung nicht ausgesetzt, 28, 28 A., 63.
— hat die Gesetze der Gilden zu prüfen, 172.
— seine Kaste, 83, 84.
— seine Obliegenheiten, 69 ff.
— seine zehn Pflichten, 66, 69.
— und *purohita*, 109 ff., 134.
— und *seṭṭhi*, 168, 169.
— die von ihm verhängte Strafe, 74.
— seine Theilnahme an der Rechtspflege, 70.
— Verhältniss zwischen Priester u., 65, 65 A.
— seine Vorrechte, 80, 81.
— seine Wahl durch die Minister, 82 ff.
Könige, ihre Freigebigkeit gegen Brahmanen, 136.
— nicht zur *kshatriya*-Kaste gehörige, 83, 84.
— als Lehrer d. Brahmanen, 59, 59 A.

Königswürde, Erblichkeit der, 81.
Köppen, 20 A.
Koravya, 140, 141.
Korbmacher, 210, 211.
— in königlichen Diensten, 184.
Kosala, 8, 52, 69, 89, 202.
Kosala-König, 30, 35, 36, 90.
Krämer, brahmanische, 7 A.
Kranzbinder, Aeltester der, 38, 182.
Krieger, brahmanische, 144.
— Pali-Wörter für, 59 A.
Kriegerkaste, 52.
Kriegswissenschaft, 60.
Kshattri, 5.
Kubera, 189 A.
Künstler, brahmanische, 144.
— im Gefolge junger Kaufleute, 188.
— am Hofe des Königs, 186 ff.
Künstlerfamilien, 192.
Küstenschifffahrt, 174.
Kurmi, 211 A.
Kuru, 8, 114, 138, 140.
Kusinârâ, 9, 52, 89.

Lakshmaṇa, 42.
Landmesser des Königs, 97 ff.
Landmessungen, 78, 97 A., 98.
Landsteuermann, 173.
Lassen, 2 A., 8 A., 71 A., 89.
Läufer, 188.
Lebensstadien, die vier, 125 A.
Lederarbeiter, 210.
Lehrer, brahmanische, 130 ff.
— — des Waffenhandwerks, 7 A.
Lehrmethode, die brahmanische, 134.
Leichenträger, brahmanische, 7 A.
Leiter, der, des Königs in weltlichen u. geistlichen Dingen, 67, 94, 113, 114.
Licchavi, 5, 6, 9, 52, 70, 70 A., 89.
Licchavi-Fürsten, neun conföderierte, in Kosala, 89.
Lohnarbeiter, 158, 170, 185, 195 ff.

Madhusûdana Sarasvatî, 131 A.
Madhyadeśa, 8.
Magadha, 8, 52, 89, 138, 202.
— Brahmanen von, 139, 140.
Mâgadha, 5, 6.
Mahâsammaroha, 103.
Mahâbrahma, 129 A.
Mahânâma, 30, 36.
Mahâpiṅgala, 102.
Mahâsammata, 22.
Mahiṃsaka-Reich, 207.
Malla, 5, 6, 9, 52, 89.
Mallaki-Fürsten, neun, im Kâsi-Lande, 89.
Maṇḍavyakumâra, 62 A.
Matsya, 8.
Megasthenes, 2, 2 A., 40, 90, 214.
Minister, 64, 67, 91 ff.
— Ausübung der Herrschaft durch die, 92.
— im Gegensatz zu den Brahmanen, 93.
— ihre Kaste, 93, 94.
— an der Rechtsprechung betheiligt, 73.
— Wahl des Königs durch die, 82 ff.
— an der Spitze von Gilden, 177.
Ministerfamilie, 94.
Mischkasten, 4 ff., 19 A., 214.
Muschelbläser, 191.
Muschelbläserfamilie, 192.
Musik, 191.
Musiker, 186, 187.
Musikinstrumente, 191.

Nachfolge des Königs, 81, 82, 92.
Nachtwächter, brahmanische, 7 A.
Naishâda, 206.
Nâpit, 154 A., 211 A.
Nat u. Natak, 192.
Nesâda, 12, 160, 206 ff.
Nesâdadorf, 207, 208.
Nesfield, 7 A., 136 A., 192 A., 194 A. 203 A., 211 A.

NisAda, 142.
NishAda, 4, 206.

Oelmüller, brahmanische, 7 A.
OkkAka, 22.
Oldenberg, 1 A., 9 A., 15 A., 17 A., 20 A., 21 A., 22 A., 40 A., 44 A., 51 A., 90 A., 91 A., 107 A., 116 A., 129 A., 140 A., 143 A., 151 A., 168 A., 185 A., 206 A.
Oligarchien im Osten Indiens, 89.
Opfer, 108.
— zur Abwehr drohenden Unheils, 115.
— Bereicherung der Brahmanen durch das, 128.
— soll zur Eroberung einer Stadt verhelfen, 115.
— ein vollständiges vierfaches, 114 A., 146, 147.
Opferwesen zu Buddha's Zeit, 145.
Organisation des Handels, 172, 177 ff.
— des Handwerks, 179 ff.
Orientierungskrähe, 173.

Pacht, an den König bezahlte, 78.
PAdañjali, 85.
PañcAla, 8, 138.
Pantomime, 188.
Pasenadi, 57.
PAṭaliputra, 41, 214.
PAṭaliputta, 90.
PAvA, 9, 52, 89.
Peschel, 203 A.
Pferdehändler, 176.
Pflichten, die brahmanischen, 124, 127 ff.
— die zehn, des Königs, 66, 69.
φιλόσοφοι, 41 A., 214.
φόροι, 78 A., 90 A.
Piṅgala, 102.
PiṅgalA, 199.
Piṅgiya, 114.
Pischel, 12 A., 100 A., 107 A., 207 A.
Piyadasi, 66.
PokkharasAdi, 57.
πόλεις αὐτόνομοι, 90.
πολεμισταί, 215.
Polizisten, brahmanische, 7 A.
Pottika, 101, 102.
Priester und Brahmane nicht identisch, 117.
Pukkasa, 5, 56 A., 206.
Pukkusa, 12, 17 ff., 19 A., 206, 206 A., 211.
Pulkasa, 206.
PuṇṇA, 199, 200.

Radschas, die heutigen indischen, 64.
Raghu, 43.
RAhu, 46.
RAma, 42.
RathakAra, 12, 160 A., 207, 209, 210.
Ratsel, 20 A.
Räuberbanden, organisierte, 176, 177.
RAjagaha, 63, 167, 170, 171.
Rechtspflege, Theilnahme des Königs an der, 70.
— die in VesAlî übliche, 70, 70 A.
Rhys Davids, 168 A.
Ringkämpfer, brahmanische, 7 A.
Rohiṇî, 199 A.
Rohrarbeiter, 209.
Rouse, 87 A., 97 A.

Sänger, 186, 188.
— brahmanische, 7 A.
Saint-Pierre, B. de, 212.
SAkiya, 30, 36, 37.
Sakka, 122, 170, 198.
Sakuḷa, 207.
Sakya-Fürsten, das Geschlecht der, 30, 35, 36, 40, 52, 60, 90.
— Stolz der, 57, 57 A.
— ihr Abhängigkeitsverhältniss zum Kosala-König, 36, 90.
Sañjaya, 123.
Śaṅkara, 189.

Sarâvatî, 138 A.
Σαρμάναι, 41.
Sâtâtapa, 145.
Satyavant, 42.
Sâvatthi, 166.
Sâvitrî, 42.
Sâyaṇa, 145.
Scharfrichter, 104.
Schauspieler, 188.
— brahmanische, 7 A.
Schiffsladung, Verkauf einer, 174, 175.
Schlächter, 142.
Schlagintweit, 191 A., 203 A.
Schlangenbeschwörer, 190.
— brahmanische, 154.
Schliesser der Stadtthore, 103.
Schmiededörfer, 181.
Schmiedefamilien, 179.
Schroeder, L. v., 151 A.
Schüler, die brahmanischen, 132 ff.
Schülerschaft, 125 A., 126.
Schwangerschaftsgelüste, 116, 148.
Schwertesser, 189.
Seefahrten, Vertrautheit mit, 173.
Selbstverwaltung der Dorfgemeinschaften, 106.
Senart, 3 A., 23, 76 A., 125 A., 127 A., 182, 208 A.
Sindh, Rosse aus, 176.
Sivi-Tuch, 176.
Sklaven, 158, 170, 185, 196 ff.
— verschiedene Kategorien von, 197.
— ihre Behandlung, 198, 199.
Söhne eines *seṭṭhi*, ihre Erziehung, 171.
Sohn eines *purohita* u. einer Hetäre, 35.
Somaopfer, 143, 143 A.
Soṇadaṇḍa, 128.
Soṇaka, 54.
σοφισταί, 41, 41 A., 214.
Speise, von einem Caṇḍâla übrig gelassene, 31 ff., 118, 204.
Speise, von einem Śûdra übrig gelassene, 25.
— von einem Unreinen berührte, 31.
Spezereien, brahmanische Verkäufer von, 7 A., 142, 152.
Spieler, 193.
— brahmanische, 7 A.
Spione, 107.
Springer, 188.
Sriñjaya, 114.
Staat, 53, 75, 75 A.
Staatselephant, 102.
Staatsoberhaupt, 63 ff.
Stadtwächter, 28, 103.
Standesbewusstsein der herrschenden Klasse, 54.
— der *seṭṭhi*-Familien, 171.
Steinhauerfamilie, 180.
Sterndeuter, brahmanische, 7 A., 150.
Steuer, Art der, 76 ff.
— Befreiung von der, 78, 79, 97 A.
— vom Dorfvorsteher erhoben, 105.
— auf dem Lande ruhende, 78, 97 A.
Steuerbeamte, der königliche, 99, 101.
Steuereintreiber, 79, 141, 141 A.
Steuerfreiheit der Brahmanen, 79, 137.
Steuern in der vedischen Periode, 75.
— in einem Theil der jährlichen Erträge bestehend, 98 A.
— die Haupteinnahmequelle des Königs, 76.
Steuerzahler, gehören der bürgerlichen Klasse an, 79.
Stockkämpfer, 193.
Strabo, 41 A., 78 A.
Strasse der Elfenbeinschnitzer, 180.
Studium des Brahmanen, 129 ff.
— das religiöse, der *khattiya*, 60 ff.

Suciṛata, 122, 123 A.
Sumedha, 128 A.
Sunidha, 90.
Sunita, 206 A.
Superiorität der Brahmanenkaste, 7.
— der *khattiya*, 56, 59.
— — Chalmers über, 59 A.
Śūrasena, 8.
Sutasoma 46, 86.
Śvapaca, 104.
σύμβολοι, 215.
σύνεδροι, 215.

Tänzer, 186, 188, 193.
— brahmanische, 7 A.
— führen eine Pantomime auf, 188, 189.
Tänzerfamilie, 188, 192.
Takkasilā, 14, 61 ff., 86, 110, 126, 130 ff., 135, 154, 156, 160, 171, 205.
Takshaśilā, 62.
τεχνῖται, 215.
Taxator, der königliche, 185, 186.
Theilnahme am Mahle, Ausschliessung niedriger Personen von der, 29, 29 A.
— an den Manenopfern, 7 A.
Thierbändiger, brahmanische, 7 A.
Thürhüter, der königliche, 102, 103.
Tischgemeinschaft, Gebräuche in Bezug auf die, 24, 29, 30.
Tischler, 182, 210, 211 A.
— brahmanische, 160.
Tischlerdorf, 181.
Tochter eines *khattiya* und einer Sklavin, 36.
— eines *purohita*, 29.
— eines *seṭṭhi*, 28, 29, 34, 35, 83, 171.
Töpfer, 60, 210, 212.
— wohnen ausserhalb der Stadt, 181.
Töpferfamilie, 179.
Töpferhandwerk, seine Erblichkeit, 179, 180.

Traumdeuter, 149.
Trommler, 191.
Trommlerfamilie, 192.
Turnour, G., 70 A.

Udaya, 64.
Uddālaka, 13 ff., 124.
Ugra, 5.
Ujjayinī, 29, 175 A.
Ujjenī, 175, 191, 204 A.
Ummadantī, 148.
Usurpatoren, 83, 84.
Unreinheit, Gebräuche und Vorschriften betreffend die, 24 ff., 53.
Upāli, 185 A.

Vaideha, 5, 6.
Vajji, 70 A., 89, 89 A., 90.
Vaiśālī, 89.
Vaiśravaṇa, 189 A.
Vāsabhakhattiyā, 30, 36.
Vāseṭṭha, 143, 144.
Vasishṭha, 42, 108 A.
Vassakāra, 90, 94.
Veden, Kenntniss der, 15, 16.
— — für den König vorgeschrieben, 60.
— Unterricht der *khattiya* in den drei, 60 ff.
— die drei, Hauptgegenstand des Studiums d. Brahmanen, 130, 131.
Veṇa, 5, 6, 12, 207, 209, 210.
Veṇī, 210.
Verbrechen, mit der *rājāṇā* gesühnt, 71.
Verkehr, überseeischer 173.
Vertreter der Kaufmannschaft, der amtliche, 167 ff.
— — Erblichkeit seines Amtes, 168, 169.
Verunreinigung, atmosphärische, 25.
Verwalter des königlichen Schatzes, 101.
Vesālī, 9, 52, 70, 70 A. 89, 90.
Vessavaṇa, 189.

Vicekönig, 64.
— seine Funktionen, 87, 87 A.
— vom König verbannt, 88.
Vicekönigthum, dem ältesten Sohn übertragen, 86.
Videha, 8, 52, 89 A., 176.
Videha-König, 185.
Vidhura, 123.
Vidhūra, 140, 144, 145, 153, 159, 160.
Viśvāmitra, 42, 43 A.
Vogelsteller, 194.
Vogelzüchter, brahmanische, 7 A.
Volk, sein Antheil an der Staatsleitung, 91.
— seine Verpflichtungen gegen den König, 75.
Vorzeichen, Deutung der Zukunft aus, 115, 122.
Vṛiji, 89.

Waarenaufseher, 199.
Wachtelfänger, 194.
Wagenbauer, 169 A., 209, 210.
Wagenlenker des Königs, 101.
Wahl des Königs durch die Minister, 82 ff.
Wahrsagerei der Brahmanen, 150.
Waldeinsiedler, 40, 126 A.
Waldhüter, 177 A.
Wasserträger, 195, 196.
— brahmanische, 7 A.
Weber, 210, 211.
Weber, Alb., 55 A., 107 A., 109 A., 114 A., 119 A., 127 A., 134 A., 136 A., 140 A., 145 A.
Weihe des Königs, 84 ff.
Wettmusicieren, 187.
Wiedergeburt, Lehre von der, 216.
Wissenszweige, achtzehn, 61, 131, 131 A.
Wöchnerinnenfeuer, 129 A.
Wohnungen der ärmeren Bevölkerung, 196.
Wucherer, brahmanische, 7 A.

Yama, 102.
Yasa, 164.
Yuddhiṭṭhila, 46, 140.
Yuddhishṭhira, 43, 44 A.
Yuvañjaya, 45.

Zahnstocher, von einem Caṇḍāla ins Wasser geworfen, 27.
Zauberei der Brahmanen, 151 ff.
Zauberpriester des Königs, 108.
Zaubersprüche, 108, 109, 120, 151, 152.
— von einem *khattiya* erlernte, 110 A.
Zeichendeuterei des *purohita*, 115.
Zimmer, H., 75, 75 A., 81 A., 89 A., 91 A., 134 A.
Zimmerleute, 181, 210.

Pali- und Sanskrit-Index.

aggamahesī, 36, 38, 81, 82.
aggiparicariyā, 129 A.
agghakāraka, 185.
agghāpanikaṭṭhāna, 185.
aṅgavijjāpāṭhaka, 148.
aṅgavidyā, 148 A.
aṅgulipatodaka, 57 A.
ajjeyatā, 136 A., 137.
aṭavīārakkhika, 177 A.
aṭṭa, 113.
aṭṭakaluddaka, 194.
aṭṭhakulaka, 70 A.
aṭṭhārasa vijjaṭṭhānāni, 61, 61 A., 131, 132 A.
atthadhammānusāsaka amacca, 67, 85, 94, 113, 114.
adhammika, 184.
anuseṭṭhi, 167 A.
antevāsika, 132.
antojāta, 197.
apasada, 5.
apāyamukhāni, 129 A.
abrāhmaṇa, 31.
abhisecana, 84.
amacca, 91 ff., 99, 93 A., 105, 164.
amaccakula, 94.
amanussavaddha, 153.
amātyamukhya, 94.
ammaṇa, 158 A.
ayyadovārika, 102.
arahatta, 17 A.
arcā, 135 A., 136.
avadhyatā, 136 A., 137.
avalakkhaṇa, 122.
asuddha, 210 A.
asilakkhaṇapāṭhakabrāhmaṇa, 122, 150.
assavāṇija, 176.
assāmikadhana, 81.
assāmikabhaṇḍa, 81 A.
ahiguṇṭhika, 190.
ahiguṇṭhikabrāhmaṇa, 154.

ācariya, 110, 137.
ācariyadhana, 133.
ācariyabhāga, 63, 132, 133.
ācariyabhāgadāyaka, 132.
ācariyamuṭṭhi, 135.
āṇāpavattiṭṭhāna, 90.
āmalaka, 142 A.
ārakkhikajeṭṭhaka, 177 A.
ārammaṇa, 46 A., 46.
ārya varṇa, 202.
ālambanamanta, 154.
āḷhaka, 193.
āvāhavivāhasambandha, 171.
āśrama, 47, 125 A.

isipabbajjā, 126.

udakabhati, 195.
udiccabrāhmaṇa, 26, 131, 138, 139.
udiccabrāhmaṇakula, 22.
udīcya, 138 A.
udukkhala, 199 A.

upanayana, 130 A.
uparajja, 82, 86, 87, 89.
uparâjan, 64, 71 A., 81, 86, 87, 87 A., 88, 90, 93.
ussava, 191.

ekapurohita, 114.
eraṇḍa, 19.

oparajja, 81, 111.
oddâcariya, 185.
osadha, 153, 190 A.

aushadha, 190 A.

kacchapuṭavâṇija, 178.
kaṭṭhahâri, 81.
kaṭṭhahârikâ, 38.
kappaka, 185.
kappâsa, 176 A.
kappâsakhetta, 176.
kammakara, 185, 196.
kammakâra, 196.
kammâra, 182 A.
kammâragâma, 181.
kammârajeṭṭhaka, 182, 183.
kammâraputta, 179.
karamara, 197, 198.
karisa, 158.
karman, 215, 216.
kasikamma, 158.
kassaka, 144.
kassakabrâhmaṇa, 158, 161 A.
kahâpaṇa, 63 A., 122, 133, 133 A., 166, 175, 186, 197.
kârshâpaṇa, 133 A.
kâsikavattha, 176 A.
kitava, 7 A.
kuṭumba, 166, 168.
kuṭumbika, 166, 214.
kuṇḍaka, 193 A.
kumbhakârakula, 179, 181.
kumbhakârasippa, 210.
kula, 22 A.
kuladharma, 172 A.
kuladhîtar, 35, 164.
kulanâma, 54.
kulaputta, 30, 40, 164, 166.
kulavaṃsa, 35 A.
kulasantaka rajja, 81.
kulûpaka âjîvika, 155.
kuśîlava, 7 A.
kusîdin, 172.
kûṭavinicchayika, 112.
kṛityavid, 109 A.
kṛishijîvin, 7 A.
kevaṭṭa, 194.
kaivarta, 5, 6, 194 A.
koṭi, 115.
krîta, 197.
kshatriya, 3, 10, 11, 48, 51, 52, 56 A., 165.
khattiya, 11, 12, 17 ff., 26, 39, 40, 51 ff., 64, 68, 79, 83, 84, 94, 99, 108, 119, 136, 157, 163, 164, 171, 214.
khattiyakula, 21, 22 A., 100 A., 165.
khattiyaparisad, 165 A.
khattiyamâṇava, 61.
khattiyamâyâ, 26 A.
khattiyasamaṇa, 56 A.
khattiyâ, 26, 81.
khâṇughâta, 141.
khettappamâṇa, 78.

gaṇasatthar, 40, 126, 135.
gaṇikâ, 102.
gandhabba, 186, 187, 192.
garu, 109.
gahapati, 28, 49, 64, 93, 99 ff. 137, 164 ff., 195, 214.
gahapatika, 77, 79, 100.
gahapatikula, 21, 164.
gahapatiparisad, 165 A.
gâma, 104.
gâmabhojaka, 75 A., 79, 80, 105, 197.
gâmika, 106.
gîta, 186.
guru, 108 A., 109.
grihaja, 197.

grihapati, 164 A.
grihasaṃvesaka, 7 A.
grihastha, 135.
goghātaka, 142.
gopa, 142.
gopālaka, 170.
grāmasyādhipati, 106 A.

ghardvāsa, 126.

caṇḍālagāmaka, 204.
caṇḍālajāti, 207 A.
caṇḍālabhāsā, 206.
caṇḍālavadisa, 205.
caṇḍālucchiṭṭhaka, 31.
caṇḍālucchiṭṭhabhatta, 204.
caturaṅginī senā, 116 A.
cammakārasippa, 210.
cikitsaka, 7 A.
cora, 70, 144, 198.
coragāmaka, 176.
coraghātaka, 104.
corajeṭṭhaka, 177.

chattamaṅgala, 76, 93.
chabbaggika, 21.
chavacchaḍḍaka, 206.

janapadaseṭṭhi, 169.
jammī, 200.
jātaggi, 129 A., 130.
jāti, 22, 23, 26, 27, 34, 38, 54, 57 A., 94, 165, 170, 171, 207, 210, 214, 215.
jātidharma, 172 A.
jātisampanna, 28, 212.
jātisambheda, 31.
jānapada, 165.
jīna, 72 A.
jeṭṭhaka, 178, 182.
jeṭṭhakakammāra, 182.
jeṭṭhagandhabba, 191.
jyā, 72 A.

takshakā, 210 A.
takshan, 210 A.
tacchika, 210.
tantavāya, 211.
tapas, 151.
tāpasa, 40.
tikicchaka, 111.
tiracchānavijjā, 150.
tunnakāra, 170.
tailika, 7 A.

thalaniyāmaka, 173.

dakkhiṇodaka, 137.
daṇḍadāsa, 197.
datrima, 197.
dantakāra, 180.
dantakāravīthi, 180.
daḷiddakula, 195.
daśagrāmapati, 106 A.
dasarājadhamma, 66, 67, 69.
dasyu, 3.
dāna, 135 A., 136.
dāsa, 185, 196 ff.
dāsa varṇa, 202.
dāsakamma, 200.
dāsaparibhoga, 199.
dāsiputta, 200.
dāsiputtaceṭaka, 200.
dāsī, 37, 197, 198.
disākāka, 173.
disāpāmokkha ācariya, 135.
duṭṭhatāpasa, 193.
deyyadhamma, 187.
desadharma, 172 A.
doṇa, 77, 101, 101 A.
doṇamāpaka, 77, 79, 87 A., 99, 101.
dovārika, 102, 103, 164.
dohaḷa, 148.
dvāravāsin, 196.
dvija, 37, 40 A., 48.

dhaññavāṇijakula, 178.
dhaññavikkaya, 166.
dhanakkita, 197.
dhanuggaha, 186.
dhanurveda, 60, 132 A.
dhanuḥśarāṇāṃ kartar, 7 A.
dhamma, 14, 123 A., 134.
dhammantevāsika, 132, 133.

dhammayâga, 123, 123 A.
dharmya bali, 76 A.
dhâvana, 188.
dhvajâhṛita, 197.

nakkhatta, 191.
nakkhattajânanaka, 151.
nakshatrair yo jîvati, 7 A.
nagaraguttika, 28, 103, 104.
nagarasobhaṇâ vaṇṇadâsî, 87 A.
nacca, 186, 188.
naṭa, 5, 6, 186, 188, 192.
naṭakakula, 188, 192.
naṭakâra, 184, 211.
naṭakârasippa, 210.
nahâpitadâya, 186.
nahâpitaputta, 211, 212.
nahâpitasippa, 210, 211.
nâṭaka, 186.
nigama, 104.
niggâhaka, 79, 141.
niddhiuddharaṇamanta, 111 A.
nimitta, 116.
niyyâmakajeṭṭhaka, 194.
niraṅkatvâ, 17 A.
nirâkṛitvâ, 17 A.
nirvâṇa, 16 A.
nîcajâti, 210 A.
negama, 165, 167.
nemitta, 148.
nemittika, 148.
nemittikabrâhmaṇa, 118.
nesâdagâmaka, 208.
nesâdajâti, 207 A.
nesâdaputta, 208.

pakshiṇâṃ poshaka, 7 A.
paccuppannavatthu, 21, 38, 190 A.
pañcatapa, 15 A.
paṭṭanagâma, 194.
paṭhavîjayamanta, 152.
paṇḍita, 153.
paṇṇâkâra, 76, 76 A.
paṇṇikakula, 178.
paṇṇikagahapati, 165.
patodalaṭṭhi, 71 A.
pabbajita, 22, 51.
pabbajjâ, 10, 39, 48, 167, 187.
paricâraka, 141.
parijana, 170.
parittakaraṇa, 153.
parinibbâna, 16 A.
parinirvâṇa, 16 A.
paribbaya, 133.
paveṇipotthaka, 71 A.
paśupâla, 7 A.
pâlibhadda, 19.
pâlibhadra, 19 A.
pâsâṇakoṭṭakakula, 180.
picumanda, 19 A.
piṭigotta, 37.
pukkusajâti, 207 A.
pucimanda, 19.
puṇṇamanoratha, 199 A.
pupphaka, 193 A.
purohita, 13 ff., 28, 54, 65, 67, 68, 71, 72, 73 A., 78, 80 ff., 84, 87, 87 A., 96, 107 ff., 122 ff., 131, 134, 135, 142, 144 ff., 150, 151, 198.
purohitakula, 111.
pushparatha, 82 A.
pesakârasippa, 210, 211.
pessika, 144.
paitrika, 197.
pratirûpacaryâ, 128, 129.
pretaniryâtaka, 7 A.
preshyo grâmasya râjñaśca, 7 A.

phussaratha, 82, 83.

bandin, 7 A.
bambhanasamanânaṃ sampaṭipati, 124 A.
balakâya, 52 A., 70.
bali, 75, 79, 97 A.
balikamma, 153.
balikṛit, 75 A.
balipaṭiggâhaka, 79.
balipîḷita, 80.
balisa, 194.

balisâdhaka, 79.
bâlisika, 194.
brahmadeyya, 136.
brahman, 109 A., 119 A.
brahmabandhu, 140.
brâhmaṇa, 3, 11, 12, 17 ff., 55, 56, 56 A., 64, 93, 94, 95, 100, 117 A., 121, 124, 125, 145, 163 ff., 196, 214.
brâhmaṇakumârikâ, 34.
brâhmaṇakula 21, 22 A., 100 A., 126, 165.
brâhmaṇagâma, 118 A., 157 A.
brâhmaṇadhamma, 124.
brâhmaṇaparisad, 165 A.
brâhmaṇamâṇava, 61.
brâhmaṇavaḍḍhaki, 160.
brâhmaṇavâcanaka, 137, 206.
brâhmaṇya, 128.

bhaktadâsa, 197.
bhaṇḍâgârika, 101, 102, 199.
bhaṇḍâgârikaṭṭhâna, 102, 177.
bhaṭaka, 158, 195, 196.
bhaṭi, 195, 196.
bhujissa, 201.
bhûtavijjâ, 153.
bhûtavejja, 153.
bhṛitakâdhyâpaka, 132 A.
bheri, 191.
bherivâda, 191.
bhoga, 177.
bhogagâma, 71, 112.

maṅgala, 187.
maṅgalanahâpita, 185.
maṅgalasaṃyutta, 122.
majjavikkaya, 105.
manta, 61, 61 A., 110 A., 111, 131, 152, 153.
malamajjana, 143, 212.
mahâbhogakula, 49.
mahâmatta, 87 A., 92, 99, 99 A., 101.
mahâsâlakula, 158.
mahâsenagutta, 95 A.

mâṃsavikrayin, 7 A.
mâgadhadeśîya brahmabandhu, 140.
mâghâta, 105.
mâtigotta, 37.
mâlâkârajeṭṭhaka, 98, 182.
mâshaka, 195 A.
mâsaka, 195.
migaluddaka, 194.
micchâjîva, 150.
musala, 199 A.

yakkha, 79.
yakkhinî, 74, 75, 153.
yaksha, 75 A.
yakshiṇî, 75 A.
yaññâvâṭa, 146.
yavakhetta, 157 A.
yaśas, 128, 129.
yâcaka, 144.
yuddhâcârya, 7 A.
yodha, 52 A.
yodhâjîva, 144.

rajja, 86, 92.
rajju, 97 A.
rajjuka, 97, 97 A.
rajjugâhaka amacca, 78, 87 A., 97, 97 A., 101.
rañño bhâya, 77.
raṭṭhika, 102, 164, 165.
rathakâra, 56 A., 209, 210.
rathakârajâti, 207 A.
rasavikrayin, 7 A.
râjakammika, 78, 113.
râjakuṭumba, 113.
râjakumârâ, 61.
râjakumbhakâra, 184.
râjañña, 12, 53 A., 100, 100 A., 187.
râjaññakula, 100 A.
râjan, 52 A., 63, 64, 64 A., 68, 69, 71 A., 73 A., 81, 90, 100, 144.
râjanya, 52, 100 A.
râjapurisa, 80.

rājabali, 105.
rājabhaṭa, 96 A., 99 A.
rājabhāga, 77, 101.
rājabhṛitya, 145.
rājabhogga, 53 A., 99, 99 A., 100, 103, 104, 166, 187, 215.
rājamālakāra, 184.
rājarshi, 42.
rājāṇā, 74, 74 A.
rājāyatana, 142.
rājupaṭṭhāka naḷakāra, 184.
rājūka, 97 A.
rājūpaṭṭhāna, 87, 167.
rāshṭrika, 164.

lakkhaṇa, 148, 149, 199.
lakkhaṇakusala, 148.
lakkhaṇapāṭhaka, 148.
lakkhaṇasampanna, 122.
laṅghana, 188.
laṅghananaṭaka, 190.
laṅghanasippa, 192.
lajuka, 97 A.
lāmakakamma, 211.
luddaka, 143, 207.
luddakakamma, 207.
lokapakti, 128, 134.

vaggulivata, 15 A.
vacchakapālaka, 170.
vaṭṭakaluddaka, 194.
vaḍḍhaki, 182, 210.
vaḍḍhakigāma, 160, 181.
vaṇṇa, 22 A.
vatthuvijjā, 152.
vatthuvijjācariya, 152.
vayappatta, 126, 130, 164, 168.
varṇa, 3, 22 A.
vasanaṭṭhāna, 196.
vasala, 27 A.
vāṇija, 144.
vāṇijaka, 142.
vānaprastha, 40.
vārddhushi, 7 A.
vāruṇivāṇija 170.
viṃśatiśa, 106 A.
vinicchaya, 70, 73, 95.
vinicchayadhamma, 67 A.
vinicchayamahāmatta, 70 A., 96, 97.
vinicchayāmacca, 71, 72, 96.
vipaṇena jīvan, 7 A.
vibhītaka, 142.
visavejjakula, 153.
vīṇā, 188, 191.
vīhipaharaṇa, 199 A.
veṇa, 209, 211.
veṇajāti, 207 A.
veṇī, 210.
veṇu, 209.
veṇukāra, 56 A., 211.
vejja, 153.
vejjakula, 153.
vejjabrāhmaṇa, 153.
veda, 60.
vedabbhamanta, 152.
vessa, 11, 12, 17 ff., 55, 56, 136, 142, 163.
vessakula, 22 A.
vaiṇa, 209.
vaivāhika agni, 129 A.
vaiśya, 4, 11, 75 A., 157, 163 ff.
vohāra, 159.
vohārika, 70 A., 96, 96 A.
vyavahāra, 73 A.
vyavahārika, 96 A.
vrātya, 5, 9.

śateśa, 106 A.
śūdra, 4, 11, 25, 84, 163 A., 201, 202.
śyenajīvin, 7 A.,
śreṇi, 172.
śreṇidharma, 168 A.
śreshṭhin, 166 A.
śvakrīḍin, 7 A.

shaḍbhāgin, 77 A.

saṃyama, 193 A.
sakuṇaluddaka, 194.
saṅkupatha, 193 A.

saṅkha, 191.
saṅkhadhamaka, 191.
saṅkhadhamakakula, 192.
saciva, 107.
satthavâha, 169, 175, 176.
satthavâhakula, 178.
satthavâhajeṭṭhaka, 178.
satthavâhaputta, 178.
sabbacatukkayañña, 114 A., 146.
sabbatthaka, 94.
sabbaravajânanamanta, 110 A.
sabbarutaññu, 152.
sabbasippini, 61, 126, 131.
samajâtikakula, 34.
samaṇa, 11, 12, 40, 41, 124, 124 A., 125, 128, 129, 147, 214.
samaṇaparishad, 165 A.
samânakula, 34.
samânajâti, 34.
samiti, 91.
samuddagamana, 173.
samuddavâṇija, 174, 174 A.
sarîrasampatti, 130.
sahasrapati, 106 A.
sâṭakalakkhaṇabrâhmaṇa, 139, 150.
sâvitri, 122, 130 A.
sârathi, 101.
sithila, 50 A.
sindhava, 176.
sippa, 61, 131, 133, 171, 210.
sippika, 144.
siveyyaka dussa, 176.
sîla, 147.
suttadhâra, 70 A.
sudda, 11, 12, 17 ff., 55, 56, 136, 202.
suddakula, 22 A.
supinapâṭhaka, 149.
suppa, 199 A.
suvaṇṇakâra, 182 A.
susânasuddhika, 185 A.
sûta, 5, 6.
sûtikâgni, 129 A.
sûda, 185.
seṭṭhi, 28, 34, 35, 49, 77, 79, 98, 148, 166 ff., 195, 196, 198, 200.
seṭṭhikula, 168.
seṭṭhi gahapati, 164, 167 A.
seṭṭhiṭṭhâna, 168.
seṇi, 102, 177.
seṇibhaṇḍana, 177.
setacchatta, 86.
senânâyaka, 52 A.
senâpati, 67 A., 71 A., 73, 88 ff., 93, 95, 96, 102, 112, 113, 128, 200.

hatthâcariya, 186, 187, 192.
hatthimaṅgala, 111, 115, 122.
hatthisutta, 109, 111, 122.
harîṭaka, 142 A.
hastigośvoshṭradamaka, 7 A.
hîna, 205, 207 A.
hînakula, 56 A.
hînajacca, 54, 54 A., 212.
hînajâti, 209.
hînasippa, 210.
heraññika, 101.

Universitäts-Buchdruckerei von Carl Georgi in Bonn.

www.ingramcontent.com/pod-product-compliance
Lightning Source LLC
Chambersburg PA
CBHW020808230426
43666CB00007B/915
* 9 7 8 3 7 4 3 6 5 9 1 1 7 *